Marie Krüger

Island

Marie Krüger

Island

Ein Länderporträt

Ch. Links Verlag, Berlin

Die Deutsche Nationalbibliothek verzeichnet diese Publikation
in der Deutschen Nationalbibliografie;
detaillierte bibliografische Daten sind im Internet über
www.dnb.de abrufbar.

1. Auflage, September 2011

Schönhauser Allee 36, 10435 Berlin, Tel.: (030) 44 02 32-0
www.christoph-links-verlag.de; mail@christoph-links-verlag.de
Coverfoto: Wasserfall Skógafoss
(picture alliance / Huber / Dolder)
Lektorat: Günther Wessel, Berlin
Karte: Christopher Volle, Freiburg
Satz: Agentur Siegemund, Berlin
Druck und Bindung: Druckerei F. Pustet, Regensburg

ISBN 978-3-86153-645-1

Inhalt

Vorwort

Es fing alles mit zwei kleinen Stücken schwarzer und roter Lava an, die mir als Kind in die Hände fielen und mich erstaunten, weil sie so leicht waren. Als meine Eltern mir dann erzählten, dass beide vor nicht allzu langer Zeit noch flüssiges Gestein gewesen waren, war mein Interesse für Island geweckt. Heute weiß ich, dass Island ein sogenannter Hot Spot ist, wo ungewöhnlich heißes Gestein aus dem Erdinneren nach oben strömt und dabei alles, was sich über dieses Gebrodel schiebt, immer weiter abschmilzt. Es ist, als fräse sich eine Flamme von ganz weit drinnen nach und nach durch alle über ihr liegenden Schichten. Das dabei eingeschmolzene Material muss irgendwo hin, kommt früher oder später an die Erdoberfläche, erkaltet und bildet Paradiese wie die Azoren, Madeira, Hawaii oder eben Island.

Über einen anderen Zufall entdeckte ich zu Schulzeiten die mir völlig unverständlichen Gedichte der *Lieder-Edda*. Ich fand die Vorstellung faszinierend, dass Menschen sich solche Storys voller absurder Gestalten, seltsamer Begegnungen und auf den ersten Blick unlogischer Handlungsverläufe ausgedacht haben sollten. Später lernte ich, dass die Texte nicht nur wegen ihrer Stoffe, sondern vor allem wegen ihrer Sprache so bedeutend seien. Mein Staunen darüber war zusammen mit den Lavastückchen der Ausgangspunkt für meine nun schon über zehn Jahre andauernde Erkundung des isländischen Alltags.

Die Prioritäten haben sich unterdessen genauso verschoben, wie Island sich verändert hat. Es kann noch so genau kartografiert sein; einen Vulkanausbruch, einen Gletscherlauf oder ein Erdbeben später sieht alles schon wieder ganz anders aus. Dabei ist es gerade diese Unberechenbarkeit, die Island so interessant macht und es immer wieder für Überraschungen gut sein lässt.

Deshalb kann ein Porträt Islands auch nicht *dem einen* roten Faden folgen, vielleicht aber drei verschiedenen.

Der erste ergibt sich beim Blick auf Islands geografische Lage und heißt hier »Zwischen den Kontinenten«. Island liegt gut sichtbar zwischen Amerika und Europa – und zwar im wahrsten Sinne des Wortes, denn der Osten des Landes befindet sich auf der eurasischen, der Westen auf der nordamerikanischen Kontinentalplatte. Das Driften mal in die eine, mal in die andere Richtung ist aber auch kennzeichnend für Islands politische Stellung in der Welt, denn im Laufe seiner Geschichte hat es sich mal mehr an den Ländern Nordeuropas, mal mehr an denen Nordamerikas orientiert. Dieses Pendeln offenbart sich im Alltag zum Beispiel im Fremdsprachenunterricht in der Schule, bei Auswanderungswellen und Essgewohnheiten genauso wie im Stadtbild Reykjavíks.

Mit »Velkomin heim!« – »Willkommen zu Hause!« werden am Flughafen in Keflavík Isländer oder all jene begrüßt, die Isländisch verstehen. Ich habe diesen Satz schon aus dem Mund der Frau am Bankschalter vernommen, aber auch von einem Zollbeamten gehört. Seit Neuestem prangt er auf einem Plakat, an dem man auf dem Weg zum Gepäckband vorbeikommt. Es genügte offenbar, dass ich Isländisch sprach, um »zu Hause« willkommen geheißen zu werden, denn sowohl der Bankangestellten als auch dem Zollbeamten musste klar sein, dass ich keine Isländerin bin. Als Schachlegende Bobby Fischer 2005 die isländische Staatsbürgerschaft annahm und aus Japan, wo ihm die Abschiebung in die USA drohte, nach Island kam, wurde seine Ankunft live im isländischen Fernsehen übertragen – unter der Überschrift: »Velkominn heim!« Was aber macht einen Isländer neben Staatsbürgerschaft und Sprachkenntnissen zu einem Isländer? Die Wertvorstellungen und identitätstiftenden Momente stehen im Mittelpunkt des zweiten Kapitels, wo es unter anderem um das Verhältnis der Isländer zu »ihren« Texten, Natur und Technik, aber auch zu Geld und Besitz geht. Inwieweit Haifisch, Trachten, Sagas, Milchtüten, Pferde, Schwimmbäder, der Präsident, britische Trawler, Autofahren, Leuchttürme und Kredite ein Heimatgefühl stiften, wird hier erzählt.

Der rote Faden im dritten Kapitel ist die Genealogie. Mit »Wessen Tochter bist du?« bzw. »Wessen Sohn bist du?« fragt man auf Isländisch nach dem Nachnamen und landet schnell bei den urisländischen Themen »Abstammung« und »verwandtschaftliche Verhältnisse«. Schon die ältesten überlieferten Texte handeln davon und somit von den Menschen. Im dritten Kapitel geht es also um »die Isländer«, ihre Namen, ihre Helden, ihre Frauen sowie ihre Einstellungen zu Verwandtschaft, Familie, Privatsphäre und Tod.

Auch wenn Isländisch und Deutsch der gleichen Sprachfamilie angehören, sind die Möglichkeiten zur Übersetzung hin und wieder begrenzt. Ich versuche mein Bestes, die spezifischen Bezeichnungen entweder zu übertragen oder zu erklären, glaube aber auch, dass man manchmal dem isländischen Wort ansehen kann, was es meint. Deshalb wird es ab und zu isländische Bezeichnungen geben, wobei es zu Abweichungen zwischen beiden Sprachen kommen kann, was den Artikel angeht. So ist Buch auf Isländisch weiblich und Gemeinde sächlich, weshalb es im Folgenden »die *Landnámabók*« und »das *ásatrúarfélag*« heißt.

Das letzte Kapitel ist der Versuch einer Bestandsaufnahme im Jahr 2011. Es baut, wie alle anderen Kapitel auch, auf persönlichen Eindrücken, Interpretationen und Erfahrungen auf und erhebt nicht den Anspruch, allgemeingültig zu sein. In Wirklichkeit gibt es so viele Islandporträts, wie es Islandbesucher gibt. Außerdem liegt es in der Natur der Sache, dass nie alles erzählt werden kann, denn Island ist ja ein Hot Spot der Überraschungen.

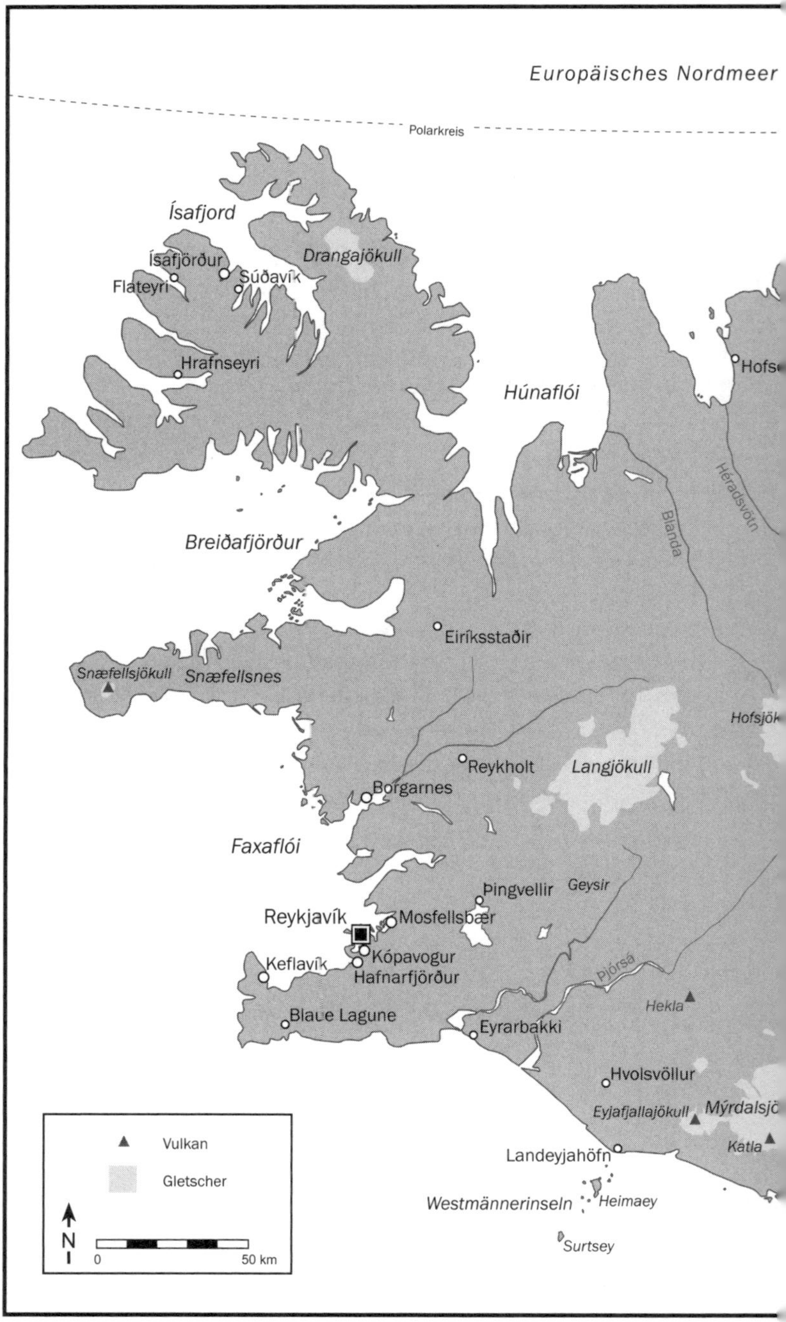
Europäisches Nordmeer
Polarkreis
Ísafjord
Ísafjörður
Flateyri
Súðavík
Drangajökull
Hrafnseyri
Húnaflói
Hofs
Héradsvötn
Blanda
Breiðafjörður
Eiríksstaðir
Snæfellsjökull
Snæfellsnes
Hofsjök
Reykholt
Langjökull
Borgarnes
Faxaflói
Þingvellir
Geysir
Reykjavík
Mosfellsbær
Kópavogur
Keflavík
Hafnarfjörður
Þjórsá
Hekla
Blaue Lagune
Eyrarbakki
Hvolsvöllur
Eyjafjallajökull
Mýrdalsjö
Katla
Landeyjahöfn
Westmännerinseln
Heimaey
Surtsey
Vulkan
Gletscher
N
0
50 km

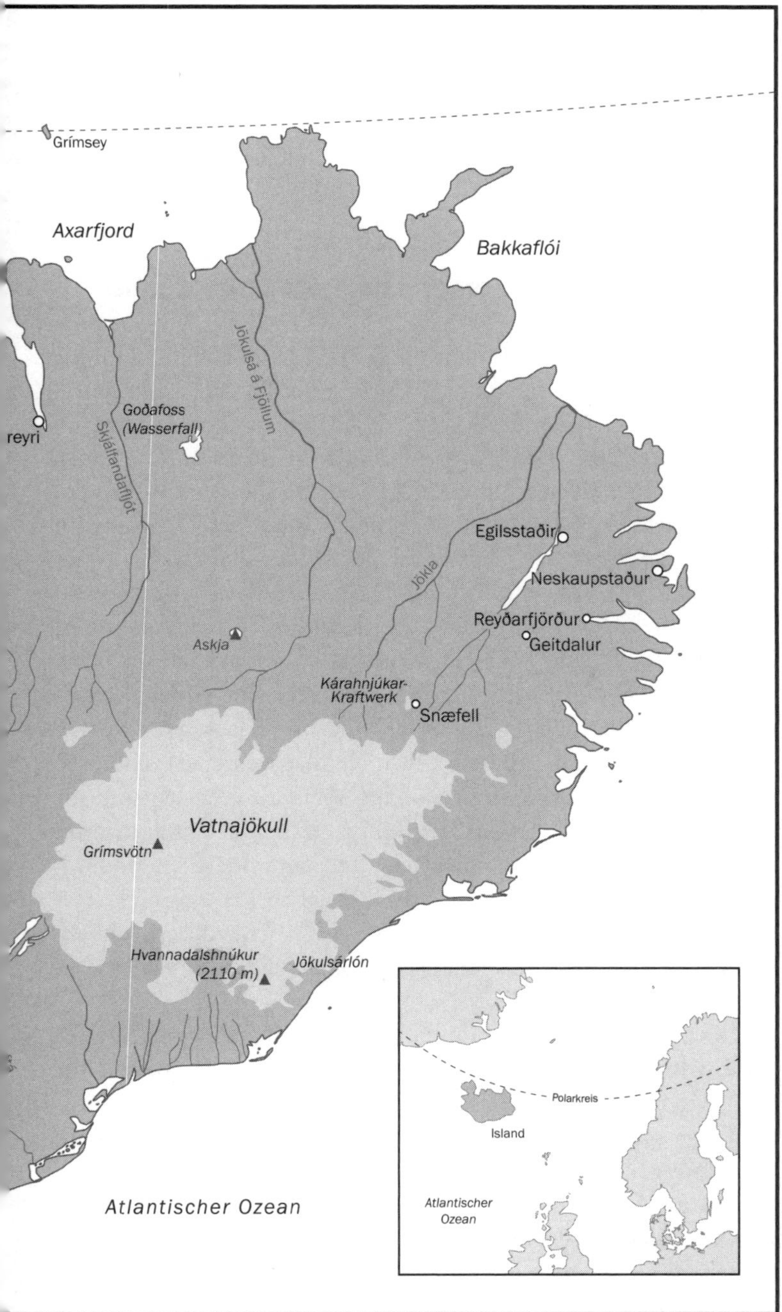
Grímsey
Axarfjord
Bakkaflói
Jökulsá á Fjöllum
Goðafoss
(Wasserfall)
reyri
Skjálfandafljót
Egilsstaðir
Neskaupstaður
Jökla
Reyðarfjörður
Geitdalur
Askja
Kárahnjúkar-
Kraftwerk
Snæfell
Vatnajökull
Grímsvötn
Hvannadalshnúkur
(2110 m)
Jökulsárlón
Atlantischer Ozean
Polarkreis
Island
Atlantischer
Ozean

Zwischen den Kontinenten

Europäische Pioniere unter amerikanischem Schutz

Geografisch ist Island ein sehr junges Land, das sich fortlaufend verändert und neu entsteht. Wo nordamerikanische und eurasische Platte auseinanderdriften, steigt immer noch Magma an die Erdoberfläche. Der jüngste Teil Islands ist die Insel Surtsey, die südwestlich des Festlandes liegt und 1963 vor den Augen der Weltöffentlichkeit entstand. Sie ist heute Sperrgebiet und nur für Forscher geöffnet. Im Grunde ist der Alltag in Island ein permanenter Tanz auf dem Vulkan. Dessen sind sich alle bewusst und entsprechend ruhig laufen die Reaktionen bei Vulkanausbrüchen ab. Als sich 1973 eines Nachts mitten auf der dicht besiedelten Hauptinsel der Westmännerinseln eine Erdspalte öffnet und Lavafontänen in die Luft schießen, verlassen etwa 4000 Menschen ruhig und geordnet ihre Heimat, ohne zu wissen, ob und wann sie zurückkehren würden. Ähnlich gelassen sind die Reaktionen, als zu Beginn des Jahres 2010 der Vulkan unter dem Eyjafjalla-Gletscher ausbricht und zumindest die Bauernhöfe an seinem Fuße bedroht. In zahlreichen Fernsehinterviews schildern die Anwohner, dass sie vorerst bleiben wollten, schließlich könne ein Ausbruch genauso plötzlich enden, wie er begonnen habe.

Diese Abgeklärtheit in Hinblick auf natürliche Gegebenheiten wird sich schon bei den allerersten Siedlern gefunden haben, die in der zweiten Hälfte des 9. Jahrhunderts von Nordeuropa aus die Reise wagten, um auf einem Flecken Land zu siedeln, der auf den ersten Blick sehr unwirtlich erschienen sein muss. Im Angesicht der Gletscher war dann auch die Namensgebung naheliegend: Eisland – Island. Dies in Kauf zu nehmen und nicht zu wissen, ob und wie Ackerbau, Viehzucht und Jagd glücken könnten, zeugt von einem stoischen Optimismus und gewissen

Leichtsinn – Eigenschaften, die auch die Investmentbanker an den Tag gelegt haben, die 2008 entscheidend zum Zusammenbruch der Isländischen Krone beigetragen haben.

Entgegen der etablierten Meinung, die Besiedlung Islands sei hauptsächlich von Norwegen aus geschehen, zeigen neueste genetische Untersuchungen, dass ein Großteil der Siedler von den keltischen Orkneys, Hebriden und Shetlandinseln gekommen sein muss. Mitten in Reykjavík findet sich eine interessante Ausstellung, die die Besiedlung Islands an einem an Ort und Stelle gefundenen Siedlungsrest entlang erklärt und greifbar macht. Die Isländer können bei der Suche nach ihrem Ursprung nicht auf Völkerwanderung und Stammesgeschichte zurückblicken. Umso bemühter sind sie, ihr Jahr Null zu finden, das lange bei ungefähr 874 vermutet wurde – einer Zeit also, zu der das lateinische Alphabet kaum etabliert war. Die Zeitangabe stammt aus der *Landnámabók* (Buch von der Landnahme), einer schriftlichen Quelle aus dem 13. Jahrhundert, und muss kritisch bewertet werden. Deshalb trägt die Ausstellung auch den Titel *Reykjavík 871 ± 2,* denn die gefundenen Siedlungsreste stammen aus dem Zeitraum zwischen 869 und 873, was wiederum nicht bedeutet, dass nicht schon vor 869 in Island gesiedelt wurde.

Archäologische Funde und deren Untersuchung wiegen bei der Suche nach dem Ursprung heute schwerer als das Vertrauen auf die schriftliche Überlieferung, die für Island enorm identitätsstiftend gewirkt hat. Aus keinem anderen europäischen Land sind so viele mittelalterliche Quellen – noch dazu in der eigenen Sprache – überliefert. Deshalb treffen in *Reykjavík 871* ± 2 drei Komponenten aufeinander, die für das Selbstverständnis der Isländer entscheidend sind: Abstammung, mittelalterliche Schriftkultur und Vertrauen in technologische Entwicklungen.

Warum die ersten Siedler ihre Heimat verlassen haben, wird nach wie vor viel diskutiert. Fest steht, dass sie über gewissen Reichtum verfügt haben müssen. In Nordeuropa nahmen die Auseinandersetzungen zwischen immer stärkeren Bauern und König Harald Schönhaar zu, der in Norwegen ein Steuer- und Lehnsystem einführte, dem sich einige mächtige Männer nicht beugen wollten. Außerdem wuchs die Bevölkerung im 9. Jahrhundert in Nordeuropa sprunghaft an. Da zur gleichen Zeit technische Fortschritte im Schiffbau erzielt wurden, eröffnete sich die

Möglichkeit zur Seereise, von der die Wikinger Gebrauch machten, als sie von etwa 800 bis 1050 Gebiete in Schottland, Irland, Frankreich, England sowie Osteuropa und später auch in Südeuropa besetzten. Dabei kamen sie auch immer weiter nach Norden und siedelten erst auf den Färöer Inseln zwischen Norwegen und Island und schließlich in Island selbst. Um das Jahr 900 erreicht der Strom der Aussiedler seinen Höhepunkt, und mit einiger Sicherheit ist davon auszugehen, dass zu diesem Zeitpunkt etwa 20 000 Menschen auf Island lebten. Insofern muss die Besiedlung Islands auch als typisches Phänomen einer Ära gesehen werden, die den Namen »Wikingerzeitalter« trägt.

So ist es nicht erstaunlich, dass die Isländer gern auf die Wikinger als ihre Vorfahren verweisen, doch ist dies wohl nur die halbe Wahrheit. Genetische Untersuchungen zeigen, dass zwar das Gros der männlichen Siedler aus dem skandinavischen, der Großteil der Frauen jedoch aus dem keltischen Raum kam. Das legt die Vermutung nahe, die Siedler hätten auf ihrer Überfahrt nach Island keltische Sklavinnen an Bord genommen oder aber zuerst keltisches Land erobert und/oder dort gesiedelt, bevor sie weiter nach Norden fuhren. Island musste zudem – im Gegensatz zu Irland und England – weder erobert noch später verteidigt werden, da es ja menschenleer war. Dennoch wird das Stereotyp des Wikingers gern bemüht, wenn die Isländer bei Spielen ihrer Fußball- oder Handballnationalmannschaft nicht nur Schals in Rot und Blau, sondern auch Helme mit Hörnern tragen. Und auch als Souvenir ist der Wikinger allgegenwärtig, was vermutlich daher rührt, dass das Wort »Wikinger« zum Beispiel im Englischen zum Synonym für Nordeuropäer geworden ist.

Ein Grund, sich in Island niederzulassen, war, dass es genug weites Land und eine Natur voller essbarer Tiere wie Seevögel, Fisch und Robben gab. Kriegerische Auseinandersetzungen waren kaum zu erwarten, und die Aufteilung des Landes geschah friedlich, eben weil es genug Raum für alle Interessenten gab und es sinnlos gewesen wäre, mehr Land zu beanspruchen, als man bewirtschaften konnte. Auch das will nicht so recht zum Bild des kriegerischen Berserkers passen, und es ist gerade Friedfertigkeit, die die isländische Geschichte in großen Teilen kennzeichnet.

Neben Gelassenheit, Mut und gewissem Startkapital waren auch technische Kenntnisse vonnöten, um die Seereise zu bewältigen. Für die Islandfahrt wurde meist ein besonderer Schiffstyp, die sogenannte Knorr verwendet, die wendiger als die für die Wikinger typischen Langschiffe war, schwere Ladung aufnehmen konnte, den Reisenden aber erstaunlich wenig Schutz bot. Außer Menschen kamen Haushaltsgegenstände, heidnische Reliquien und Haustiere mit an Bord. Die damals eingeführten Schafe, Rinder, Hunde und Pferde sind die Urahnen der heutigen isländischen Rassen, die dem modernen Island als Werbeträger dienen.

Doch die Siedler importierten auch das Thing-System, das sich bei vielen germanischen Stämmen etabliert hatte, und legten so die Grundlage für eine Selbstverwaltung. Bei Versammlungen besprachen sich die mächtigen Männer und fällten gemeinsam Entscheidungen und Richtersprüche auf Grundlage der mitgebrachten norwegischen Rechtssprechung. Zudem wurde der Boden schon in den ersten Jahren der Besiedlung verbindlich untereinander aufgeteilt. Wuchs die Bevölkerung an einem Ort besonders, wurde das Land einer Sippe in mehrere kleine Einheiten aufgeteilt. Island war somit anfänglich für mittelalterliche Verhältnisse erstaunlich »demokratisch«, ja »republikanisch« organisiert. Das Ende der Besiedlungszeit markiert das Jahr 930, in dem die gesamtisländische Thingversammlung, das *Alþingi,* erstmals zusammentrat. Auch hier gilt, wie immer, wenn von den ersten Jahrhunderten die Rede ist, dass die schriftliche Überlieferung erst 200 bis 300 Jahre später beginnt und die Angaben somit vage bleiben müssen. Nichtsdestotrotz transportiert die unsichere Tradierung Geschichte(n), die für Islands Selbstverständnis so wichtig ist (sind), dass es fast schon eine geringere Rolle spielt, ob es sich um tatsächliche Ereignisse oder Mythen handelt. Besiedlung, Gründung des *Alþingi,* Selbstverwaltung und wikingisches Erbe sind in der allgemeinen Vorstellung zu Fakten geworden.

Wer Island, wie es heute ist, verstehen will, muss aber über den europäischen Tellerrand hinausblicken. Ziemlich genau tausend Jahre nach der Landnahme kam es nämlich zu einer Art zweiten Besiedlung, die für das heutige Island wohl genauso prägend wie die Landung der Nordeuropäer war. Am 9. April 1940 besetzt Deutschland Dänemark, dessen König auch Staatsoberhaupt der Isländer ist, auch wenn sie ihre innenpolitischen Angelegenheiten seit 1918 selbständig regeln. Großbritannien nimmt sofort Kontakt mit Island auf, weil es fürchtet, dass Island das gleiche Schicksal wie Dänemark ereilen könne. Am Morgen des 10. Mai 1940 landen Kriegsschiffe im Hafen von Reykjavík. Britische Soldaten dringen ins Stadtzentrum vor und nehmen den deutschen Botschafter in Gewahrsam. Die isländische Regierung protestiert zwar, ruft jedoch gleichzeitig die Bevölkerung dazu auf, die Soldaten als Gäste zu behandeln, die lediglich verhindern wollen, dass Deutschland sein Einflussgebiet auf Island ausdehne. Die Briten beginnen sogleich mit dem Errichten von Unterkünften und Niederlassungen im ganzen Land und dem Ausbau der Infrastruktur – beispielsweise dem Bau des Flughafens mitten in Reykjavík.

Churchill und Roosevelt vereinbaren 1941, dass die Amerikaner Island übernehmen. Weil die USA noch nicht in den Krieg eingetreten sind, soll die isländische Regierung sie offiziell um den Wechsel bitten. Im Sommer 1941 stimmt diese unter der Bedingung zu, dass die Freiheit und Selbständigkeit der Isländer gewahrt wird und die Amerikaner bei Kriegsende sofort abziehen. Am 7. Juli 1941 wird der Vertrag über den militärischen Schutz Islands durch die USA unterzeichnet, so dass Island kein besetztes Land mehr ist. Es ist außerdem das erste europäische Land, in das amerikanische Soldaten während des Zweiten Weltkrieges ihren Fuß setzen.

Der Ausbau der Infrastruktur durch Briten und Amerikaner lässt die Arbeitslosigkeit auf der Insel quasi über Nacht verschwinden. Plötzlich ist die isländische Arbeitskraft ein wertvolles Gut. 1942 arbeiten etwa 4000 Isländer für die Armee. Dabei werden nicht nur Gebäude, Straßen und Flugplätze gebaut sowie Häfen vergrößert, sondern auch Dienstleistungen wie Wäschereinigung und Bewirtung für die Soldaten übernommen. Die Lebensmittelindustrie gewinnt aufgrund des Krieges in Europa an Bedeutung, da die Nachfrage nach isländischem Fisch steigt. Dies eröffnet den isländischen Arbeitnehmern plötzlich die Möglichkeit, Forderungen zu stellen. Die Gewerkschaften können in den Kriegsjahren ihre größten Erfolge verzeichnen und die umfassendsten Lohnerhöhungen aller Zeiten, gesetzlich garantierten Urlaub, die Bezahlung von Überstunden und den Acht-Stunden-Tag durchsetzen.

Gleichzeitig bringt die »Britenarbeit« *(britavinnan)* auch Probleme mit sich. Viele Bauern widmen sich ganz der lukrativen Tätigkeit für die Besatzer bzw. Beschützer und »vernachlässigen« so die Versorgung der eigenen Bevölkerung. Außerdem versuchen sowohl Regierung als auch Armee der sich ausweitenden Streiks Herr zu werden, indem sie sie verbieten. Dies führt zwar dazu, dass die Gewerkschaften keine Streiks mehr ausrufen. Die Arbeitnehmer bleiben ihren Arbeitsplätzen dennoch fern. In der Folge müssen Soldaten deren Aufgaben übernehmen, was als Einmischung in innenpolitische Angelegenheiten gewertet wird. Es werden sogar isländische Aktivisten, darunter auch ein Abgeordneter, verhaftet und nach Großbritannien verbracht.

Heute überwiegen die positiven Erinnerungen an die Zeit der »Besetzung« durch die Briten und die »Beschützung« durch die Amerikaner. Neben ihrem Know-how und der Nachfrage nach Arbeitskräften bringen vor allem die Amerikaner auch technische Neuerungen wie Bagger und Geländewagen mit ins Land, die den Isländern lieb und teuer werden und ihnen auch nach Kriegsende von großem Nutzen sind. 1944 besitzt Island aufgrund des stark angewachsenen Exports einen größeren Devisenfonds als jemals zuvor und legt so die Grundlage für einen enormen wirtschaftlichen Aufschwung, der eigentlich erst 2008 ein jähes Ende nimmt. Das agrarisch geprägte Land der Bauern und Fischer, das zu Beginn des 20. Jahrhunderts zu den ärmsten in Europa zählt, ist über Nacht eine neureiche Nation geworden, während der Rest des Kontinents seine schwärzesten Stunden erlebt.

In den Jahren 1941 bis 1945 werden – in jeglicher Hinsicht – die Grundlagen für das spezielle Verhältnis zwischen den USA und Island gelegt, denn der Kontakt zwischen Amerikanern und Isländern findet auf allen Ebenen statt. Die Baracken für die Soldaten werden größtenteils als Fertigbauten geliefert und überall aufgebaut, wo Platz ist. So entstehen neben den Enklaven der Armee auch gemischte Siedlungen, in denen Warentausch und Schwarzhandel blühen. Kneipen und Gaststätten sprießen aus dem Boden, und Reykjavík erlebt zum ersten Mal das wilde Nachtleben, für das es heute berühmt ist. Die Nachfrage nach Alkohol steigt so enorm an, dass Versuche unternommen werden, über den Verbrauch Buch zu führen und die Zuteilung zu rationieren.

Und natürlich entwickeln sich auch Beziehungen anderer Art zwischen den Soldaten und einheimischen Frauen. Dieser »Zustand« *(ástandið)* des Männerüberschusses ist genauso zu einem festen Begriff geworden wie die »Britenarbeit« und wurde von vielen Männern und einigen Frauen als so bedrohlich empfunden, dass auch hier Versuche zur Sanktionierung gestartet werden. So wird der Vorschlag, Frauen zwischen acht Uhr abends und acht Uhr morgens den Zutritt zum Hafengelände zu verbieten, abgelehnt. 1942 leben 122 000 Isländer auf der Insel, darunter 40 000 Frauen im Alter zwischen 15 und 65 Jahren, die auf etwa 50 000 Soldaten treffen. Es wurde ernsthaft befürchtet, es gäbe nicht mehr genug Frauen für isländische Männer, dafür aber einen moralischen Verfall, da plötzlich viele uneheliche Kinder zur Welt kamen.

Außer für wirtschaftlichen Aufschwung sorgen die Amerikaner auch für erhebliche Veränderungen im kulturellen Leben. Zwar gelangen bereits nach dem Ersten Weltkrieg moderne Strömungen über Zeitungen, Zeitschriften, Schallplatten und Touristen kontinuierlich nach Island. Dennoch wird es den Amerikanern zugeschrieben, beispielsweise Jazz und Spielfilme im großen Stil im breiten Bewusstsein etabliert zu haben. Die Isländer konnten während des Zweiten Weltkrieges regelmäßig ins Kino gehen und sich mit der neuesten Mode auseinandersetzen. Schon kurz nach Kriegsende kommen amerikanische Filmstars nach Island, das 1944 Republik wird. Seit 1952 sendet ein amerikanisches Radioprogramm, dem 1954 ein Fernsehsender folgt – elf Jahre, bevor das isländische Fernsehen auf Sendung geht. Parallel werden Stimmen laut, die durch den Einfluss des »Amisenders« *(kanasjónvarp)* die einheimische Kultur und gar die isländische Sprache in Gefahr sehen. Der amerikanische Fernsehsender durfte schließlich immerhin bis 1974, der Radiosender sogar bis zum Truppenabzug 2006 senden. Nicht zuletzt deshalb wirkt der amerikanische Lebensstil prägend für die neugierige junge Generation, die in einer freien und plötzlich wohlhabenden Republik lebt und sich somit gewisser Kaufkraft erfreut.

Die Kriegsjahre bringen also eine Loslösung Islands auf zwei Ebenen mit sich: Zum einen wird 1944 die Autonomie durch die Unabhängigkeit gekrönt und Island so von seiner jahrhundertelangen Zugehörigkeit zum Königreich Dänemark und damit in gewisser Weise auch von Europa abgekoppelt. Zum anderen wendet sich die junge Republik den USA zu, die die Industrialisierung des Inselstaates enorm vorangetrieben haben und – entgegen der ursprünglichen Vereinbarung – auch nach Kriegsende im Land bleiben. Es sind der Frei- und Pioniergeist der ersten Siedler, die Besinnung auf das mittelalterliche kulturelle Erbe und der American way of life, die identitätsstiftend für die Isländer wirken.

Freund oder Feind: Europa oder Amerika?

Auch wenn es pathetisch klingt: Das nationale Herz schlägt direkt über der Kontinentaldrift und so gesehen sowohl in Amerika als auch in Europa. Der isländischste aller Orte heißt Þingvellir (Thingfeld), liegt unweit des Hauptstadtgebietes im Landesinneren und gehört zusammen mit dem Geysir und dem Wasserfall Gullfoss zum sogenannten *golden circle.* Meine allerersten isländischen Vermieter betrachteten es offenbar als ihre staatsbürgerliche Pflicht, mir, kaum dass ich meine Taschen ausgepackt hatte, diesen Ort zu zeigen, denn hier haben die Isländer ihre wichtigen Entscheidungen getroffen und jahrhundertelang über Recht und Unrecht bestimmt.

Das Jahr 930 gehört zu den Sternstunden der isländischen Geschichte und jedes Kind kennt diese Jahreszahl, da sich damals die wichtigen Männer des Landes wohl erstmals in Þingvellir versammelten. Die Wahl fiel auf genau jenes, damals noch namenlose Plateau als Versammlungsort, da es sich in der Nähe der seinerzeit wichtigsten Siedlungen befand. Bis 1798 fand hier einmal jährlich die »nationale« Thingversammlung, das *Alþingi* statt – unter günstigen natürlichen Bedingungen: Es gab genug ebene Fläche zum Errichten der Lagerstätten, Feuerholz, Trinkwasser, Schutz vor Wind und eine Art natürliche Bühne. Von dem sogenannten *Lögberg,* dem Gesetzesberg, wurden eben wichtige Entscheidungen, Nachrichten und die gültigen Gesetze verkündet.

Da der Ort ständig in Benutzung war, gibt es bis auf die Reste einer Thinghütte nichts wirklich Altes zu besichtigen. Man wird aber anhand von angelegten Wegen, Bild- und Texttafeln über das Feld geleitet, wo an vielen Stellen die Kontinentaldrift beeindruckend sichtbar ist und man Islands zweitgrößten See, den schönen Þingvallavatn (Thingfeldsee) betrachten kann. Man spürt anhand der Aufbereitung, wie wichtig die Stätte den Isländern war und ist. Themen, die Þingvellir betreffen, können die Gemüter erhitzen – egal, ob es um die Frage nach einem Ehrenfriedhof, der »richtigen« Bepflanzung oder um die Wiederherstellung des ursprünglichen Zustands geht, der im Zweifel eine Brücke zum Opfer fallen würde. Zum 1000. Geburtstag des Alþingi wurden neben der Kirche aus dem Jahre 1859 kleinere Häuser errichtet, die heute als Sommerresidenz des Ministerpräsidenten dienen. So wurde letztlich auch die – für isländische Verhältnisse neue – Institution der Regierung, die es hier erst seit dem 20. Jahrhundert gibt, mit dem nationalen Herzort verbunden, an dem Parlament und Gerichtsbarkeit schon immer gegenwärtig waren. Deshalb fanden hier in den Jubeljahren alle Nationalfeiern statt. 1874 waren 1000 Jahre Besiedlung und die erste Verfassung der Anlass, 1930 feierte das Alþingi seinen 1000. Geburtstag, 1944 wurde hier die Republik ausgerufen, was 50 Jahre später nochmals Anlass für eine große Party in Þingvellir war, und im Jahr 2000 feierte man 1000 Jahre Christentum. Diese Daten sind für die Isländer von immenser Bedeutung, weshalb es sich lohnt, sie im Kopf zu haben, da ständig auf sie Bezug genommen wird. Þingvellir hat also geschichtliche, ideologische und natürliche Bedeutung, so dass sowohl die Gründung eines Nationalparks im Jahr 1930 als auch die Aufnahme ins Weltkulturerbe der UNESCO im Jahr 2004 geradezu logische Konsequenzen sind.

Gefeiert werden ausschließlich Ereignisse, die etwas mit freier Entscheidung, Unabhängigkeit und Demokratie zu tun haben. Ein Begriff, der in diesem Zusammenhang immer wieder fällt, ist »Freistaat«, womit die Jahre von der Besiedlung bis 1262 gemeint sind, in denen Island ein freies Land war, seine Obrigkeiten selbst ernannte und die Entscheidungen eben gemeinsam auf den lokalen Thingen und dem Alþingi getroffen wurden. »Freistaat« ist in den Augen meiner isländischen Freunde, die des Deutschen mächtig sind, eine unglückliche Übersetzung, da *þjóðveldi* eher »Volksreich« bedeutet und exklusiv Island in jener Zeit bezeichnet, während der Begriff »Freistaat« auf Deutsch auch noch anderweitig verwendet wird. Diese Epoche passt in Vielem zu heutigen Wertevorstellungen und ist zudem für das mittelalterliche Europa so einzigartig, dass deren Verklärung kaum überrascht. Diese glorreiche »Staatsform« bekam jedoch schon im 12. Jahrhundert erste Kratzer, weil einige Familien begannen, massiv Macht an sich zu reißen. Eigentlich ist spätestens für das Island des 13. Jahrhunderts der Begriff Freistaat nicht mehr angemessen, da es de facto eine Oligarchie ohne politisches Gleichgewicht geworden war, die sich zudem in einem heftigen Teufelskreis aus Fehden und Blutrache befand. Irgendwann wussten die Isländer sich offenbar selbst nicht mehr zu helfen und orientierten sich nach Osten, also nach Europa.

1262 wurde ein Vertrag unterzeichnet, der den norwegischen König verpflichtete, den Krieg in Island zu beenden, Isländern die kostenlose Einreise nach Norwegen zu garantieren und das Land von Norwegen aus mit genug Waren zu versorgen, da die Isländer selbst keine Schiffe hatten. Es sollten weiterhin isländische Gesetze gelten und die Möglichkeit bestehen, sich von dem Vertrag loszusagen, wenn der König die Isländer enttäuschte. Auf der einen Seite zwang der Vertrag die Isländer, dem König Steuern zu zahlen. Er setzte außerdem Beamte, meist Isländer, ein, die seine Interessen vertreten und zum Beispiel die Steuern eintreiben sollten. So wurden einerseits die »demokratische« Organisation und das System der Selbstbestimmung ausgehebelt, da die gesetzgebende Gewalt nicht mehr ausschließlich beim Alþingi, sondern eben auch beim König bzw. dessen Gesandten lag. Es dauerte nur ein paar Jahre, bis die Isländer ihre Gesetze im norwegischen Sinne überarbeiteten und die Blutrache abschafften. Auf der anderen Seite kehrte Frieden ein und das »Schreibezeitalter« *(ritöld)* begann. Dieses ist neben dem Freistaat eine andere glorreiche Epoche der Isländer, in der sie mit den eddischen und skaldischen Gedichten, ihren Chroniken und den Sagas erneut Einzigartiges schaffen, das sie noch heute weltberühmt macht.

Auch wenn sich die Isländer im 14., 15. und 16. Jahrhundert immer wieder auf den Vertrag von 1264 und ihre eigenen Gesetze beriefen, waren sie doch stark von Norwegen und ab 1383 von Dänemark – also Nordeuropa – abhängig. Damals schworen sie Ólafur, dem Sohn des verstorbenen norwegischen Königs und der Tochter des dänischen Königs, die Treue. Als Ólafur im Alter von 17 Jahren starb, verstand es seine Mutter danach, die Vorherrschaft der Dänen in Nordeuropa auszubauen, so dass Island sozusagen sang- und klanglos über Norwegen Provinz des dänischen Reiches wurde. Der Einfluss des jeweiligen Herrschers auf die isländische Gesetzgebung wuchs, zumal der König die oberste Gerichtsbarkeit war. Seine Beamten entwickelten sich zum isländischen Adel, und das Alþingi wurde mal mehr, mal weniger zu einer Institution, die die Interessen des Königs in Island installierte. Die Isländer beharren heute trotzdem darauf, dass in jenen Jahrhunderten das Alþingi noch eine gewisse gesetzgebende und richterliche Gewalt hatte und der König auf der anderen Seite des Ozeans war. Trotzdem begann er spätestens mit der Reformation, die hier 1541 unter Christian III. vollzogen wurde, sich an Island zu bereichern.

In der isländischen Wahrnehmung werden jedoch die Elemente betont, die für ein weiterhin unabhängiges Volk und ein gutes Verhältnis zu Nordeuropa sprechen. Isländische Abhandlungen zur eigenen Geschichte tun sich bis heute schwer damit, Begriffe wie »Unterdrückung«, »Ausbeutung«, »Kolonie« oder »Isolation« zu verwenden. Liest man zum Beispiel den *Geschichtsatlas (Söguatlas),* der sich an eine breite Masse wendet, finden sich immer wieder Formulierungen wie diese: »Auch wenn die Isländer seit 1262 mit einem ausländischen König und in der ersten Hälfte des 17. Jahrhunderts mit einem [dänischen] Handelsmonopol lebten, durften sie größtenteils frei schalten und walten. Die dänische Herrschaft versuchte eigentlich nicht, die Isländer zu irgendetwas zu zwingen, und die meisten waren mit der Regierungsform zufrieden.« Es klingt immer, als wolle man es sich nicht verscherzen.

So wurde im Unionsgesetz von 1918 nicht nur Islands weitgehende Souveränität, sondern auch dessen uneingeschränkte Neutralität festgeschrieben. Island war stets ein unbewaffnetes Land mit wenigen Menschen und somit, wenn es hart auf hart kam, dem Gutdünken der Großmächte ausgeliefert. So konnte es sich zwar 1941 bei der Ankunft der Briten auf seine Neutralität berufen, sie aber nicht durchsetzen. Neutralität war deshalb letztlich immer eher ein frommer Wunsch denn Realität. Diese gewisse Hilflosigkeit ist tief im Bewusstsein verankert, wie mir in Gesprächen immer wieder versichert wird, und könnte mit eine Ursache für das Anlehnen an Europa und Amerika und das gleichzeitige Zurückschrecken vor beiden sein. Ein anderer Grund ist unzweifelhaft, dass Island in wirtschaftlicher Hinsicht schon immer vom Ausland abhängig war und auch immer sein wird, denn es ist nicht in der Lage, sich selbst zu versorgen.

In dem Spannungsfeld zwischen »unbedingtem Willen zu Unabhängigkeit« und »auf andere angewiesen sein« muss auch das Verhältnis zu den USA nach dem Zweiten Weltkrieg gesehen werden, in dessen Verlauf Island aufgrund mehrerer glücklicher Umstände die volle Unabhängigkeit erreicht. Schon 1941, mit der Akzeptanz der USA als Schutzmacht, hatte es seine Neutralität aufgegeben und seine zunehmende Orientierung nach Westen begonnen. Zwar war ursprünglich vereinbart worden, dass die Amerikaner bei Kriegsende das Land sofort verlassen, sie äußerten aber den Wunsch, bleiben zu dürfen. Aufgrund der zunehmenden Teilung Europas in eine westliche und eine östliche Interessensphäre wuchs Islands strategische Bedeutung zum Beispiel als Zwischenlandeplatz zwischen Amerika und Europa. Schließlich unterzeichnete die isländische Regierung 1946 einen Vertrag, der die Amerikaner zum Abzug innerhalb von 180 Tagen verpflichtete und den Flughafen in Keflavík den Isländern übereignete. Gleichzeitig sollten die Amerikaner ihn und die dortige Technik jedoch nutzen dürfen, »um ihren Pflichten als Besatzungsmacht in Deutschland« nachkommen zu können. Was das genau bedeutete, wurde nicht ausgeführt. Der Keflavík-Vertrag sollte fünf Jahre unkündbar sein. Er wurde mit 32 Stimmen und 19 Gegenstimmen vom Alþingi verabschiedet, was einen Generalstreik zur Folge hatte und die Gemüter so sehr erregte, dass aus der Affäre der Stoff für einen mit dem Nobelpreis ausgezeichneten Roman wurde: Halldór Laxness' *Atomstation.*

Es ist heute schwierig nachzuvollziehen, dass so viele Isländer in dem Vertrag die Fortführung der Besetzung und eben eine Einschränkung ihrer Unabhängigkeit sahen. Ich habe oft erlebt, dass dieses Thema Menschen, die 1946 schon geboren waren, auch heute noch einen hochroten Kopf beschert – entweder weil sie sich über die Unterzeichnung noch immer empören oder weil sie sich weiterhin über die Proteste echauffieren. Ein Grund war sicherlich, dass die unabhängige Republik Island gerade erst zwei

Jahre alt war und deshalb auf die militärische Präsenz einer Großmacht besonders empfindlich reagierte.

Doch Island setzte seine Orientierung nach Westen weiter fort und schloss nach Ablauf des Keflavík-Vertrages als Mitglied der NATO, das es 1949 geworden war, erneut einen Vertrag mit den USA, die Island als NATO-Mitgliedsstaat militärischen Schutz garantierten. Zu diesem Zweck blieb die amerikanische Armee auf ihrem Stützpunkt am Flughafen bzw. sie kam dahin zurück, denn die Soldaten hatten infolge des Keflavík-Vertrages das Land zwischenzeitlich ja verlassen. Auch der neue Vertrag wurde dem *Alþingi* erst nach heftigen Protesten der Sozialisten und schon unterzeichnet vorgelegt. 1953 gründete sich eine Partei, deren Hauptziel der Abzug der Amerikaner war und die bei den Wahlen im selben Jahr immerhin zwei Mandate gewann.

Die Opposition erst gegen den Vertrag und dann gegen den Militärstützpunkt flaute auch in den 1960er Jahren nicht ab, als die Gegner sich organisierten und regelmäßig Demonstrationen, Kundgebungen und Unterschriftensammlungen veranstalteten. Zwischendurch gab es immer mal Regierungen, die sich für einen Abzug starkmachten, ihn dann jedoch nicht durchsetzen konnten. Man kann sagen, dass in Hinblick auf die Militärbasis in Keflavík niemals Einigkeit herrschte und das Thema von 1941 bis 2006 immer irgendwie aktuell war. Es fanden allerdings keine Proteste statt, als mit großzügiger finanzieller Unterstützung durch die USA und die NATO der Flughafen so ausgebaut wurde, dass er seit 1987 dem internationalen Flugverkehr gewachsen und der isländischen Allgemeinheit sehr zum Nutzen war. Über die US-Armee waren über viele Jahre Devisen ins Land gekommen und mehrere hundert Arbeitsplätze gesichert worden. Das wird sicher mit ein Grund für die isländische Unterstützung des Einmarschs der USA im Irak 2003 gewesen sein.

Als im September 2006 der letzte amerikanische Soldat Island verlässt, bedauert die Mehrheit der Isländer den Komplettabzug der Amerikaner – vor allem das bürgerlich-konservative Lager um die – ausgerechnet – Unabhängigkeitspartei. Es gibt aber auch einige jubelnde Stimmen. So bleiben die Bevölkerung und das Land gespalten zwischen der Angst vor Vereinnahmung und der Sehnsucht nach ausländischer Unterstützung.

Englisch oder Dänisch?

Streng genommen ist die Orientierung nach Westen den Isländern von Anbeginn eingeschrieben und begann nicht erst im Zweiten Weltkrieg. Schließlich kamen sie selbst aus östlicher Richtung, um Land westlich ihrer ursprünglichen Heimat zu besiedeln – so auch laut *Landnámabók* Erik der Rote. Er musste Norwegen wegen eines Tötungsverbrechens verlassen. Demut war offenbar nicht seine Stärke, denn auch in seiner neuen Heimat legte er sich schnell mit seinen Nachbarn an und wurde verbannt. Anstatt in bekannte, südlich gelegene Gefilde segelte er um 985 in westliche Richtung und fand eine Küste, von der er vielleicht schon gehört hatte, die ihm besiedelbar erschien und der er bei seiner Rückkehr aus der Verbannung den euphemistischen Namen Grönland (Grünland) gab. Neueste Forschungsergebnisse zeigen, dass es zu Eriks Zeiten wirklich wärmer war und er tatsächlich eine grüne Küste gefunden haben könnte. Vielleicht nicht zuletzt deshalb folgten ihm bei seiner Auswanderung dorthin 100 bis 150 Isländer. Die Neugrönländer gingen den isländischen Weg: Sie gründeten ein Thing, traten zum Christentum über und trieben mit Elfenbein aus Walross- und Narwalzähnen Handel mit Norwegen. Im 15. Jahrhundert verliert sich ihre Spur.

Der Entdecker Erik der Rote ist somit einer der wenigen Isländer (oder doch eher Norweger?), die die Bezeichnung »Wikinger« verdienen. Er spielt in zwei Sagas die Hauptrolle und bekam an dem Ort, an dem er es sich mit den Isländern verscherzte, mit *Eiríksstaðir* ein Museum, das – wie so viele andere im Lande auch – vor allem das Lebensgefühl jener Zeit transportieren soll. Auf Grundlage einiger archäologischer Ausgrabungen vor Ort wurde ein damaliges Wohnhaus nachempfunden, wo kostümierte Isländer am gasbetriebenen Lagerfeuer erklären, wie seinerzeit der Alltag war. Überdachte Texttafeln übermitteln die spektakulärsten Episoden aus Eriks Leben und gehen auch auf seinen Sohn Leif ein.

Dieser muss das West-Gen seines Vaters geerbt haben, da er weiter segelte – entweder weil vor ihm schon ein anderer isländischer Grönländer im Westen Land gefunden hatte, das Leif nun erkunden wollte, oder weil er selbst dort Land vermutete. Vermutlich sah er die Baffin-Insel, Labrador und Neufundland, wo Ausgrabungen eine wikingerzeitliche Siedlung ans Tageslicht brachten. Es steht also außer Frage, dass Nordeuropäer vor Kolumbus in Amerika gesiedelt haben. Leifs »Entdeckung« blieb für die Weltgeschichte ohne große Folgen, was die Isländer bis heute schmerzt, und so feierten sie im Jahr 2000 auch die »Entdeckung Amerikas«, die sich ungefähr im Jahr 1000 ereignet haben muss, mit der Herausgabe einer 1000-Kronen-Münze mit Leifs Konterfei. Ein Jahr später wurde mit den Einnahmen aus dem Verkauf der Sonderprägung das Leif-Eriksson-Institut gegründet, um die wissenschaftliche Zusammenarbeit zwischen Island und den USA zu vertiefen.

Diese muss auch vorher schon ganz gut funktioniert haben, da die Isländer seit vielen Jahren in den USA studieren, obwohl sich die isländische Hochschullandschaft in den letzten Jahrzehnten verändert hat und ein weiterführendes Studium in vielen Fächern mittlerweile auch hier möglich ist. Interessant ist, dass gerade zum 1000. Jubiläum der »Entdeckung« die Zahl isländischer Studenten in den USA mit knapp 500 am höchsten war. Die meisten von ihnen belegten gesellschaftswissenschaftliche Fächer, Jura und Wirtschaftswissenschaften. Seit 2000 ist die Zahl rückläufig und lag 2010 bei 285 Isländern. Damit halten die USA jedoch ihren zweiten Platz unter den Ländern, die Isländer zum Studieren bevorzugen.

Die jüngeren Isländer haben eine insgesamt sehr positive Einstellung zu den USA, was auch an deren Allgegenwärtigkeit liegen kann. So wird das Fernsehprogramm – zumindest auf den Privatsendern – von US-amerikanischen Serien und Filmen dominiert. Untersuchungen zeigen, dass heute im isländischen Fernsehen mehr Englisch als Isländisch gesprochen wird, weil die importierten Programme nicht synchronisiert, sondern untertitelt sind. Für 320 000 Menschen würde sich der Aufwand nicht lohnen. Deshalb kommen hier amerikanische Fernsehserien schneller auf den Markt als in Deutschland, wo meine isländischen Bekannten dann das kalte Grauen packt, wenn das Personal von *CSI Miami* plötzlich mit überdrehter Stimme deutsch spricht, ohne die Lippen im Einklang zum Gesagten zu haben. Auch Menschen, die in den Nachrichten zu Wort kommen, werden nicht übersprochen. Wird also ein Däne interviewt, hört man ihn dänisch sprechen und muss ihm durch die Untertitel folgen. Deshalb sind die Isländer sehr daran gewöhnt, andere Sprachen zu hören. Vor allem diejenigen, die mit den Privatsendern aufgewachsen sind, haben ausgesprochen gute Englischkenntnisse und einen großen Wortschatz, mit dem sie sehr selbstverständlich umgehen. Englisch ist außerdem seit 1999 die erste Fremdsprache, die die Kinder heute in der Schule lernen, und längst *die* Wissenschaftssprache.

Vorher war das Dänische dominierend, das nun im Allgemeinen als zweite Fremdsprache gelehrt wird. Bis Island 1911 seine eigene Universität bekam, musste man zum Studieren nach Kopenhagen, so dass die meisten wissenschaftlichen Texte von Isländern aus jener Zeit auf Dänisch sind. Die Priorität, die dem Dänischen noch immer eingeräumt wird, mag überraschen. Sie ist jedoch weniger eine Reminiszenz an die ehemalige Zugehörigkeit zu Dänemark als vielmehr zu Nordeuropa. Denn auch wenn das moderne Island in vielerlei Hinsicht US-amerikanisch geprägt ist, beruft es sich bei offiziellen Anlässen immer wieder darauf, ein Teil Nordeuropas zu sein. Isländische Gesetze werden oft mit einem Verweis darauf eingeleitet, dass man sich an der in den anderen nordischen Ländern üblichen Rechtsprechung orientiert habe. Island ist u.a. Mitglied des Nordischen Rats, dessen Arbeitssprachen Schwedisch, Norwegisch und Dänisch sind. Deshalb ist das Beherrschen einer dieser Sprachen für Isländer unabdingbar. Viele meiner Freunde fluchen über den Zwang zum Dänischlernen, da sie Französisch, Deutsch oder Spanisch erst als dritte Fremdsprache wählen können. Die Wenigsten sind nach dem Abitur wirklich in der Lage, Dänisch zu sprechen und geben ihrer mangelnden Motivation die Schuld daran. Allerdings können es fast alle gut lesen. Auf der anderen Seite schlägt man eben mit der Vermittlung von Dänisch mehrere Fliegen mit einer Klappe.

Die weitaus meisten Isländer, die sich für ein Studium im Ausland entscheiden, gehen zu diesem Zweck nämlich nach Dänemark. 2010 waren es 43 Prozent der Auslandsstudenten, also etwa 1000 an der Zahl. In Kopenhagen kann man sich längst nicht mehr sicher sein, mit Isländisch eine Geheimsprache zu sprechen. Während besonders nach dem 11. September 2001 ein Studium in den USA schwieriger geworden und dort sowieso sehr teuer ist, ist es in Dänemark gebührenfrei. Außerdem werden Isländer dort – wie in den anderen nordischen Ländern auch – vom Gesundheits- und Sozialsystem aufgefangen und können sich für viele Stipendien bewerben. Also liegt der heimelige Wohlfahrtsstaat mit der belächelten Sprache doch näher, als die auf Eigeninitiative setzenden USA. Leif Eriksson ließ sich dort letztlich auch nicht nieder, sondern kehrte nach Grönland zurück.

Das gelobte Land: Kanada oder Norwegen?

Die Isländer, die ich kenne, lieben ihr Land und begründen dies mit einem einzigen Satz: »Ísland – best í heimi!« (»Island – weltweit am besten!«). Auch wenn es sich dabei um keine Erklärung handelt, wird er meist so überzeugend vorgetragen, dass er über jeden Zweifel erhaben ist. Sie kennen die Namen »ihrer« Miss Worlds und der isländischen Teilnehmer beim Eurovision Song Contest 1999 und 2009, als Island den zweiten Platz belegte. Sie verehren Jón Páll Sigmarsson, der viermal der stärkste Mann der Welt und ein bisschen Islands Maskottchen wurde und sich auch verbal zu wehren wusste. Legendär ist seine Reaktion auf einen Zuschauer, der ihn bei einem Wettkampf als Eskimo bezeichnete: »Ich bin kein Eskimo, ich bin Wikinger!« Alle wissen um die vier Medaillen, die das Land bisher bei Olympischen Spielen gewonnen hat. Zufällig war ich in Reykjavík, als Vala Flosadóttir im Stabhochsprung Bronze in Sydney holte. Die Zeitungen waren tagelang voll mit Informationen über sie, ihren Werdegang, ihrer Familie und Beweisen dafür, dass sie tatsächlich Isländerin sei und nicht Schwedin, obwohl sie seit Jahren dort lebte. Und dann versetzten die Handballmänner 2008 das Land in einen Freudentaumel, als sie in Peking die Silbermedaille holten.

Die Identifikation mit dem Land, dem Isländersein und dem Isländischsein mag manchmal zwar skurrile Züge annehmen, führt aber nicht dazu, dass nicht mehr über den Tellerrand geschaut wird. Gerade in Krisenzeiten sind die Isländer bereit, flexibel zu reagieren und auch das aufzugeben, das ihnen das Liebste ist: Island. So verließen zum Beispiel zwischen 1968 und 1970 viele Isländer ihre Heimat, da der Hering von einem Jahr aufs andere ausblieb und Familien plötzlich kein Auskommen mehr hatten. Bei der Wahl ihres neuen, oft nur zeitweiligen Domizils schwanken sie wieder zwischen Amerika und Europa. Halldór Laxness' Figur Steinar Steinsson, Protagonist des Romans *Das wiedergefundene Paradies,* verkörpert genau diese Seite des Isländischseins. Bei einem Kopenhagenaufenthalt lernt er einen Mormonenpriester kennen und folgt ihm nach Utah, um schließlich doch nach Island zurückzukehren.

1855 verließen tatsächlich einige Isländer die Insel in Richtung Utah, von einer Auswanderungswelle kann aber erst etwa 20 Jahre später die Rede sein, als eine kanadische Reederei beginnt, organisierte Fahrten gen Westen anzubieten und Menschen bzw. ganze Familien überall im Land zu rekrutieren. Die vorausgegangenen Jahrzehnte waren sehr schwierig gewesen, denn ein kalter Winter folgte dem nächsten, und ein heftiger Vulkanausbruch führte zu weiteren Missernten und Viehsterben. Trotzdem war die Bevölkerung stark angewachsen. Die Isländer entdeckten jedoch gerade erst zu dieser Zeit, dass der Fischfang nicht nur ein Zuverdienst im Winter oder etwas für arme Menschen ohne eigenes Land sein könnte, sondern sich durchaus zum Haupterwerbszweig eignete. Es brauchte noch ein paar Jahrzehnte, bevor sich die Schicht der Fischer entwickelte. Gleichzeitig war es dem Gesinde nicht gestattet, einfach einen eigenen Hausstand zu gründen. Es musste bestimmte Voraussetzungen erfüllen, um heiraten zu dürfen. Gerade diesen Menschen eröffnete sich mit der Fahrt nach Westen eine neue Perspektive, die ihnen teilweise von ihrer Gemeinde bezahlt wurde, die so Fürsorgeempfänger loswurde. Die letzte große Auswanderungswelle rollte 1905, weil sich die Bedingungen in der Zwischenzeit zu Hause enorm verbessert hatten. Zwischen 1871 und 1914 haben nachweislich 16408 Isländer ihr Glück jenseits des Atlantiks gesucht – in den USA, in Kanada und in Brasilien. Dies entspricht durchschnittlich 380 Menschen pro Jahr, wobei in Hochzeiten 2000 Menschen jährlich das Land verließen. Nur wenige kehrten wieder nach Island zurück.

Die isländische Auswanderungsbewegung hebt sich durch zwei Eigenarten von den anderen in Europa ab. Zum einen verließen ungewöhnlich viele Frauen Island, während es anderswo immer deutlich mehr Männer waren. Dies lag eben daran, dass ganze Familien auswanderten und weniger Alleinstehende. Zum anderen gingen die meisten Isländer nach Kanada, das damals nach dem Vorbild der USA begonnen hatte, Einwanderer gezielt mit dem Versprechen von Grundbesitz zu locken. Deshalb siedelten sich viele Isländer rund um den Winnipegsee an, wo ihnen bis 1900 Exklusivrechte eingeräumt wurden, und blieben auch, als der Anfang sich aufgrund der Bodenqualität als schwierig entpuppte. Die Region Neu Island gehört heute zur Provinz Manitoba und ist besonders für den von den »Isländern« gefangenen Fisch bekannt – so ein kanadischer Bekannter.

Bei einer meiner ersten Reisen in Island teilte ich mir – es war September – eine ganze Jugendherberge mitten im nordisländischen Nirgendwo mit zwei älteren Damen, die mir großzügig anboten, das Abendessen mit ihnen zu verspeisen. Sie waren am Tage im Museum Vesturfarasetrið (etwa »Westfahrerzentrum«) in Hofsós gewesen, wo die Geschichte der isländischen Auswanderer liebevoll aufbereitet wurde. Das eigentliche Ziel ihrer Reise in die eigene Vergangenheit sollte der Hof ihres Urahns werden, der zu den sogenannten West-Isländern gehörte, die sich in Manitoba niedergelassen hatten. Im Museum hatte man ihnen mit Rat und Tat zur Seite gestanden und für sie neue Informationen ans Tageslicht befördert, so dass sie den ganzen Abend von der Freundlichkeit und der Sachkenntnis der dortigen Ahnenforscher schwärmten.

Was mir die Damen dann aus Manitoba berichteten, war für mich äußerst überraschend, denn auch wenn keine von beiden Isländisch sprach, bezeichneten sie sich als Isländerinnen. Beide waren Abonnenten von *Lögberg-Heimskringla,* einer zweimal im Monat erscheinenden Zeitung, die sich nach dem Ort der mittelalterlichen Gesetzsprechung *(Lögberg)* und einer wichtigen mittelalterlichen Chronik *(Heimskringla)* benannt hat und um die Vermittlung isländischer Neuigkeiten – auf Englisch – in ganz Nordamerika kümmert. Voller Enthusiasmus erzählten sie mir vom Icelandic Festival of Manitoba, das von der isländischen Regierung bezuschusst wird, von ihrer Mitarbeit im Organisationskomitee und von ihren alten Trachten, die sie liebevoll pflegen. In der »isländischen Hauptstadt Kanadas« Gimli wird das Festival jedes Jahr Anfang August mit einem Festumzug eingeleitet. Danach gibt es sportliche Wettkämpfe, Markt, einen Gedichtwettbewerb, Eierkuchen und Volkstänze. Außerdem kann man während des Festivals wohl in einem Wikingerdorf wohnen, wo »historisch korrekt gekleidete« Pseudowikinger den wikingischen Alltag nachleben, aber auch wikingische Kampftechniken vorführen. Von den lebhaften Schilderungen äußerst beeindruckt, fragte ich die Damen frei heraus, was denn die Wikinger auf dem Festival zu suchen hätten. Die Antwort kam prompt: »Na, Isländer halt!« Hier werden Besiedlungsmythen munter gemischt. Dass es schwierig ist, die Isländer selbst als Wikinger zu verorten, ist schon erklärt worden. Nun werden jedoch sogar eindeutig isländische, neuzeitliche Siedler mit etwas in Verbindung gebracht, mit dem schon ihre Urahnen nichts oder kaum etwas zu tun hatten. In jedem Falle bringt es, glaubt man den Fotos auf der Webseite des Festivals, Jung und Alt einen Heidenspaß.

Auch heute wandern die Isländer wieder aus. Mit der Krise verschwand 2008 die Vollbeschäftigung, und gerade die nordischen Länder locken mit attraktiven Arbeitsbedingungen. Die Zahlen zeigen, dass es seit 2008 weniger Isländer gibt, die aus dem Ausland in die Heimat zurückkehren, während die Zahl derer, die Island verlassen, deutlich angestiegen ist und im Jahr 2009 bei fast 5000 lag. Dabei orientierten sie sich zu kleinen Teilen über den großen Teich nach Kanada und die USA, nahmen aber auch Schweden, Deutschland und Dänemark ins Visier, wobei die Auswanderung in Letzteres traditionell hoch ist. Die absolute Spitzenposition unter den Auswanderungsländern hält jedoch Norwegen. Viele sehen diesen Schritt als zeitweilige Lösung und betrachten Island als ihre Heimat, in die sie – früher oder später – genau wie Laxness' Steinar Steinsson zurückkehren möchten. Denn auch wenn Island ihnen im Moment nicht viel zu bieten habe, bleibe es trotzdem einfach »best í heimi!«.

Die nördlichste Hauptstadt der Welt

Wenn man die nordischen Metropolen Stockholm, Helsinki, Oslo und Kopenhagen kennt, wird man von Reykjavík überrascht. Hier gibt es keine alte Markthalle, kein hanseatisch anmutendes Kaufmannsviertel, kein intaktes Nahverkehrssystem, keine Fußgängerzone und auch kein Schloss, denn Reykjavík ist erstens neu und zweitens auf das Auto ausgerichtet. Auch vertraute Straßennamen, die auf bekannte nordische Persönlichkeiten hinweisen, wird man hier nicht finden. Dabei hätte alles ganz anders laufen können …

Im 18. Jahrhundert gründet Skúli Magnússon, den man getrost als Vater Reykjavíks bezeichnen kann, eine sogenannte Teilhabergesellschaft. Der dänische König überlässt der Gesellschaft mit Reykjavík den Flecken Land, auf dem schon seit Besiedlungsbeginn gelebt wird. Nun soll hier auf Skúlis Vorschlag hin das Handwerk – besonders in Wollverarbeitung, Schwefelgewinnung und Gerberei – blühen. Außerdem macht er sich für den Schiffbau und den Fischfang stark. Am Ende des 18. Jahrhunderts muss der Bischof samt Schule aus dem Landesinneren vor den Folgen eines Vulkanausbruchs fliehen. Beide Institutionen lassen sich in Reykjavík nieder, und viele andere Einrichtungen und der Handel tun es ihnen gleich. Deshalb sind hier bald nicht nur Handwerker und Bauern zu finden, sondern auch Beamte und Kaufleute. Ab etwa 1750 geht Reykjavík also den Sonderweg, der es später zu Islands Hauptstadt werden lässt, und bekommt 1786 das Stadtrecht verliehen.

Es nimmt dann eine typisch isländische Entwicklung, da sich extreme Hochphasen und Krisen ständig ablösen. Ausschlaggebend für den jeweiligen Status quo sind zwei Faktoren: Wetter und Handel. Kalte Winter können die Einwohnerzahl genauso reduzieren, wie Kriege in Europa, deretwegen der Export erlahmt. Ab etwa 1830 kann man jedoch von einem relativ konstanten Aufschwung sprechen, der bis heute anhält. Als 1845 das Alþingi nach 45 Jahren Pause erstmalig in Reykjavík und nicht in Þingvellir zusammentritt, ist die Hauptstadtrolle endgültig besiegelt.

Im Jahr 1900 hatte Reykjavík 5800 Bewohner, 1910 waren es 11 450 und 1926 schon doppelt so viele. Die Stadtbewohner leben nicht mehr in Torfhütten, sondern in Holzhäusern, die mit Wellblech verkleidet werden und heute den alten Teilen Reykjavíks, Hafnarfjörðurs, Akureyris und Isafjörðurs ihren rostigbunten Charme verleihen. Unter dem Druck des Zuzugs werden Wasser- und Abwasserleitungen verlegt und ein Kraftwerk zur Stromversorgung errichtet. Parallel dazu muss der Hafen um-

und ausgebaut werden, da zunehmend im großen Stil mit Trawlern gefischt wird. Ab den 1920er Jahren nimmt der Bau von Wohnungen massiv zu und die lauschige sogenannte »Alte Weststadt« *(Gamli Vesturbærinn)* westlich des Stadtteichs entsteht. In den 1930er Jahren entdecken die Isländer die Möglichkeiten der Erdwärme und legen Leitungen für heißes Wasser in die Stadt, die so weitestgehend vom Kohlequalm befreit wird. Wohnraum ist zwar die ganze Zeit über knapp, trotzdem beginnt organisierte Stadtplanung erst in den 1920er Jahren. Bis dahin wurde einfach vor sich hin gebaut, was die kleine Altstadt nördlich und östlich des Stadtteichs und unterhalb der Hallgrímskirche heute so gemütlich sein lässt. Hier verlaufen die Straßen krumm und schief, und die Häuser haben die unterschiedlichsten Höhen, Farben und Formen.

Nach dem Zweiten Weltkrieg gehen immer mehr Isländer zum Studium ins Ausland und bescheren Island so seine ersten eigenen Architekten und Stadtplaner. Da der Menschenfluss nach Reykjavík nicht abreißt, werden neue Konzepte erprobt und vermehrt Reihen- und Mehrfamilienhäuser, aber auch provisorische Siedlungen zum Beispiel aus den Baracken der US-Armee errichtet. Noch 1963 lebten im größten Barackenviertel der Stadt etwa 2000 Menschen. Im Großen und Ganzen wurde immer dort gebaut, wo es am billigsten war, so dass Reykjavík eher in die Breite als in die Höhe, also nach Osten und Süden wächst, da es nach Norden und Westen vom Wasser begrenzt ist. In den 1960er Jahren entstand auf Forderung der großen Gewerkschaften mit Breiðholt ein Satellitenstädtchen mit günstigen Wohnungen in Hochhäusern, während gleichzeitig danach gestrebt wurde, noch freie Flächen in zentraler gelegenen Gebieten zu bebauen. So sollten Familien mit wenig Geld bezahlbaren Wohnraum bekommen und die provisorischen Siedlungen aus den Kriegsjahren verschwinden.

Nach dem Zweiten Weltkrieg wird Reykjavík vor allem autogerecht ausgebaut. Größere Neubauviertel besitzen zwar wie Breiðholt ein eigenes Zentrum und Fußwege, die zu Schulen und Einkaufsmöglichkeiten führen, mit der Reykjavíker Innenstadt sind sie jedoch nur über mehrspurige Schnellstraßen verbunden. Gerade diese prägen heute die Hauptstadt. Übergangsstellen für Fußgänger gibt es oft nur im Abstand von Kilometern, und die wenigen vorhandenen Bürgersteige sind sehr schmal. So schneiden die Straßen regelrechte Schneisen in die Stadt und isolieren die Stadtteile voneinander.

Dabei erstreckt sich Reykjavík heute geradezu endlos in die Weite. Je weiter man sich vom »alten« Stadtkern in Richtung Osten bewegt, desto neuer und öder werden die Viertel, denn sie sind entweder als reine Wohnsiedlungen oder als reine Industriegebiete gedacht. Man erledigt seine Einkäufe in einem der großen Supermärkte und fährt auch noch die kürzesten Wege mit dem Auto. Die Grenze zwischen Vierteln, die gefühlt nicht mehr in der Stadt liegen, und den wirklichen Vororten ist fließend. In letzteren überwiegen die Einfamilienhäuser, deren Fronten zur Straße hin oft von mehreren Garagentoren dominiert werden. Hier leben die Isländer den amerikanischen Traum von Einfamilienhaus und Auto und nehmen das Fehlen einer Kiezkultur genauso in Kauf wie immer länger werdende Wege. Alternativen gibt es so gut wie keine, denn der öffentliche Busverkehr ist gerade in den Vororten und im Hauptstadtgebiet insgesamt sehr mangelhaft. Reykjavík ist nämlich nicht die einzige Stadt, die so in die Breite wächst, was dazu führt, dass es mit seinen Nachbarstädten Seltjarnarnes, Mosfellsbær, Kópavogur, Garðabær, Álftanes und Hafnarfjörður verschmilzt und sich eben deshalb der Begriff »Hauptstadtgebiet« durchgesetzt hat. Hier leben heute 200 000 Menschen, also fast zwei Drittel der Gesamtbevölkerung.

Als ich das erste Mal nach Reykjavík kam, wusste ich nicht, wie sehr die Stadt an den Bedürfnissen von Autobesitzern ausgerichtet ist. Also schöpfte ich alle Möglichkeiten, mir Mobilität zu verschaffen, aus. Zuerst kaufte ich mir für viel Geld eine Monatskarte für den Bus, um die Male, in denen ein Anschluss klappte oder ich bequem von einem Ort zum anderen kam, an einer Hand abzählen zu können. Als ich in Breiðholt wohnte, zerflossen meine Vermieter fast vor Mitleid darüber, dass ich tapfer den Bus nehmen wollte, und boten mir, wann immer es ging, ihre Dienste als Chauffeure an. Dabei brauchte ich bloß zu wissen, wann einer der drei Busse pro Stunde »in die Stadt« fuhr und vor allem, wann der letzte »aus der Stadt« in Richtung Breiðholt aufbrach. Bei meinem zweiten Islandaufenthalt nahm ich mein Fahrrad mit und suchte mir eine Wohnung direkt in der

Innenstadt. Das ging so lange gut, bis mich Ende September der erste wirkliche Herbststurm vom Sattel fegte und ich drei Wochen später, obwohl ich mich an den Ratschlag eines Fahrrad fahrenden Bekannten hielt und immer auf dem Bürgersteig fuhr, von einem abbiegenden Auto umgestupst wurde, das – durchaus nicht unüblich – unsauber abbog und dabei einen Teil des Bürgersteigs mitnahm. Meine isländischen Bekannten bestätigten mir, dass sie als Autofahrer überhaupt nicht auf mögliche Fahrradfahrer eingestellt sind. Den Begriff »Schulterblick« konnten wir nicht ins Isländische übersetzen. Also versuchte ich es zu Fuß und merkte erst dabei, wie lang manche Straßen sich hinziehen und dass viele Bürgersteige für die Kombination aus Regenwetter und mit Tempo 80 vorbeipreschenden Autos definitiv zu schmal sind. Außerdem ist es langweilig zu laufen, wenn man niemandem begegnet und große Bögen gehen muss, um eine Ampel zu finden.

Dass es auch ohne Auto geht, zeigt ja gerade das alte Stadtzentrum mit den Vierteln Þingholt und Alter Weststadt, wo Islands größte Dichte an engen Einbahnstraßen und 30er-Zonen herrscht. Das liegt zum einen natürlich daran, dass die Viertel aus dem Prä-Auto-Zeitalter stammen, zum anderen aber eben auch an einer intakten Infrastruktur. Hier laufen auch heute noch Privat- und Arbeitsleben parallel, und man kann alles zu Fuß erledigen. Es gibt kleine Geschäfte und Fachhändler, Kitas, Restaurants, Werkstätten, Kanzleien und Arztpraxen. Die Orientierung kann hier manchmal etwas schwierig sein, eben weil Þingholt und Alte Weststadt nicht vom Reißbrett stammen, sondern organisch gewachsen sind. Neuerdings hilft einem jedoch nicht nur die fast 75 Meter hohe Hallgrímskirche, die über der Stadt thront, den richtigen Weg zu finden, sondern auch der ein oder andere Wolkenkratzer. In den Jahren des wirtschaftlichen Booms deutete man die Idee von Verdichtung sehr amerikanisch und setzte mitten in die alte Bebauung und in die Sichtachse auf die Bucht schwarz verkleidete Türme aus Glas und Stahl, die nun nach allen Seiten gut sichtbar sind.

Außerdem empfiehlt sich ein Blick auf die Straßennamen. Diese greifen nämlich in den alten Vierteln die heidnischen Götter auf und heißen *Óðinsgata* (Odinstraße), *Þórsgata* (Thorstraße), *Freyjugata* (Freyjastraße), *Týsgata* (Tyrstraße), *Lokastígur* (Lokisteig), *Baldursgata* (Balderstraße), *Nönnugata* (Nannastraße), *Bragagata* (Bragistraße) oder *Urðarstígur* (Urdsteig). Nachdem die Götter alle untergebracht waren, griff man bei den etwas neueren Straßen die Namen der Saga-Helden auf, denen im modernen Island deutlich mehr Verehrung zukommt als den Göttern. Hier finden sich dann zum Beispiel die *Njálsgata,* die *Gunnarsbraut* und die *Bergþórugata* in Anlehnung an Njáll, Gunnar und Bergþóra aus der *Njáls saga,* die *Grettisgata* nach Grettir aus der *Grettis saga,* die *Eiríksgata* nach Erik dem Roten und die *Leifsgata* nach Leif Eriksson, dem Entdecker Amerikas. Damit war der Wortschatz in Sachen »isländische Persönlichkeit« ausgereizt. Hinzu kommt, dass das Isländische keine Nachnamen kennt, weshalb es nicht möglich ist, Straßen nach Menschen zu benennen, ohne dass es in isländischen Ohren komisch klingt. Deshalb hat man sich danach auf die topografischen Gegebenheiten konzentriert. Heute kann man an der Endung eines Straßennamens erkennen, in welchem Viertel man sich befindet. Die Gegend, wo alle Straßennamen auf *melur* enden, was etwa Sandhügel bedeutet, heißt deshalb *Melar.* Anderswo heißen die Straßen und somit auch die Viertel *akur* (Acker), *hlíð* (Hang), *tún* (Wiese), *vogur* (Bucht) oder *teigur* (Weide). So bleiben die ursprünglichen Bedingungen auch unter Asphalt, Beton und Parkplätzen gegenwärtig.

Kranzkuchen und Hamburger

Dass die nordischen Länder einen enormen Pro-Kopf-Kaffeeverbrauch haben, hat sich mittlerweile rumgesprochen. Finnland nimmt in allen Statistiken die Spitzenposition ein, und auch Norwegen, Schweden und Dänemark lassen sich nicht lumpen. Leider scheint Island bislang in keiner Erhebung berücksichtigt worden zu sein, denn auch hier wird Kaffee zu allen Tages- und Nachtzeiten getrunken und hat eine wichtige soziale Funktion. Schaut man überraschend bei Verwandten vorbei oder besucht auf dem Land seine Nachbarn, muss man Zeit für mindestens zwei Tassen Kaffee einplanen – auch wenn es nach dem Abendbrot ist. Dankend abzulehnen, ist eigentlich nicht drin. Ich jedenfalls habe in Island das Kaffeetrinken gelernt.

»Es ist 00.00 Uhr. Mitternacht. Wahrhaftig, kommt einem da nicht so etwas wie Kaffeeduft aus dem Haus entgegen! Drinnen hat man ein Tuch über den Tisch gebreitet und Gebäck hingestellt, sehr unterschiedlich nach Farbe und Form; ich glaube behaupten zu dürfen, daß es Hunderte von Einzelstücken auf ungefähr zwei Dutzend Tellern waren. Doch wurde das Maß erst voll, als die Frau drei Kriegstorten auftischte, so genannt, weil sie im Krieg modern wurden. Jede maß etwa zwanzig Zentimeter im Durchmesser und war etwa sechs bis acht Zentimeter hoch. Schließlich brachte die Frau Kaffee herein.« So wird in Halldór Laxness' Roman *Am Gletscher* die Figur Frl. Stößeldora eingeführt, die so heißt, weil sie für ihre vielen Kuchen Mörser und Stößel statt einer Rührmaschine benutzt. Diese steht nämlich, oft im Design der 1950er Jahre gehalten, in vielen isländischen Küchen gut sichtbar bereit und ist eines der beliebtesten Hochzeitsgeschenke. Tatsächlich hauen einen die isländischen Kuchen um. Oft haben sie mehrere Böden, gern aus Baiser, Sahne- und Cremefüllungen mit Konservenobst und eine Dekoration aus dickem Karamell oder Schokolade. Manchmal verirrt sich eine Erdbeere oder ein Stückchen Kiwi obenauf, insgesamt sind frische Früchte jedoch nicht vorgesehen. Obwohl es in Island ja einige Beerensorten gibt, die sehr schmackhaft sind, werden sie höchstens zusammen mit Schlagsahne zu den hauchzarten Eierkuchen gereicht, die man manchmal ebenfalls zum Kaffee serviert bekommt.

Besonders beeindruckende Kuchenbuffets gibt es bei den Konfirmationen. Rund 245 000 Isländer sind in der evangelischen Staatskirche, deren Stellung die Verfassung regelt. Der isländische Weg durchs Leben wird also von der Kirche begleitet, so dass Taufen, Konfirmationen, kirchliche Trauungen und kirchliche Trauerfeiern der Regelfall sind. Bei einer Konfirmation versammeln sich Familie und Freunde nach der Zeremonie zum »Kaffeetrinken« und werden dabei mit Unmengen mächtiger Kuchen konfrontiert. Es ist ein aussichtsloses Unterfangen, von allen probieren zu wollen. In der Mitte prangt meist ein sogenannter Kranzkuchen, dessen einzelne Ringe aus einem Marzipanteig bestehen, die zu einer Pyramide aufgeschichtet und mit heißem Zucker verklebt werden. Mit Kuvertüre werden dann Pralinen oder Bonbons in buntem Papier zur Dekoration auf den

Kuchen geklebt und zum Schluss kleine isländische Flaggen zwischen die Ringe gepiekt.

Leider kennt das Isländische kein Wort für »herzhaft«, vermutlich weil Kuchen und Süßspeisen als das Beste gelten, das man seinen Gästen anbieten kann. Während salzige, gesäuerte und geräucherte Speisen immer irgendwie vorrätig waren, war Zucker lange Zeit ein Luxusartikel. Seit etwa 50 Jahren gibt es jedoch mit den Barbecues eine Institution, die den Einladungen zum Kaffee bald den Rang ablaufen könnte. Es ist nicht ungewöhnlich, dass an einem windstillen, trockenen, dennoch eisigen Tag im Januar zum Grillen geladen wird. Gegessen wird natürlich drinnen, aber die Zubereitung der Lammkeule findet auf dem Balkon oder der Terrasse statt. Dazu gibt es Saucen aller Art, vielleicht Kartoffeln und auf jeden Fall Cola, von der die Isländer nachweislich den höchsten Pro-Kopf-Verbrauch in der Welt haben. Ein Grill gehört genauso in einen typisch isländischen Haushalt wie eine Rührmaschine. Beide scheinen das ganze Jahr über regelmäßig in Benutzung zu sein.

Dass die Isländer dem Deftigen gegenüber nicht abgeneigt sind, fiel mir schon bei meiner allerersten Fahrt vom Flughafen in die Stadt auf, da in regelmäßigen Abständen links und rechts der Straße verschiedene Fastfood-Ketten zu sehen waren. Viele von ihnen gleichen Inseln auf den Schnellstraßen und sind folgerichtig »Drive-ins«. In dieser Hinsicht haben sich die Isländer komplett an den USA ausgerichtet, denn den kleinen Italiener an der Ecke oder das seit Generationen von der gleichen Familie betriebene Restaurant gibt es nicht. Möchte man essen gehen, ohne für ein Hauptgericht mindestens 25 Euro zu bezahlen, bleiben nur Kentucky fried Chicken, T. G. I. Fridays, American Style, Pizza Hut und Subway oder die vor Öl triefende Pizza des allgegenwärtigen Anbieters Dominos, die jedem Italiener Tränen in die Augen treiben würde. Als die erste McDonalds-Filiale 1993 in Island eröffnete, war der Ministerpräsident zugegen. Er fehlte, als die Firma Island 2009 verließ, da die Importe wegen der Abwertung der Krone unrentabel geworden waren. Auf dem Lande, wo die Tankstelle gleichzeitig Kiosk, sozialer Treffpunkt und Café ist, kehrt man sonntags zum Hamburger-Essen ein.

Für Touristen ist es schwierig, die wirklich isländische Küche kennenzulernen. Gerade im Stadtzentrum von Reykjavík gibt es viele (sehr teure) Restaurants, die sich allerdings zum größten Teil der Fusionsküche verschrieben haben und traditionelle Gerichte gewagt kombinieren. Eine gute Alternative sind die nur tagsüber geöffneten kleinen Kantinen, in denen mittags die Einheimischen isländische Hausmannskost zu sich nehmen, wie zum Beispiel das *Múlakaffi*. Meine isländischen Freunde sind sich einig, dass Essengehen eine Neuerung in Island ist. Bis zum Ende der 1990er Jahre war der Restaurantbesuch für normale Isländer einfach unbezahlbar, so dass bei den seltenen Anlässen dann auch etwas Besonderes erwartet wurde und nicht das, was man sowieso zu Hause zubereitet. Dabei muss ja so gut wie alles ins Land geholt werden. Die meisten Importe kommen aus Europa, namentlich aus Norwegen, Deutschland, Schweden und zuletzt auch den Niederlanden. Während draußen amerikanische Esskultur allgegenwärtig ist, dominieren europäische Produkte die Supermarktregale.

Da die traditionelle Küche gezwungenermaßen fast ausschließlich auf Fisch und Fleisch setzt, weil frisches Gemüse nur wenige Wochen im Jahr zur Verfügung stand, passte die Hamburger-Kultur den Isländern gut in den Kram. Meine älteren isländischen Bekannten finden bis heute, dass ein Salat mit Brot oder Nudeln mit Tomatensauce keine vollwertige Mahlzeit seien, weil doch das Fleisch fehle. Und es gibt ja zumindest ein wirklich isländisches Gericht, das sich alle leisten können und das aus einer europäischen Tradition stammt: Würstchen. Man bekommt sie an jeder Tankstelle und oft auch am Kiosk, immer in einem getoasteten Brötchen und angereichert mit frischen und gerösteten Zwiebeln. Bei den Saucen hat man große Auswahl und darf sie meistens selbst dosieren. Würstchen können sogar der Anlass für eine Warteschlange sein, die es sonst nur nachts vor manchen Reykjavíker Clubs gibt. Gerade am Wochenende kann sich eine solche von einer schraddeligen, kleinen Imbissbude an einer Straßenecke unweit des Lækjartorgs, in die geradeso der Würstchenzubereiter samt Toaster und Herd passen, meterlang zum Hafen schlängeln. Die Imbissbude ist Reykjavíker Inventar und trägt den Namen Bæjarins beztu pylsur (»Die besten Würstchen der Stadt«). Hier gibt es seit über 70 Jahren isländische Würstchen aus Schaffleisch zu kaufen, und man ist als Gast in bester Gesellschaft, schließlich war sogar Bill Clinton schon hier.

Willkommen zu Hause!

Die goldenen Zeitalter: Mittelalter und Nationalromantik

Im Vergleich zu den anderen europäischen Ländern kennen die Isländer ihr Mittelalter und damit ihren Ursprung sehr gut. Sie müssen sich nicht mit den Stämmen der Völkerwanderung und unsicheren Mythen in Verbindung bringen, sondern wissen sozusagen schon, seit es sie selbst gibt, dass sie ihr Land von Norwegen und den keltischen Inseln aus besiedelt haben. Somit waren sie von dem Moment an Isländer, in dem sie eine Hütte in Island bauten. Es ist schön, sich von mutigen Menschen herleiten zu können, die eine unsichere Seereise auf sich nahmen und ein Land verließen, in dem der König mächtiger wurde und den Freiheitsdrang der Vorfahren einschränkte. So will es der Mythos. Mittlerweile bestehen berechtigte Zweifel daran, ob die Tatsache, dass König Harald Schönhaar im neunten Jahrhundert in Norwegen das Lehnswesen einführte, wirklich so ausschlaggebend für die Auswanderungswelle war. Außerdem liegen, wie gesagt, seit einigen Jahren Daten und Fakten vor, die beweisen, dass die Isländer zu einem weitaus größeren Teil, als bisher angenommen, keltische Vorfahren haben. Das heroische Selbstbild leidet natürlich, wenn man plötzlich in Betracht ziehen muss, von einer keltischen Sklavin abzustammen.

Der Umgang der Isländer mit dem Mittelalter ist zweischneidig. Zum einen wollen sie wissen, wie es »wirklich« war. Es wird viel Geld in mediävistische, biologische, archäologische und historische Forschung investiert. Zum anderen fällt es den Isländern schwer, Abschied von den Mythen über ihre Mythen zu nehmen. So betrachten viele die mittelalterlichen Quellen als Tatsachenberichte und behaupten, dass die Sagas und Chroniken wahre Geschichten, Ereignisse und Personen überliefern. Eine Diskussion über den literarischen Gehalt dieser Texte und die Schwierigkeit, dass zwischen Ereigniszeitraum und dem Zeitpunkt der Niederschrift oft Jahrhunderte liegen, kann sehr heftig ausfallen.

Teilweise treibt die Auseinandersetzung mit dem Mittelalter seltsame Blüten. So feierten plötzlich mehrere Vereine in Island und eine isländische Studentenverbindung in Kopenhagen in den 1870er Jahren einen gewissen Þorri. Dabei waren die Säle mit heidnischen Symbolen geschmückt, und es wurde Göttern wie Thor, Odin, Freyr und Freyja gehuldigt. Dieser Brauch basierte allerdings nicht auf einer jahrhundertealten Tradition, sondern tauchte plötzlich auf. In gewisser Weise passte er gut in diese Zeit, in der sich die Isländer klar darüber wurden, dass sie von der dänischen Krone und somit fremdbeherrscht sind. Die Ideen der Romantiker und ersten Unabhängigkeitskämpfer gewannen an Boden und so vermutlich auch der Wunsch, etwas Eigenes, Isländisches zu formulieren. Dazu passten Rückbesinnung und Überhöhung (vermeintlicher) mittelalterlicher Bräuche.

Eigentlich ist bis heute niemandem wirklich klar, was es mit Þorri und seinem Opferfest auf sich hat. Þorri taucht in zwei sogenannten *þættir,* einer Art mittelalterlicher Kurzgeschichte, auf und wird als mächtiger König beschrieben. Er veranstaltet zu Ehren seiner Schutzgötter ungefähr in der Wintermitte ein Opferfest, das deshalb den Namen Þorri-Opfer *(þorrablót)* bekommt. Außerdem erscheint Þorri in anderen Quellen, darunter der *Prosa-Edda,* als Monatsname. Vor der Einführung des Julianischen Kalenders galt in Island ein Kalender mit ebenfalls zwölf Monaten, die sich allerdings an natürlichen Begebenheiten und heidnischen Göttern ausrichteten und nicht deckungsgleich mit den julianischen Monaten waren.

Seit Beginn der 1950er Jahre begannen verschiedene Vereine und Klubs, ihre Jahresversammlung bewusst am Anfang des Monats Þorri abzuhalten und bei dieser Gelegenheit vor allem isländische Gerichte zu essen, die einst alltäglich waren, mit Einzug des Kühlschranks jedoch zunehmend in Vergessenheit gerieten. Einige Jahre später verknüpften findige Isländer, die meisten ihres Zeichens Restaurantbesitzer, das Praktische – nämlich den Monat Þorri und sein Opferfest – mit dem Angenehmen – viel Essen und Trinken. Island war zu diesem Zeitpunkt eine relativ wohlhabende junge Republik, die an ihrem Selbstbewusstsein arbeitete. Insofern gab es eine dankbare Zielgruppe für die Idee, im Monat Þorri kulinarische Spezialitäten zu servieren, die als besonders isländisch gelten und auf eigens dafür angefertigten Tabletts serviert wurden, die traditionellen isländischen Gefäßen nachempfunden waren. Die Idee des *þorrablót* fiel auf fruchtbaren Boden und stellt heute – veranstaltet von Firmen, Sportvereinen, Schulen, Verbänden oder Heimatvereinen – ein Highlight und einen festen Programmpunkt für die meisten Isländer dar. Die heidnischen Götter spielen dabei keine Rolle mehr – im Gegensatz zu den typisch isländischen Spezialitäten und dem *brennivín*, einem Kümmelschnaps.

Der Besuch eines *þorrablóts* fordert von Nicht-Isländern einiges an Mut und Experimentierfreude. Serviert werden nämlich traditionsreiche Gerichte, die auf eine Zeit zurückgehen, in der es ständig darum ging, Vorräte anzulegen und ohne Kühlung haltbar zu machen. Deshalb sind diese Köstlichkeiten niemals frisch, sondern fermentiert, geräuchert, gepökelt, gekocht oder sauer eingelegt und durch die Bank tierischen Ursprungs. So kann man zum Beispiel in den Genuss sauer eingelegter Hammelhoden *(súrsaðir hrútspungar)* kommen. Früher wurde zu deren Gewinnung der gesamte Hodensack erst von Haaren befreit und gesengt und anschließend als Ganzes gepökelt, gekocht, in Blöcke gepresst und in saurer Molke eingelegt. Dort blieben die Fleischblöcke bis zum Zeitpunkt des Verzehrs haltbar. Heute verzichtet man auf den Hodensack.

Zu großer Berühmtheit hat es auch der fermentierte Haifisch *(kæstur hákarl)* gebracht, um den sich manche Mär rankt. Der Eishai wird gefangen, ausgenommen und komplett – nicht nur die Flossen – in große Stücke geschnitten. Diese werden in Holzkästen mit großen Steinen oder direkt zwischen sie gelegt und mit Erde zugeschüttet. Da diese Haie keine Nieren haben, reichert sich ihre Haut mit Harnstoff an, weshalb das Haifleisch eigentlich giftig ist. Durch die mehrwöchige Lagerung zwischen den Steinen wird viel Ammoniak freigesetzt, das vollständig verdunstet, wenn die Haistücke danach in offenen Hütten zum Trocknen aufgehängt werden. Nach dieser Prozedur hat das Fleisch das Aussehen eines harmlosen Käses, aber einen extrem strengen, fast schockierenden Geschmack. Da es in kleinen Stücken serviert wird und für die meisten Isländer eine ausgesuchte und nicht ganz billige Delikatesse darstellt, ist es eine Ehre, es angeboten zu bekommen. Diese Ehre darf man eigentlich nicht ausschlagen. Am besten ist es zu lächeln, zu danken und das Fischstück unzerkaut hinunterzuschlucken. So kann man heftige körperliche Reaktionen vermeiden. Hilfreich ist, alles sofort mit einem Schluck *brennivín* abzulöschen, den auch die Isländer meistens dazu trinken. Dennoch wird man einige Stunden lang stark nach vergorenem Fisch riechen. Auch wenn viele schreckliche Gerüchte über das Haifleisch kursieren, eines stimmt nicht: Zu keiner Zeit wurde zur Beschleunigung der Fermentierung auf das Fleisch uriniert, bevor man es in die Erde tat.

Richtig hingegen ist, dass man generell etwas misstrauisch sein sollte, wenn im Winter ein großer Topf auf einem isländischen Herd steht, in dem offenbar etwas heftig und lange vor sich hin köchelt. Macht sich zudem ein strenger Geruch breit, ist die Wahrscheinlichkeit groß, dass man beim Lüften des Deckels in ein Schafsgesicht blickt. Dieses könnte anorektische Züge angenommen haben, da der Kopf erst abgeflammt und gespalten wurde, bevor man ihn kochen lässt. Auch diese Spezialität, *svið* genannt, gehört unter anderem zum *þorrablót,* wird aber winters gern auch zu anderen Anlässen verzehrt. Die Wangenmuskulatur eines Wiederkäuers ist ziemlich umfangreich und schmeckt im Vergleich zum Haifisch geradezu verträglich. Auf das *þorrablót* beschränkt ist hingegen die Sülze, die man aus dem Fleisch eines *svið* gewinnt und sauer einlegen kann, aber nicht muss. Des weiteren werden, seit Walfang wieder erlaubt ist, auch Fett aus der Haut des Wals *(rengi),* geräucherter Schafsbauch *(magálar)* und sauer eingelegtes und mit Innereien gefülltes Zwerchfell vom Schaf *(lundabaggar)* serviert. Die meisten Isländer meinen denn auch, dass der Genuss dieser Gerichte einmal im Jahr sehr schön und lecker, aber auch durchaus ausreichend sei. So war dann das *þorra*-Essen auch nicht davor gefeit, in Hinblick auf seine Nährwerte diskutiert zu werden. Der maßvolle Verzehr gilt als ungefährlich, Herz-Kreislauf-Patienten sollten jedoch auf den Genuss dieser Gerichte aufgrund ihres Fett- und Salzgehaltes besser verzichten.

Im Großen und Ganzen ist das *þorrablót* eine Reminiszenz an die gute alte Zeit und eine Gelegenheit, sich seines Isländischseins zu entsinnen. Deshalb sind es gerade Institutionen, die ein *þorrablót* ausrichten, weil es auch um Zusammengehörigkeit und Gruppengefühl geht. Für die Vereinigungen der Isländer im Ausland ist ein *þorrablót* oft das Großereignis des Jahres, auf dem nicht nur gegessen und getrunken, sondern auch gesungen, getanzt, über Sketche gelacht und natürlich Isländisch gesprochen wird. Nicht selten erscheinen die Teilnehmer in Tracht. Während das *þorrablót* vor allem auf das Mittelalter als identitätsstiftende Epoche anspielt, zeigt sich an der Entstehungsgeschichte der Tracht die Bedeutung einer anderen Ära, nämlich der Zeit der Unabhängigkeitsbewegung, die etwa zur Mitte des 19. Jahrhunderts beginnt.

Damals begab sich der Künstler Sigurður Guðmundsson regelrecht auf die Suche nach einer Nationaltracht, die damit endete, dass er sie aus Fundstücken und seinen persönlichen Erkenntnissen über isländische Kleidung und Mode sozusagen konstruierte. Er ermahnte 1857 die Frauen, sich an unprätentiöse isländische Kleidung zu halten, anstatt die Kopenhagener Mode nachzuahmen. Deshalb musste die Tracht auf jeden Fall schwarz sein, was den Frauen aber immerhin die Möglichkeit ließ, persönlichen Geschmack durch Applikationen oder Schmuck auszustellen. Und bis heute ist schwarz die beherrschende Farbe aller isländischen Trachten. Sigurður entwarf unterschiedliche Modelle, die isländische Traditionen aufgreifen sollten. Dabei bewegte er sich häufig im Spekulativen. Da er neben isländischen Materialien auch Gold und Silber verwendete, wurde seine erste Kreation, der *skautbúningur,* bald zum Statussymbol. Diese Tracht zeichnet sich unter anderem durch einen auffälligen Kopfschmuck aus, den sogenannten *faldur,* eine weiße, auf den heutigen Betrachter etwas überdimensioniert wirkende Haube mit Schleier. Zumindest den *faldur* konnte Sigurður sicher als althergebracht belegen, und so gilt er heute als besonders isländisch, auch weil er in färöischen Trachten, die ansonsten den isländischen sehr ähnlich sind, nicht vorkommt. Bei seinem zweiten Trachtenentwurf, einer Art bodenlangem mittelalterlichen Kittel, orientierte sich Sigurður an den Personenschilderungen in den *Isländersagas* und landete damit einen modischen Bestseller bis in die 1920er Jahre. So etwas gelang ihm mit seinen Schöpfungen für Männer nie, da sich diese auch zur Zeit des Unabhängigkeitskampfes eher an die europäische Mode hielten.

Auch Versuchen, zur Tausendjahrfeier des Alþingi 1930 eine

isländische Männertracht zu lancieren, war nur kurzzeitig Erfolg beschieden. Erst 1994 wurde anlässlich des 50. Geburtstags der Republik Island ein Wettbewerb zum Entwurf einer männlichen Tracht ausgeschrieben, an dem sich 60 Designer beteiligten. Der sehr schlichte Siegerbeitrag greift kaum folkloristische Elemente auf und steht ein wenig in dem Ruch, der färöischen Männertracht ähnlich zu sein, erfreut sich jedoch als Anzugersatz ständig wachsender Beliebtheit auf Familienfeiern, dem Nationalfeiertag und bei jungen Männern als Konfirmations- oder Graduierungskleidung. Über ein weißes Hemd mit Stehkragen wird eine schwarze Weste mit zwei Reihen aus silbernen Knöpfen gezogen. Die Hose ist ebenfalls schwarz und kann knöchelaber auch knielang sein.

Aus Ermangelung gesicherter Überlieferung ist eine abschließende Bewertung dessen, was als Nationaltracht gilt, schwierig und relativ. Wie wichtig das aber den Isländern ist, sieht man daran, dass 2001 der sogenannte »nationale Trachtenrat« *(þjóðbúningaráð)* seine Tätigkeit aufnahm. Das Parlament erteilte ihm den Auftrag, »Kenntnisse rund um die isländische Tracht und deren Fertigung zu hüten«. So wurde zum Beispiel ein Online-Wörterbuch entwickelt, in dem all die fachsprachlichen Begriffe zu den unterschiedlichen Trachten und ihren Bestandteilen samt Bildern zu finden sind. Dieser Wortschatz ist nicht Allgemeingut und bedarf deshalb besonderer Pflege. Außerdem erfreuen sich seit nunmehr zehn Jahren Trachten-Nähkurse stetig wachsender Beliebtheit, so dass wohl auch die Anzahl an Trachten und Trachtenträgern steigt – trotz enormer Materialkosten.

Sind *þorrablót* und Trachten gelebte Rückbesinnung auf die heroischen Epochen der Isländer, kumuliert das Ganze in einer staatlich anerkannten Glaubensgemeinschaft: dem *ásatrúarfélag*. Die Asen sind ein heidnisches Göttergeschlecht, zu dem unter anderem Odin, Thor, Tyr, Freyja und Balder gehören. Das Wissen, das wir heute von der nordeuropäischen heidnischen Religion haben, ist vor allem in altnordischen Quellen überliefert. Für den mitteleuropäischen Raum ist die Überlieferung viel dünner. Besonders bemerkenswert ist, dass über die Liturgie und Ausübung der heidnischen Religion fast nichts bekannt ist, sondern in erster Linie Geschichten und Mythen tradiert wurden. Insofern ist es eigentlich nicht möglich, das Heidentum wiederzubeleben, zumal dieses regional sehr verschieden gewesen und gelebt worden sein muss.

Deshalb geht es bei der Gemeinde der »Asengläubigen« in Island auch nicht so sehr um Glaubensfragen, als vielmehr um die Pflege von Traditionen. Auf ihrer Homepage lehnen sie Missionierung strikt ab. Fragt man Isländer nach ihrer Meinung zum *ásatrúarfélag,* reagieren sie meistens sehr gelassen und betrachten die Vereinigung eher als eine folkloristische, denn religiöse – und dieser Eindruck passt auch zum Selbstbild. Auf der Agenda des *ásatrúarfélag* stehen die Pflege alter Bräuche sowie der Eintritt für heidnische Wertevorstellungen wie Toleranz, Ehrlichkeit, Anständigkeit, Eigenverantwortung und Respekt vor Erde und Natur. Dieses Ethos baut – wie soll es anders sein – auf einer mittelalterlichen Quelle auf: dem *Hávamál.* Dieses eddische Götterlied beinhaltet einige Odin-Abenteuer, Zaubersprüche, Runen und vor allem Ratschläge für das Alltagsleben. Sie beziehen sich zum Beispiel auf den Umgang mit Gästen und immer wieder auf maßvolles Verhalten in jeglicher Hinsicht, das sozusagen die Maxime der Mitglieder des *ásatrúarfélag* darstellt. Ihr Weltbild fußt ebenfalls auf einem eddischen Götterlied, nämlich der *Völuspá,* in der eine Seherin Aufbau, Entstehung, Untergang und Wiedergeburt der Götter und der Erde beschreibt. Beide Texte sowie die mythologische Überlieferung in der *Prosa-Edda* werden bei den Zusammenkünften der Mitglieder gern und viel diskutiert. Passend zu den eigenen Maßstäben steht es jedem Mitglied frei, woran es glauben möchte. Neben den eigentlichen Asen kommen auch Schutzgeister, Elfen, Riesen, Zwerge und andere Wesen aus der Mythologie in Frage.

Aufgrund ihres Status als staatlich anerkannte Glaubensgemeinschaft kann man in Island nach heidnischem Brauch heiraten und beerdigt werden. Diese und andere Zeremonien, zum Beispiel Namensfeste für Neugeborene, nehmen sogenannte Goden vor. Das Wort *goði* ist überliefert und bezeichnete interessanterweise auch im Mittelalter ein Amt, das sowohl religiöse als auch weltliche Dimensionen hatte. Die Goden des *ásatrúarfélag* schwören bei ihrer Amtseinführung einen Eid, der ebenfalls mittelalterlichen Texten entstammt. Neben den Inhalten ist auch die Organisation der Gemeinde eine Reminiszenz an das Mittelalter, denn oberster Gode und regionale Goden werden von der Mitgliederversammlung gewählt, die sich in Anlehnung an die mittelalterliche Institution *þing* nennt und am nationalen Herzort Þingvellir tagt. Der Gemeinderat bzw. Vorstand heißt *Lögrétta* und dessen Vorsitzender *lögsögumaður*. Unter diesen Bezeichnungen fungierte im Mittelalter die gesetzgebende Gewalt. Gesetze waren von dem Moment an gültig, in dem der *lögsögumaður* (etwa »Mann, der Gesetze sagt«) sie laut ausgesprochen hatte.

Neben den identitätsstiftenden Texten und der Berufung auf die Institutionen des Freistaates sind natürlich auch die konkreten Aktivitäten der Gemeinde Traditionspflege. Die Mitglieder gehen in Schulen, wo sie über heidnische Sitten und Religion berichten. Neben einem wöchentlichen Gesprächskreis konzentrieren sich die Aktivitäten vor allem auf die Opferfeste zur Tag-und-Nachtgleiche im Herbst, zur Winter- und Sommersonnenwende sowie zum ersten Sommertag. Auf diesen Zusammenkünften werden die entsprechenden Quellen zitiert, bevor überlieferte rituelle Handlungen, wie zum Beispiel das Segnen der Erde mit Met, vorgenommen werden. Danach wird gemeinsam gegessen und getrunken. Neben diesen vier Hauptopferfesten, die auf eine relativ sichere Überlieferung zurückgehen, hält das *ásatrúarfélag* natürlich auch ein *þorrablót* ab, das die am besten besuchte Veranstaltung des Jahres ist. Dies deutet darauf hin, dass ausgerechnet das Fest, das eine Erfindung der Neuzeit ist, als besonders folkloristisch und traditionsreich angesehen wird.

Heute ist das *ásatrúarfélag* mit 1700 Mitgliedern die sechstgrößte Glaubensgemeinde in Island und die größte nicht-christliche. Gerade nach dem wirtschaftlichen Zusammenbruch 2007 hat sie einen extremen Zulauf erfahren. Insofern muss man die Rückbesinnung auf das kulturelle Erbe auch als Trost in schweren Zeiten verstehen, der gewissen Halt verspricht. Tracht und *þorrablót* sind ähnliche Orientierungshilfen und gewannen ihre heutige Bedeutung in einer Zeit, in der Island als industrialisierte Republik zunehmend in den Blick der Weltöffentlichkeit gelangte. Gerade damals wurde es wichtig, Isländischsein zu leben und zu demonstrieren.

Texte, Sprache und Bildung: Von Götterliedern bis Blogs

Da die Isländer sich so stark auf »ihr« Mittelalter und die Nationalromantik berufen, speist sich ihr Selbstbild vor allem aus Texten. Einige dieser Texte kamen hier schon am Rande vor, allerdings ist es für das bessere Verständnis lohnend, einen systematischen Blick auf die Gattungen und Inhalte zu werfen, die für das Isländischsein so entscheidend sind.

Dabei spielten Runen kaum eine Rolle, auch wenn von der isländischen Souvenir-Industrie heute gern ein anderer Eindruck erweckt wird. Sie sind jedoch eher ein gemeingermanisches Erbe als ein spezifisch isländisches. Zur Zeit der Besiedlung Islands war in Europa das lateinische Alphabet schon bekannt. Zwar wurden auch in Island Runen lange parallel zum lateinischen Alphabet verwendet, doch waren sie meistens Beschriftungen, Widmungen, Grabsteininschriften oder reine Ornamentik. Ein Großteil von ihnen steckt allerdings in gerade den Texten, die wiederum essenziell für die isländische Nation sind: in den Isländersagas.

Diese gehören zur Saga-Literatur, die zusammen mit der eddischen Dichtung und der Skaldik Gattungen bildet, die nur aus Nordeuropa, speziell Island und Norwegen überliefert sind. Warum ausgerechnet für diese beiden Länder eine so reiche und vielfältige mittelalterliche Überlieferung vorhanden ist, hat viele Gründe. Mit am schwersten wiegt vermutlich, dass Island durch seine besondere Besiedlungsgeschichte anfänglich kaum Autoritäten kannte, die das Erzählen und später das Aufschreiben von Texten verbieten oder instrumentalisieren konnten. Einen König gab es nicht, und während im Rest Europas die Nutzung von Pergament und Lettern vor allem in den Händen des Klerus lag, waren es auf der Insel durchaus Privatpersonen, die Handschriften verfassten oder in Auftrag gaben. Da ein Königshaus als Identifikationsfigur fehlte, begannen die Isländer früh, ihren Ursprung in der Besiedlung des Landes und den daran beteiligten Menschen zu sehen und entsprechend festzuhalten. Hier wurde schon die *Landnámabók* erwähnt, und auch die *Íslendingabók (Buch der Isländer),* die später noch eine wichtige Rolle spielt, zählt zu dieser Art von Geschichtsschreibung bzw. Chroniken.

Ohne Zweifel hat auch die »sanfte Christianisierung« dazu beigetragen, die Tradierung alter Stoffe und Mythen zu sichern. Zum einen gab es seit längerem Kontakte zum Christentum, da im Auftrag des norwegischen Königs einige Missionare ins Land gekommen waren. Die Entscheidung, dass alle Isländer offiziell sozusagen über Nacht Christen würden, fiel aus unterschiedlichen Gründen. Der König hatte einige Isländer, die sich in Norwegen aufhielten, als Geiseln genommen, um Druck auf die Entscheidungsträger auf der Insel auszuüben. Außerdem drohten bereits bekehrte Isländer, sich eigene Gesetze zu geben, was das Land unweigerlich gespalten hätte. All dies wird dem im Jahre 1000 amtierenden Gesetzessprecher Þorgeir eine schwere Zeit beschert haben, der die für ganz Island geltende Entscheidung fällen musste. Der Legende in der *Íslendingabók* nach legte er sich unter ein Fell und überlegte lange, bevor er dem *Alþingi* erklärte, dass sich alle Isländer taufen lassen sollten. Gleichzeitig sollte aber tolerant mit den heidnischen Sitten wie dem Aussetzen von unerwünschten Kindern, dem Verzehr von Pferdefleisch und dem Götteropfer verfahren werden, solange es im Geheimen stattfand. Dem Kompromiss wurde zugestimmt, und alle Anwesenden ließen sich taufen. Danach änderten sich die Machtverhältnisse im Lande kaum. Die alten mächtigen Familien blieben bestimmend, und auch in den Familienstrukturen gab es keinen Bruch. So konnten dort ohne Schwierigkeiten ältere Traditionen und Geschichten weitergegeben werden. Þorgeir soll übrigens später einige Abbilder heidnischer Götter auf dem Nachhauseweg vom Alþingi in einem Wasserfall versenkt haben, der deshalb den doppeldeutigen Namen Goðafoss bekommen hat. Das kann sowohl »Wasserfall eines Goden«, also eines Entscheidungsträgers auf dem Thing *(goði)*, als auch »Götterwasserfall« bedeuten. Er liegt in der Nähe von Akureyri und gehört zu den schönsten in Island überhaupt.

Da wir genau wissen, dass Island im Jahre 1000 formal den christlichen Glauben annahm, lassen sich die Anfänge der Schriftkultur hier genauer datieren als anderswo. Über die vorschriftlichen Überlieferungsmechanismen können wir hingegen nur Mutmaßungen anstellen. Die Berichte von heidnischen Göttern und nicht-christlichen Helden wurden von Menschen aufgeschrieben, die eine große Nähe zur christlichen Kirche hatten.

Außerdem waren die ersten Geistlichen im Lande Einheimische und entstammten oft den einflussreichen Familien. All das garantierte eine gewisse Kontinuität.

Genauso muss man aber berücksichtigen, dass die literarischen Anfänge auch in Island eng mit der christlichen Kirche verbunden sind, da erst mit der Christianisierung Pergament und das lateinische Alphabet auf die Insel kamen und, wie anderswo auch, Bischofssitze und später die Klöster Bildungs- und somit Schreibzentren wurden. Außerdem hatte Island stets regen Austausch mit dem europäischen Festland und den britischen Inseln. Es war mitnichten so isoliert, wie aufgrund der Insellage gern behauptet wird, und die Entwicklung seiner Literatur erfolgte auch in einem europäischen Kontext. Gemeinsamkeiten mit mitteleuropäischen Texten werden heute aber in der allgemeinen isländischen Rezeption gern verschwiegen, während die Besonderheiten betont und zum Teil überstrapaziert werden. Für die Isländer ist ihre Literatur vor allem eins: isländisch!

Heute sind zahlreiche Handschriften erhalten, auch weil es in Island keinen Krieg gab und sie an vielen Orten über das Land verteilt aufbewahrt wurden. Dadurch sank die Wahrscheinlichkeit, dass bei einem Feuer viele auf einmal verloren gingen. Zudem begaben sich schon im 17. Jahrhundert zwei Männer gezielt auf die Suche nach Handschriften. Der eine, Brynjólfur Sveinsson (1605–1675), war Bischof und ziert heute den 1000-Kronen-Schein. Er sammelte im Auftrag des dänischen Königs Pergamente und schickte sie in die Königliche Bibliothek in Kopenhagen – darunter die prächtigsten Handschriften der Isländer wie die *Flateyjarbók*.

In seine Fußstapfen traten viele Handschriftensammler, unter denen Árni Magnússon der bedeutendste ist. Geboren 1663 diente er erst dem vom König beauftragten Sammler und arbeitete an der Übersetzung altisländischer Texte ins Lateinische, bevor er seine eigene Sammlung begann. Entscheidend war, dass er stets Handschriften kopierte oder kopieren ließ. Ein beträchtlicher Teil der Überlieferung alter isländischer Literatur sind die Abschriften Árnis. Um an Handschriften zu kommen, nutzte er fleißig seine Beziehungen zu hohen Beamten in Kopenhagen. Schickte ihm ein alter Freund aus Island ein Manuskript, setzte sich Árni für dessen Belange beim König ein. Er muss ein unglaublich emsiger Mensch gewesen sein, der jede freie Minute mit dem Aufspüren und Untersuchen von Handschriften verbrachte. 1728 vernichtete ein mehrtägiger Brand große Teile von Kopenhagens Innenstadt, wo Árni mit seiner Sammlung lebte. Er reagierte schnell und es gelang ihm, die meisten Pergamente zu retten, während viele seiner eigenen Aufzeichnungen, Schriften und Bücher verloren gingen. 14 Monate nach dem Brand starb er. Árnis Lebensgeschichte und zahlreiche zeitgeschichtliche Anekdoten verknüpfte Halldór Laxness 240 Jahre später zu seinem großartigen Roman *Die Islandglocke.*

Die Isländer haben ihrem großen Sammler und Idol ein beeindruckendes Denkmal gesetzt, indem sie unter seinem Namen 2006 fünf Institute vereinigten, die sich mit der isländischen Sprache befassen. Natürlich verwahrt das Institut in seiner Bibliothek einen Großteil von Árnis Besitztümern, die folgerichtig Signaturen mit seinen Initialen AM bekommen haben. So ist er mit seiner Sammlung eins geworden. Als am 21. April 1971 die ersten Handschriften per Schiff aus Dänemark zurückkamen, übertrug das isländische Fernsehen erstmals live unter freiem Himmel. Tausende Isländer hatten sich im Hafen versammelt, um dem Ereignis beizuwohnen. Anschließend kamen Vertreter der Parlamente und der Regierungen beider Länder im größten Saal des Landes zusammen, wo der dänische Kultusminister seinem isländischen Kollegen die *Flateyjarbók* und den *Codex Regius*, der die meisten eddischen Lieder enthält, überreichte – mit dem Kommentar: »Bitteschön!« Vorausgegangen waren allerdings jahrzehntelange, zähe Verhandlungen. Árni Magnússon hatte seine Sammlung testamentarisch der Universität Kopenhagen vermacht. Die Frage, wem die Sammlung gehörte, war also nicht einfach zu beantworten. Je mehr Selbständigkeit die Isländer aber erreichten, desto umfangreicher wurden ihre Forderungen. 1961 beriefen sie sich schließlich auf Árnis isländische Herkunft. So überzeugten sie die Dänen, mussten aber versichern, dass sie keine weitere isländische Kunst zurückfordern würden und dass nur die Dokumente nach Island kämen, die nachweislich dort verfasst worden waren. Als 1986 schließlich die letzten Handschriften »zurück« in Reykjavík waren, unterzeichneten beide Länder einen umfangreichen Vertrag über wissenschaftliche und praktische Zusammenarbeit in diesem Bereich.

Was aber steht in den Handschriften? *Edda* ist ein Begriff, den viele Deutsche schon gehört haben, der jedoch zwei völlig verschiedene Sachverhalte bezeichnen kann. Zum einen gibt es ein Werk, das diesen Titel trägt und auf Deutsch meistens *Die Edda des Snorri Sturluson* heißt. Da diese u.a. erzählende Texte in ungebundener Sprache enthält, nennt man sie auch die *Prosa-Edda.* Sie wird genauer beschrieben, wenn es bei den »Wunschverwandten« auch um Snorri geht. Redet man jedoch von der *eddischen Dichtung,* meint man eine der genuin isländischen Gattungen, in diesem Falle Gedichte, die oft »Lieder« genannt werden, obwohl sie vermutlich nie gesungen wurden. Damit ein solches »eddisch« ist, muss es einem der beiden dort vorkommenden Versmaße *fornyrðislag* oder *ljóðaháttur* folgen, also einen bestimmten Rhythmus, eine bestimmte Silbenzahl und einen bestimmten Reim besitzen. Besonders wichtig ist, dass sich in den Zeilen ein Buchstabe mehrmals wiederholt. Natürlich ist es sehr schwierig, das Versmaß konsequent und mit allen Besonderheiten zu übersetzen, weshalb viele eddische Gedichte auf Deutsch nicht richtig »fließen«. So ist ein echter Eindruck von der Kunstfertigkeit der Dichtung nur möglich, wenn man Altisländisch kann. Zudem handelt ein »eddisches« Gedicht immer entweder von den alten Göttern oder von Helden. Deshalb findet man oft Ausgaben mit dem Titel *Die Götterlieder der Edda* und *Die Heldenlieder der Edda.* Von einer bestimmten Edda zu reden, ist eigentlich falsch, denn es gibt mehrere Handschriften, die eddische Gedichte überliefern und eben auch noch Snorris Buch.

Götterlieder sind ausschließlich in Handschriften isländischen Ursprungs überliefert. Insgesamt sind es 17. Heldenlieder existierten hingegen in ganz Europa – allerdings natürlich in anderen Versmaßen. Das *Nibelungenlied* ist ein Beispiel für »deutsche« Heldendichtung. Natürlich kann es passieren, dass ein Text nur in einer Handschrift, ein anderer in mehreren Handschriften vorkommt. So hat man eben die *Hávamál,* auf die sich das *ásatrúarfélag* beruft, nur einmal gefunden, während die *Völuspá* in mehreren Handschriften vorkommt. In den Götterliedern geht es auch um Odin, Thor, Freyr, Balder, Freyja, Heimdall und die heidnische Weltentstehungslehre. In den Heldenliedern begegnen uns hingegen Heroen der Völkerwanderungszeit. Hier geht es also nicht unbedingt um spezifisch nordische Zusammenhänge, sondern um Stoffe, die uns zum Beispiel aus dem *Nibelungenlied* bekannt sind. Attila (Etzel) heißt nun Atli, Gunter Gunnar, Kriemhild Guðrún und Siegfried Sigurður. Allerdings treten auch Figuren auf, die nur in den altnordischen Heldenliedern zu finden sind, wie etwa Helgi. Am Beispiel der eddischen Heldenlieder wird also deutlich, dass die altnordische Literatur durchaus mit der europäischen zusammenhing, aber ihre eigenen Formen ausbildete. Genau diese Verquickungen führten jedoch auch immer wieder dazu, ein angeblich »gemeingermanisches« Erbe zu postulieren. So wurden zum Beispiel im Dritten Reich die eigentlich isländischen Quellen flugs zu deutschen umfunktioniert, eben weil die mittelalterliche Überlieferung heroischer Literatur für den »deutschen« Raum so mager ist. Diese Tatsache und die damals angefertigten Übersetzungen haben mit dazu beigetragen, dass der eddischen Dichtung heute oft misstrauisch begegnet wird.

Für den Laien schwierig, für die Isländer jedoch unumgänglich ist die Abgrenzung der eddischen Dichtung von der skaldischen. Während erstere stets anonym überliefert ist, steht letztere in engem Zusammenhang mit ihrem Schöpfer, dem Skalden. Skaldische Texte können lange oder kurze Gedichte, aber auch einzelne Strophen sein, denn sie erfüllten ganz andere Zwecke als die eddischen. Es geht um Lobpreis oder Schmähung, Liebeszauber, aktuelle Ereignisse und später auch oft um christliche Themen, denn skaldische Verse wurden bis in die Neuzeit hinein verfasst. Problematisch für den Leser ist ihre Form, denn sie baut auf schwierigen Versmaßen und einer verschwurbelt wirkenden Metaphorik auf. Man muss oft sehr um die Ecke denken und in Mythologie und Geschichte bewandert sein, um die Gleichnisse und Metaphern, die oft mehrgliedrige Genitivreihungen sind, zu entschlüsseln. Oder wer würde schon vermuten, dass mit »Brünnengänsen« Pfeile und mit »Flammen des Getöses der Pfeile« ein Schwert gemeint sind? Das i-Tüpfelchen ist die völlig freie Wortstellung, so dass man erst sortieren muss, was wie zusammengehört. Dass die Isländer diese Gedichte heute überhaupt noch verstehen, ist auch Snorri Sturluson zu verdanken, der in seiner *Edda* kurioserweise gerade die skaldischen Techniken erklärt. Im Gegensatz zu den eddischen Liedern gibt es für die 6040 erhaltenen skaldischen Strophen keine Sammelhandschrift. Stattdessen sind sie meistens in Prosatexte eingebettet und so überliefert.

Wer in der skaldischen Dichtung stöbern möchte, kann auf die Webseite der Universität Sydney gehen, wo sämtliche Strophen digital zugänglich, perfekt aufbereitet und miteinander in Zusammenhang gesetzt wurden. Eben weil eine Übertragung in andere Sprachen sozusagen unmöglich ist, eignen sich skaldische Gedichte nicht besonders gut zum Angeben, denn der Erklärungsbedarf ist groß. Die meisten meiner isländischen Bekannten haben die eddischen Gedichte über Thor und Helgi mehr oder weniger intensiv gelesen; mit skaldischen Strophen aber kennen sich nur die wenigsten von ihnen aus. Also müssen diejenigen, die in der Lage waren, solche – oft spontan – zu verfassen, entsprechend schlau, belesen, wortgewandt und schlagfertig gewesen sein. Deshalb werden wiederum die Skalden als Helden verehrt und zu Hauptpersonen von Sagas.

Und hier schließt sich der Kreis zur dritten, für die Isländer selbst zweifelsohne wichtigsten der drei einheimischen Gattungen: den Sagas. Sie alle sind erzählende Prosatexte, anonym überliefert und werden in der Regel nach ihren inhaltlichen Schwerpunkten kategorisiert. Es gibt zum Beispiel die *Byskupasögur,* die Lebensgeschichten von Geistlichen sind, die *Konungasögur,* die von Herrschern berichten, die *Vorzeitsagas,* die von Begebenheiten handeln, die vor der Besiedlung Islands liegen, die *Riddarasögur,* die höfische und somit nicht-isländische Stoffe aufgreifen, und die *Märchensagas.* Auch wenn sie alle auf Isländisch niedergeschrieben wurden, hat keiner dieser Saga-Typen den *Isländersagas* ihren Rang als isländische Prototexte überhaupt ablaufen können, vermutlich weil sie von Menschen berichten, mit denen sich die Isländer noch immer gern identifizieren. Meistens wird heute mit dem Begriff Saga deshalb auf die *Isländersagas* verwiesen.

Als ich das erste Mal eine von ihnen las, fand ich den Text seltsam verbaut und in weiten Teilen unverständlich. Zwar reiht sich Ereignis an Ereignis, aber die Neugier auf die Hintergründe wird nicht gestillt. Immerfort geht es um komplizierte Verwandtschaftsverhältnisse, eine befremdliche Vorstellung von Ehre und um Tötungen, die quasi nebenbei »Schlag auf Schlag« stattfinden und einen den Überblick verlieren lassen. Ich habe trotzdem einfach weitergelesen: erst die kürzeren Sagas, wie die vom hochmütigen Goden Hrafnkell, dann die längeren, wie die vom unglückseligen Gísli, dem während der Ächtung zum Glück wenigstens seine Frau die Treue hält, oder vom starken Grettir, der als Jugendlicher ein Gespenst besiegt, dessen Fluch jedoch nicht mehr los wird. In der *Njáls saga* geht es um die Freundschaft zweier Männer und die Feindschaft ihrer Frauen, in der *Laxdæla saga* um die Geschicke einer Großfamilie. Manchmal gibt es einen roten Faden, manchmal handelt es sich um eher lose aneinander gereihte Episoden. Irgendwie spielen immer Schicksal, Glück und Rache eine große Rolle. Man kann sich also an die Texte gewöhnen, die vielleicht auch gerade deshalb plötzlich spannend werden, weil man sich selbst vorstellen muss, was wohl in den Protagonisten vorgegangen sein mag. Die Isländer lieben einige dieser etwa 36 Texte so sehr, dass sie ihnen wie im Falle der *Njáls saga* oder der *Hrafnkels saga,* die auch *Njála* oder *Hrafnkatla* genannt werden, Spitznamen gegeben haben.

Diese innige Beziehung und der sachliche Tonfall der Texte verklären aber auch den Blick. Meine isländischen Bekannten verweisen nämlich auf die Sagas wie auf Tatsachenberichte. Fahre ich mit ihnen durch das Land, bekomme ich oft Kommentare zu hören wie: »Und hier hat Gunnar über die Landschaft geschaut und entschieden, in Island zu bleiben und lieber den Tod in Kauf zu nehmen, als in die Verbannung zu gehen, zu der er verurteilt worden war.« Die Tourismusindustrie greift das Thema ebenfalls dankend auf. Im Saga Centre in Hvolsvöllur (Südisland) kann man in einer Ausstellung nicht nur auf den Spuren der »Wikinger«, wie hier die Sagahelden genannt werden, wandeln, sondern sich im entsprechend eingerichteten Speisesaal auch so fühlen. Außerdem kann man an Ausflügen zu den Pfaden der Sagahelden teilnehmen. Ähnliche Einrichtungen, die immer die möglichst authentische Nachahmung des sagazeitlichen Lebensgefühls zum Ziel haben, gibt es überall im Land. Unter ihnen sticht das SagaMuseum in der Perle in Reykjavík besonders hervor. In diesem isländischen Disneyland wurden 17 Szenen aus berühmten Texten mit Silikonfiguren in Lebensgröße nachgestellt, die man, von einem deutschen Audio-Guide begleitet, betrachten kann. Dabei müssten die Sagas als Produkt einer Zeit gesehen werden, in der Überlieferungen und mündliches Erzählen einerseits und rhetorische Mittel der mittelalterlichen europäischen Geschichtsschreibung andererseits miteinander verschmolzen. Vielleicht sind historisch belegbare Personen zu finden, die Njáll und Gísli ähneln, ob sie aber tatsächlich erlebt und gesagt haben, was in den Sagas steht, wird nicht zu beweisen sein.

Die Rezeption der Sagas ist also eine Konfrontation mit den »Problemen«, wie sie auch in Hinblick auf die *Landnámabók* bestehen. Auf der anderen Seite macht es aber verdammt viel Spaß sich vorzustellen, dass Grettir gerade in dieser heißen Quelle gebadet oder das Gespenst auf der anderen Straßenseite besiegt hat. Genau deshalb sind er, Gísli, Njáll, Hrafnkell und all die anderen für das Selbstbild der Isländer auch viel wichtiger als Thor, Odin, Brünhilde oder Atli. Sie sind konkret, menschlich, fassbar und könnten durchaus an Orten gelebt haben, die man erwandern kann.

Bei der Vielfalt an Stoffen, Themen und Gattungen der altisländischen Literatur muss jede andere mittelalterliche europäische Überlieferung hinter ihr zurückstehen. Neben den Sagas und – in geringerem Maße – den eddischen und skaldischen Gedichten gibt es aber noch eine vierte Gruppe Texte, die für die heutigen Isländer eine größere Bedeutung haben, nämlich die *þjóðsögur*, die die beiden heroischen Epochen der Isländer auf interessante Art und Weise verbinden. Diese »Volkssagas« wurden vermutlich ebenfalls lange mündlich weitergereicht, bis sie im Zuge der Nationalromantik als Überlieferungen aus »dem Volk« das Interesse der Intellektuellen weckten. Für Island übernimmt der Bibliothekar der jungen Nationalbibliothek Jón Árnason (1819–1888), was die Gebrüder Grimm im deutschen Sprachraum 40 Jahren zuvor taten, und sammelt, notiert und veröffentlicht eben diese *þjóðsögur*, wobei er auch in Árni Magnússons Nachlass fündig wird. Man kann die *þjóðsögur* grob in zwei Gruppen einteilen: in die längeren, durch und durch fantastischen *ævintýri* (Märchen) und die – meistens kürzeren – *sagnir* (Sagen), die in der Welt des Erzählers verwurzelt sind und oft Verbindungen zum Aberglauben haben. Die *sagnir* spielen folgerichtig eine ähnliche Rolle wie die Sagas und die *Landnámabók*: Sie werden für bare Münze genommen und gern an den Orten erzählt, an denen sie »sich ereignet haben«.

An dieser Stelle ist es soweit: Die Elfen und Trolle kommen – und zwar zu Recht, denn die Vorstellungen über sie speisen sich zum Großteil aus den *þjóðsögur.* Zu Unrecht wird hingegen vor allem von Nicht-Isländern gern behauptet, dass die Isländer allesamt an Elfen und Trolle glauben. Um es richtig deutlich zu machen: Ich kenne keinen einzigen Isländer – egal welchen Alters oder welcher Herkunft, der oder die im Geringsten von ihrer Existenz überzeugt ist. Ein guter Freund sagte mal zu mir: »Du glaubst doch auch nicht an Rotkäppchen.« Die staatlich berufene »Elfenbeauftragte« nennt sich selbst so. Elfen, Trolle, Zauber- und Fabelwesen, Geister und Zwerge können indessen für Lokalpatrioten wichtig sein, weil die *þjóðsögur* oft örtlich einzuordnen sind. Deshalb können die Wesen zu einer Krücke bei der Ausbildung lokaler Identität werden. Ein gutes Beispiel liefert der Wahlkampf von Vigdís Finnbogadóttir, die 1980 für das Präsidentenamt kandidierte und bei ihren Auftritten im Land immer darauf bedacht war, die jeweiligen *þjóðsögur* zu kennen. Bei ihrem letzten Wahlkampfauftritt im Osten des Landes legte sie die Blumen, die ihr bei der Ankunft überreicht worden waren, auf dem Stein der »Lokalelfe« nieder. Sie gewann die Wahl am Tag danach mit insgesamt sehr knappem Vorsprung, aber einer deutlichen Mehrheit in genau diesem Landesteil.

Es gibt jedoch auch durchaus Gestalten aus den *þjóðsögur,* die für alle Isländer wichtig sind – wie zum Beispiel die 13 *jólasveinar,* die Weihnachtswichtel. Sie kommen ab dem 12. Dezember nacheinander und spielen den Menschen täglich einen Streich. Sie schlecken die Reste aus den Töpfen, knallen mit den Türen, klauen die Würste aus der Speisekammer, linsen heimlich durch die Fenster oder stehlen die Kerzen an Heiligabend. So wie sie gekommen sind, »trollen sie sich« ab dem 25. Dezember auch wieder: einer nach dem anderen. Das Verschwinden des letzten Wichtels am 6. Januar wird vielerorts mit Feuern und kleineren Umzügen gefeiert. Das Verhältnis zu den *jólasveinar* ist eher gespalten. Sie stammen von zwei gruseligen Trollen ab und sind in ihrem Aussehen durchaus Furcht einflößend. Somit eignen sie sich gut als Drohmittel gegenüber ungehorsamen Kindern. Auf der anderen Seite stecken sie den braven Kindern jeden Tag etwas Kleines in den Schuh, wenn dieser im Fenster steht. Die *jólasveinar* wurden erst in den 1930er Jahren richtig »modern«

und haben somit eine ähnliche Belebungsgeschichte wie das *þorrablót*.

So laufen die Fäden aus Mittelalter und Nationalromantik also immer wieder zusammen. Neben den *þjóðsögur* gibt es noch einige andere Texte aus dem 19. Jahrhundert mit ähnlicher Bedeutung. Sie stammen vor allem aus der Feder von Jónas Hallgrímsson und Jón Sigurðsson, denen im Kapitel zu den Wunschverwandten Abschnitte gewidmet sind. Egal aber ob Skalde, Erzähler, Sammler oder Autor – sie alle benutzen das gleiche Werkzeug: die isländische Sprache. Die von 1980 bis 1996 amtierende Präsidentin Vigdís Finnbogadóttir bringt es auf den Punkt: »Der Mensch und sein Land, der Mensch und seine Sprache, der Mensch und seine Erinnerung an die Geschichte, niedergeschrieben in seiner Sprache. Das ist der Schatz, der den Isländern anvertraut ist und uns unsere Nationalität gibt.«

Das Isländische gehört wie beispielsweise Niederländisch, Schwedisch, Deutsch oder Färöisch zu den germanischen Sprachen, die auf das Urgermanische zurückgehen, das sich im 6./7. Jahrhundert in West-, Ost- und Nordgermanisch, auch »norrön« genannt, spaltet. In der Wikingerzeit werden wiederum sprachliche Unterschiede zwischen dem westlichen und dem östlichen Sprachgebiet deutlich und die Entwicklung von Norwegisch, Schwedisch und Dänisch beginnt. Als die ersten Siedler in Island ankommen, sprechen sie Norwegisch oder, korrekt gesagt, Altwestnordisch. Von Isländisch kann erst die Rede sein, als es sich von der Sprache zu unterscheiden beginnt, die in Norwegen gesprochen wird, also irgendwann zwischen 1050 und 1350. Darüber wissen wir erstaunlich viel, weil ein anonymer Verfasser sich um 1150 die Mühe machte, die Grundzüge einer isländischen Orthografie auf Pergament zu bringen. Dem sogenannten *Grammatischen Traktat* folgten weitere Abhandlungen zur Aussprache und den Buchstaben »þ/Þ« und »ð/Ð«, die aus dem damaligen Englisch übernommen wurden. Der erste von beiden heißt Thorn und wird wie das stimmlose »th« im Englischen »think« gesprochen. Der andere Buchstabe ist sozusagen die weiche Variante des Thorn und entspricht dem »th« in »father«. Möchte man isländische Ortsnamen richtig aussprechen, hat aber mit dem englischen »th« Probleme, empfiehlt es sich, bei »þ« »f« zu sagen und bei »ð« »w«.

Allein das Vorhandensein von Quellen wie dem *Grammatischen Traktat* zeigt schon, welche Bedeutung der Sprache von Anfang an zuge*schrieben* wurde. Genauso erstaunlich ist die reiche Überlieferung in der Volkssprache. Tatsächlich gibt es ungewöhnlicherweise weder geistliche noch weltliche lateinische Handschriften aus den ersten Jahrzehnten der Schriftlichkeit, so dass die älteste lateinische Handschrift jünger ist als die älteste isländische (eine Predigt von etwa 1150). Außerdem spiegeln die bewahrten Handschriften in isländischer Sprache eine lebhafte Übersetzungstätigkeit aus dem Lateinischen wider! Gern wird behauptet, dass isländische Kinder heute ohne weiteres eine alte Handschrift lesen könnten, weil die Sprache noch immer »die Sprache der Wikinger« sei. Dem ist nicht so, denn auch für das Isländische nimmt man weitestgehend mindestens zwei Sprachstufen an: Altisländisch (bis etwa 1500) und Neuisländisch. Also müssen die Quellen wenigstens transkribiert und dem heutigen Isländisch angepasst werden, damit sie für die breite Masse lesbar sind. Auch wenn im Vergleich zum Deutschen die Veränderungen im Isländischen gering waren, gab es sie. De facto ist die Entwicklung noch um einiges komplizierter, da im ausgehenden Mittelalter lateinische Einflüsse auf die Sprache gewirkt haben, die danach wieder aus ihr verschwunden sind – etwas, das im 18. Jahrhundert noch einmal durch das Dänische geschah. Gerade weil sich die Isländer zunehmend ihrer selbst bewusst wurden, begannen im 19. Jahrhundert sprachpflegerische Bestrebungen, die sich klar gegen den dänischen Einfluss wandten und die Sprache »rein« halten oder machen wollten.

Diese Bemühungen bestehen bis heute, weshalb es manchmal sehr mühselig ist, Isländisch zu lernen. Man kann nämlich nur äußerst selten von Internationalismen wie »interessant« oder »Telefon« auf die isländischen Wörter schließen. Stattdessen muss man sich genau mit dem auseinandersetzen, was die Wörter meinen. Telefon heißt heute *sími,* was eigentlich »Draht« bedeutet, und das Handy entsprechend *farsími* (»beweglicher Draht«). Dem isländischen Wort für Kreativität entspricht wörtlich übersetzt »Schöpfungsfreude«, der Satellit heißt »Kunstmond«. Um die Sprachpflege verdient machen sich jedoch nicht nur staatliche Einrichtungen wie das Árni-Magnússon-Institut, sondern auch privatwirtschaftliche Unternehmen, die das Prestige dahinter als Möglichkeit entdeckt haben, für sich zu werben – so Mjólkursamsalan, die größte Molkerei des Landes, an der etwa 700 Milchbauern beteiligt sind. Sie startete 1995 unter der doppeldeutigen Parole »Íslenska er okkar mál«, was sowohl »Isländisch ist unsere Sprache« als auch »Isländisch ist unsere Angelegenheit« bedeuten kann, eine Kampagne zur Spracherziehung. Seitdem sind die Milchkartons mit Hinweisen, Spielchen, Versen, Rätseln, Witzen, Redewendungen, Comics oder Zitaten aus bekannten Texten versehen, die auf ein isländisches Wort, dessen Herkunft, korrekte Beugung oder Mehrdeutigkeit aufmerksam machen sollen. Ich erinnere mich an eine Milchtüte, die dazu aufforderte, nicht immer nur das Adjektiv »groß« zu verwenden. Man könne schließlich auch »schwere Lasten«, »hohe Zahlen« und »wichtige Entscheidungen« sagen, denn »ein großer Wortschatz muss sein«. Auf einem anderen Karton wurde zur Verwendung der isländischen Begrüßungsfloskeln aufgerufen, die in Zahl und Geschlecht immer an den Adressaten angepasst werden müssen, was aufwendiger ist, als zu »hi« oder »bye« zu greifen. Eine andere Serie stand unter dem Motto »Lasst uns die richtige Beugung erhalten!«, wobei die »alte« Flexion die »richtige« sei. Die Zahl Hundert beispielsweise würde schon seit der Besiedlung wie ein sächliches Substantiv gebeugt, und dabei solle man, bitteschön, bleiben.

Diese konservierende Tendenz hatte das Isländische offenbar von Anfang an, da es scheinbar schon als Altwestnordisch gegen keltische Einflüsse, die es eigentlich hätte geben müssen, immun war. Die einzigen keltischen Spuren finden sich heute in Orts- und Personennamen und wenigen Lehnwörtern. Das steht im Widerspruch zur Entwicklung der letzten Jahre, in denen gerade diejenigen zu Vorbildern wurden, die erfolgreich mit der internationalen Geldwirtschaft angebandelt hatten. Nachdem die isländischen Banken privatisiert worden waren, die isländische Börse hohen Zuwachs verzeichnete und immer mehr Landsleute sich Spekulations- und Anlagegeschäften hingaben, gelangten zunehmend Anglizismen ins Isländische. Heute benutzen die meisten unter 50 selbstverständlich *hæ* (hi), *bæ* (bye), *næs gæi* (nice guy), *bönsj af* (bunch of), *kúl* (cool) oder *djísus!* (Jesus!). Auch im Bereich der Computer- und Kommunikationstechnik sind sie zu finden, wenn auch nicht in dem Ausmaß wie im Deutschen.

Nach dem wirtschaftlichen Zusammenbruch spielte in meinen Gesprächen mit Isländern auch immer wieder eine Rolle, dass »man« in den Boomjahren viele isländische Werte – darunter Sprache, Gleichheit und Natur – verraten hätte.

Die Debatte zu diesen Themen findet zu einem großen Teil schriftlich statt. Ich habe den Eindruck, dass für die Diskussion isländischer Belange Tageszeitungen und Blogs, also schriftliche Medien, wichtiger sind als Talkshows in Funk und Fernsehen. Der Meinungsteil in den großen Tageszeitungen ist sehr umfangreich. Eine Besonderheit in der isländischen Medienlandschaft sind die kostenlosen Tageszeitungen. Von ihnen ist *Fréttablaðið (Die Nachrichtenzeitung)* mit einer Auflage bei 90 000 die größte. Die Zeitung wurde 2001 gegründet und fusionierte 2005 mit einer Firma, die damals dem aufstrebenden isländischen Unternehmer Jón Ásgeir Jóhannesson gehörte und Teil eines riesigen, unübersichtlichen Firmenkonglomerats war. Heute gehört sie im Grunde noch immer zur gleichen Firma, die sich unterdessen anders nennt und nun Jón Ásgeirs Frau gehört. Jón Ásgeir zählte zu den sogenannten »Expansionswikingern«, Privatunternehmern, die Island und seine Märkte unter sich teilten, und war Hauptanteilseigner der Íslandsbanki, die 2008 als erste isländische Bank zahlungsunfähig wurde. *Fréttablaðið* wird im Hauptstadtgebiet und in Akureyri per Postwurfsendung verteilt, erreicht also die Mehrheit der isländischen Haushalte vor dem Frühstück. In den ländlichen Gegenden liegt sie in Supermärkten und öffentlichen Gebäuden aus. Sie bedient die klassischen Ressorts einer Tageszeitung und lief aufgrund ihrer extremen Reichweite und der Tatsache, dass sie kostenlos ist, 2003 der bis dahin größten Tageszeitung *Morgunblaðið* den Rang als meistgelesene Zeitung ab.

Für die meisten Isländer war es jahrzehntelang staatsbürgerliche Pflicht, die 1913 gegründete »Morgenzeitung« im Abonnement zu haben, auch wenn sie nicht die konservative Unabhängigkeitspartei wählten, der das Blatt eigentlich immer zugetan war. Zweimal lag die Chefredaktion in den Händen von Parteipolitikern. Ich kenne mehrere Familien, die stets links wählten und trotzdem Abonnenten des *Morgunblaðið* waren, weil es keine Alternativen auf dem Markt gab. Heute steckt das Blatt in einer tiefen Krise, auch weil mit der Berufung des ehemaligen

Regierungs- und Zentralbankchefs Davíð Oddson zum Chefredakteur zahlreiche Abonnenten abwanderten. *Morgunblaðiðs* Monopol auf dem Zeitungsmarkt geriet schon einmal ins Wanken, als 1981 erstmalig *Dagblaðið Vísir (DV)* erschien, das sich ebenso wie *Fréttablaðið* zu einem Forum für Opposition und Polemik entwickelte – wenn auch auf anderem Niveau.

Würde man jede der drei Zeitungen in eine Schublade tun, landete *Morgunblaðið* in der bürgerlich-konservativen und das heute nur noch dreimal wöchentlich erscheinende *DV* bei den Boulevardzeitungen. *Fréttablaðið* steht in dem Ruch, das Organ der Expansionswikinger zu sein, das sich gern mit den Regierungsparteien anlegte. Da die Unabhängigkeitspartei seit 1991 an der Regierung war, fiel das *Morgunblaðið* aufgrund seiner Loyalität viele Jahre als kritisches Organ aus, in denen das *DV* diese Funktion übernahm. So wurden Regierungskritik und Boulevardjournalismus häufig eins. Auch das erklärt den steilen Aufstieg des *Fréttablaðið*, in dem sich junge Autoren und kritische Köpfe auf »sachliche« Weise äußerten. Der Mangel an kritischer Berichterstattung war auch deshalb so groß, weil es keine in dieser Hinsicht so wichtigen Magazine gibt – wie bei uns *Spiegel, Stern* oder *Focus*.

Genau diese Lücke füllen meiner Meinung nach seit einigen Jahren Blogs. Hier ist Raum für persönliche Erkenntnisse, Meinung, Kritik und vor allem Austausch. Viele meiner isländischen Freunde – jüngere wie ältere – folgen ihren Lieblingsbloggern stündlich und/oder schreiben selbst Blogs. Die Vernetzung von Nachricht und Meinung auf diesem Gebiet ist enorm. Anstatt miteinander in Talkshows zu plaudern, redet man schriftlich und öffentlich in atemberaubendem Tempo. An dieser Art der Kommunikation können alle teilhaben, die wollen, und nicht nur diejenigen, die eingeladen werden. Bezeichnenderweise hat gerade einer der erfolgreichsten Talkmaster Islands, Egill Helgason, einen der meistgelesenen und -kommentierten Blogs. Seine Texte sind kurz und knackig und greifen verschiedenste Themen auf. Zwei der gängigsten Plattformen gehören zu einem Medienkonzern, der sich auf Webmedien spezialisiert hat, eine andere ist an *Morgunblaðið* gebunden. Die Kategorien der Blogs sind sehr vielfältig und liegen zwischen englischem Fußball, Arbeitsmarkt, Philosophie, Essen und Trinken, Gewerkschaftspolitik, Umweltfragen und Finanzen. Wie für diese Art der Kommunikation üblich, greifen viele Blogger auf, was sie anderswo gelesen haben und vergrößern so die Menge der auf Isländisch zugänglichen Informationen. Ein Blogger mit Deutschkenntnissen kann aus *Spiegel* oder *Bild* auf Isländisch zitieren und somit Nachrichten »ins Land« bringen, die ihren Weg dorthin, wenn überhaupt, sonst nur mit zeitlicher Verzögerung gefunden hätten. Vielleicht sind die Isländer so begeisterte Blogger, weil sie nun Zugang zu einem bunten und gleichzeitig persönlichen Medien- und Informationsmarkt haben, der für Deutsche schon lange eine Selbstverständlichkeit ist.

Dazu passt, dass sich in den isländischen Tageszeitungen deutlich persönlichere Artikel finden, als man es aus den deutschen gewöhnt ist. Der Anteil der reinen Meinungsseiten, auf denen sich auch Minister und Abgeordnete zu Wort melden, ist wesentlich größer als in Deutschland. Nicht selten erklären sie Gesetzesänderungen oder Gesetze, die gerade das Parlament passiert haben. So kommt es zu einer direkten Kommunikation zwischen Politikern und Bürgern, bei deren Beiträgen es sich nicht um Leserbriefe, sondern ebenfalls um Artikel handelt – immer mit vollem Namen samt Berufsbezeichnung und meistens mit Bild versehen.

Während in Blogs über Gott und die Welt geschrieben, informiert, verhandelt und gestritten wird, handeln die meisten Artikel auf den Meinungsseiten der Tageszeitungen eindeutig von isländischen Angelegenheiten. Ich kann mich gut daran erinnern, wie erstaunt ich über die Prioritäten war, die sowohl in den Zeitungen als auch in den Nachrichtensendungen gesetzt werden. Es passiert selten, dass die Spitzenmeldung der 19-Uhr-Nachrichten oder die Titelseiten von *Morgun-* oder *Fréttablaðið* ein ausländisches Thema aufgreifen. Stattdessen ist mir ein etwa siebenminütiger Beitrag mitten in den Abendnachrichten in Erinnerung geblieben, in dem es um eine Gruppe Menschen ging, die einen Hügel in Egilsstaðir erklommen. Dieses Städtchen liegt im relativ dünn besiedelten Osten Islands und zählte damals etwa 1800 Einwohner. Abgesehen von seiner Funktion als Verkehrsknotenpunkt und lokales Handelszentrum, hat es nicht viel zu bieten. Einmal im Jahr lud die Kommune neu Hinzugezogene ein, sich von alteingesessenen Bürgern die Sehenswürdigkeiten und Freizeitmöglichkeiten der Stadt zeigen zu lassen. So sah der Fernsehzuschauer eine Gruppe von etwa zehn Personen durch das Städtchen streifen, immer wieder unterbrochen von Einzelinterviews, in denen es um Umzugsmotive ging und um die Frage, wie ihnen denn dieses zur Tradition gewordene Angebot gefiele.

Vermutlich ist es ein kleines bisschen so, dass die große weite Welt nicht ganz so wichtig ist, wenn man auf einer Insel im Nordmeer wohnt, 300 Kilometer vom nächsten Nachbarn, also nach Grönland, entfernt. Da liegt der Stadthügel von Egilsstaðir eben näher, und der Blick geht nach innen.

So wird in den Nachrichten beispielsweise erwähnt, wenn ausländische Medien über Island berichtet haben, Beyoncé auf ihrem Weg nach Amerika eine Nacht im Flughafenhotel in Keflavík verbringt, international bekannte Stars mit Kleidung oder Schmuck isländischer Designer gesehen wurden oder sich gar ein Promi als Islandfan zu erkennen gegeben hat. Dafür genügt schon zu sagen, dass man den Geysir beeindruckend fand. Genauso natürlich ist es, nach einem solchen Kommentar den etwas inflationär gebrauchten Titel *íslandsvinur* (Islandfreund) verliehen zu bekommen. Zu den zweifellos echten *íslandsvinir* zählen zum Beispiel Prinz Charles, weil er in früheren Jahren gern zum Lachsfischen nach Island kam, und Damon Albarn, der mit seiner Band Blur dort ein Album aufgenommen und irgendwann mal einen Pub in der Reykjavíker Innenstadt besessen hat (oder noch besitzt). Auch Kiefer Sutherland soll, glaubt man den Worten eines Isländers, der ihn seinerzeit in Hollywood traf, dermaßen von Land, Leuten und Bier begeistert gewesen sein, dass ihm der Titel zustände.

Ein *íslandsvinur* der ganz anderen Art war der Deutsche Konrad Maurer, der sich im 19. Jahrhundert intensiver als jeder andere vor ihm mit den alten isländischen Gesetzestexten befasste, ebenfalls *þjóðsögur* sammelte und zahlreiche Artikel und Schriften zu Island verfasste. Ihn verehren die Isländer heute als den »Islandfreund« schlechthin, zumal er ihnen die Ideen von »Nation« und »Volk« näherbrachte. Konrad Maurers Reisebericht ist ein Bestseller in Island, aber noch nicht auf Deutsch erschienen.

Zu den Texten, die für die Isländer irgendwie unentbehrlich

sind, zählen also nicht nur eddische und skaldische Gedichte, *Isländersagas* und *þjóðsögur,* sondern auch Milchtüten, Blogs, die Meinungsseiten der Tageszeitungen und ausländische Nachrichten über Island. Damit das so werden konnte, bedurfte es eines stabilen Bildungssystems, das in Island aber erst relativ spät aufgebaut wurde, als die Loslösung von Dänemark begann. Bis dahin war Bildung das Privileg einiger Weniger und wurde ausschließlich von der Kirche organisiert. Erst 1852 öffnete in Südisland die erste Grundschule dauerhaft ihre Pforten, zehn Jahre später gefolgt von der ersten Grundschule in Reykjavík. Bis 1878 sind allerdings sämtliche Schulen private Angelegenheiten. Angesichts dessen erscheint die Einführung der allgemeinen Schulpflicht für Kinder zwischen zehn und 14 Jahren im Jahre 1907 fast früh.

Ab den 1970er Jahren wird das heutige System etabliert. Nach zehn Pflichtjahren gemeinsamer Grundschule entscheiden sich zwischen 90 und 95 Prozent der Jugendlichen, eine weiterführende Schule zu besuchen. Dies kann in den ländlichen Gegenden sehr aufwendig und mit einem Internatsaufenthalt – zumindest unter der Woche – verbunden sein. Was an den Schulen geschieht, ist individuell sehr verschieden. Je nach Lerntempo machen die Isländer nach insgesamt 13 oder 14 Jahren ihr Abitur, mal nach Kurssystem, mal in Klassen. Es gibt einen Rahmenlehrplan, bei den konkreten Lerninhalten haben indes die Schulen und auch die Schüler große Freiheiten, so dass das Abitur eigentlich kein einheitlicher, sondern ein ziemlich individueller Abschluss ist. Die weiterführenden Schulen sind als Institutionen in der isländischen Öffentlichkeit sehr präsent und pflegen jede ihr Image.

Es macht großen Spaß, mit Isländern an den Samstagabenden im Februar und März, wenn der Winter einfach nicht enden will, zur besten Sendezeit dem Wissenswettstreit der weiterführenden Schulen beizuwohnen. *Gettu betur!* heißt soviel wie »Weiß es besser!«. Hier treten acht von ihnen mit jeweils drei Schülern gegeneinander an, und es geht um mehr als Geld, denn die Vertreter werden sorgfältig ausgesucht und bekommen sogar schulfrei, um sich angemessen auf den Wettbewerb vorbereiten und ihrer Schule anschließend zur Ehre gereichen zu können. Die Fragen können aus allen Kategorien kommen und reichen über den isländischen Tellerrand hinaus. Spätestens die Schüler, die den Einzug ins Halbfinale schaffen, erlangen für kurze Zeit Starstatus, denn das Land fiebert mit und hofft, dass nicht schon wieder das Gymnasium Reykjavík, das älteste im Lande mit dem Ruf einer Streberschule, den Sieg davonträgt.

Meine isländischen Bekannten sind insoweit typische Isländer, als dass sie alle gut ausgebildet sind, was nicht zwangsläufig einen Hochschulabschluss bedeutet. Im Jahr 2010 nahmen insgesamt 3900 Isländer an einer der sieben Hochschulen, darunter Fachhochschulen, ein Studium auf. Die größte von ihnen, die Universität Islands feiert 2011 ihren 100. Geburtstag. Was mit 45 Studenten, einer Studentin und den Fächern Theologie, Medizin, Jura und Philosophie begann, hat sich zu fünf Fakultäten mit insgesamt 25 Instituten und etwa 14 500 Studierenden, von denen 65 Prozent weiblich sind, ausgewachsen. Mittlerweile waren Studenten aus 90 Ländern hier. Man kann nun auch in Akureyri, Ísafjörður und bei Borgarnes studieren.

Außerdem gibt es natürlich die Möglichkeit, sich weiter auszubilden, ohne zu studieren. In Handwerksschulen kann man ohne Abitur klassische Lehrberufe wie Frisör, Maler, Schlosser oder Tischler erlernen. Allerdings ist die Anzahl anerkannter Berufe in Island verständlicherweise deutlich geringer als in Deutschland. Ein Maurer muss hier auch Fußböden, Fliesen und Trockenbau bewältigen können, da eine Spezialisierung für einen relativ übersichtlichen Markt nicht wirtschaftlich wäre. In den Jahren des Baubooms zwischen 2002 und 2007 kamen deshalb auch deutsche Handwerker ins Land, die Zeitverträge und eine damals noch starke Isländische Krone bekamen und gerade aufgrund ihrer Spezialisierung geschätzt wurden.

Auch wenn die Krise zu einem totalen Baustopp geführt hat; die Begeisterung für Texte haben die Isländer nicht verloren und sind nach wie vor bereit, dafür Geld auszugeben. 2010 kaufte jeder Isländer durchschnittlich 4,5 Bücher für den Eigengebrauch, während er durchschnittlich 13,4 Bücher las.

Ob das tatsächlich »die höchste Buchkaufrate pro Kopf in der Welt« ist, wie gern behauptet wird, ist schwer zu sagen. Sie ist in jedem Falle mindestens genauso beeindruckend wie die Menge an Texten, die 320 000 Isländer jährlich produzieren – seien es etwa 80 Romane allein im Jahre 2010, Blogs oder Zeitungsartikel. 2010 erschien somit alle viereinhalb Tage ein neuer Roman auf Isländisch – und da ist Kinder- und Jugendliteratur noch nicht mitgezählt.

Natur und Technik: Von Perlmuttwolken und Aluminiumhütten

Nichts wird so direkt mit Island assoziiert wie unberührte Natur in ihrer spektakulärsten Form. Schon die sogenannten Stop-Over-Touristen, die auf der Reise zwischen den Kontinenten einen Tag in Island verbringen, können Naturphänomene erleben, die ihresgleichen suchen. Der Besuch des Geysirs ist Pflichtprogramm. Tatsächlich gibt es nur eine regelmäßig ausbrechende Springquelle in Island, die praktischerweise in der Nähe von Reykjavík und neben dem Geysir liegt, der einst dieser Erscheinung seinen Namen gab und nun im Ruhestand ist. Zu sehen, wie das Wasser in den Schlot zurückläuft, dann überschwappt, die Zuschauer so einige Male zum Narren hält, bevor es sich für einen kurzen Moment zu einer himmelblauen Blase rundet und schließlich bis zu 30 Meter hoch in den Himmel schießt, ist ein unvergessliches Erlebnis.

Die Tourismusbranche bemüht zu Island die immer gleichen Phrasen: am Ursprung der Welt, Feuer und Eis, karge Schönheit, weite Landschaft, zwischen Himmel und Hölle, Mitternachtssonne und Nordlichter, öde Lavawüsten und fruchtbare Weiden, Vulkane und Gletscher. Ich kann nur zustimmen: Es ist extrem wunderbar und wunderbar extrem. Selbst in der Stadt vergeht kein Tag, an dem man nicht staunt. Reykjavíks Hausberg Esja feiert das ganze Jahr über Karneval, und während man in der Mittagspause die Umrisse des Gletschers auf der Halbinsel Snæfellsnes, Jules Vernes' Eingang zum Mittelpunkt der Erde, klar erkennen kann, endet bei Feierabend die Sichtweite auf der anderen Straßenseite. Hat man sich deshalb auf Kuscheldecke und Tee eingestellt, muss man nach dem Abendessen doch noch mal vor die Tür, weil polare Perlmuttwolken aus Schwefel- und Salpetersäurekristallen für ein Feuerwerk über Reykjavíks bunten Wellblechdächern sorgen. Und wer einmal grün-gelb-rote Nordlichter über den schwarzen Winterhimmel hat zucken sehen, fängt vielleicht doch noch an, an Elfen zu glauben. Die Lichtverhältnisse allein sind schon eine Reise wert.

Zum Glück verlegt sich die Erinnerung meistens auf das Schöne, Positive, denn Island kann auch ganz anders! Einen finnischen Freund hat der isländische Regen nachhaltig beeindruckt, weil er den finnischen noch übertreffe. Hier regne es nicht nur von oben und von der Seite, sondern auch noch von unten. Er hat Recht. Dem in diesem Zusammenhang viel zitierten Sprichwort »If you don't like the weather in Iceland, wait a minute, it will change« möchte ich hinzufügen: Wenn man Glück hat. Es kann durchaus wochenlang graupeln, nieseln und schütten, so dass man vergisst, wie die Sonne aussieht. Auf den Westmännerinseln hat mich tagelanger Wind der Stärke 8 fast um den Verstand gebracht, weil jeder Gang nach draußen mit körperlichen Strapazen und Ohrenschmerzen verbunden war. Eine ältere isländische Dame sagte mal zu mir, man müsse mindestens drei Winter in Island überstehen, um das Land richtig kennenzulernen, denn »Sommer kann ja jeder«.

Entsprechend wichtig ist das Thema Wetter. Die Wetterberichte im öffentlichen Rundfunk und Fernsehen werden direkt vom meteorologischen Institut verantwortet, wobei man manchmal an der Telegenität, nicht aber an der Fachkenntnis des Wetterfrosches zweifeln kann. Die Isländer lieben es, über das Wetter zu reden. In Telefonaten mit Freunden wird dieses Thema innerhalb der ersten drei Minuten auf jeden Fall aufgegriffen. Oft sind ihnen meine Antworten nicht genau genug, was daran liegen kann, dass ich nur einen Bruchteil des isländischen Wortschatzes zum Thema Wetter beherrsche. Am Flughafen in Keflavík wirbt eine einheimische Outdoor-Marke mit dem Spruch: »There are over a 100 words for snow in Icelandic.« Auch wenn ich den Wahrheitsgehalt dieser Aussage entschieden in Frage stellen muss, wäre nur die Änderung eines Wortes nötig, um den Satz in eine beweisbare Behauptung umzuwandeln: »There are over a 100 words for wind.« Schaut man sich die berühmte Beaufort-Skala mit ihren 13 Windstärken auf Deutsch an, werden die fünf Substantive Zug, Brise, Wind, Sturm und Orkan mit Adjektiven variiert. Auf Isländisch gibt es zehn verschiedene Substantive, von denen drei durch ein Adjektiv präzisiert werden. So steht *gola* für »schwache Brise«, *stinningskaldi* für »starken

Wind« und *ofsaveður* für »orkanartigen Sturm«. Aber irgendwie ist es zum Mäusemelken. Immer, wenn ich glaube, die Bezeichnungen für sämtliche Windstärken zu beherrschen, tauchen neue Wind-Vokabeln auf, die ich nie gehört habe. Irgendwie muss *léttur vindur* das gleiche bedeuten wie *gola* und *sterkur blástur* das gleiche wie *stinningskaldi,* wobei letzteres wohl auch noch *stormkorn* oder *njóður* heißen könnte. Oder so. Auf der anderen Seite gibt es nur eine Bezeichnung für Windstille. Es ist verständlich, dass der Wortschatz einer Fischernation in diesem Bereich groß sein muss, aber er fällt gerade hier auch regional sehr verschieden aus. Was auf den Westmännerinseln gilt, kann in den Ostfjorden ganz anders heißen. Ähnlich verhält es sich mit dem Regen, der im Sommer früher darüber entschied, wie die Heuernte ausfallen und somit das Vieh über den Winter kommen würde. Es gibt wunderbare Wörter, die die Beschaffenheit des Regens genau beschreiben, wie *súld* und *úði,* die einen besonders feinen Sprühregen bezeichnen, wobei nach Aussagen von Bekannten das eine eher mit kalten und das andere mit wärmeren Temperaturen verbunden ist. Ähnlich sieht es beim Thema Nebel aus, weshalb ich es weitestgehend aufgegeben habe, die Wetterberichte im Radio verstehen zu wollen. Ich brauche einfach eine herkömmliche Wetterkarte und basta.

Aufgrund seiner Unberechenbarkeit und des Ganzjahresschnitts ist das isländische Wetter nicht geeignet, um für das Land zu werben. Die Tourismusindustrie hat deshalb zwei garantierte Sympathieträger ausgemacht, die diese Aufgabe nun häufig übernehmen: Islandpferd und Papageitaucher. Will man es sich mit Isländern verscherzen, darf man gern vom »Islandpony« reden. Ist man an einem Wiedersehen interessiert, sollte man diese abwertende Bezeichnung tunlichst vermeiden. Ich kann mit Pferden eigentlich nicht viel anfangen, muss aber zugeben, dass mich Islandpferde um den Finger wickeln können. Aufgrund ihrer Größe kann man ihnen in die schönen Augen blicken, ihre Statur ist irgendwie vertrauenerweckend, und sie können die unglaublichsten Farben haben. Hier habe ich das erste Mal blonde Pferde mit schiefergrauem Fell gesehen. Meine Begeisterung darüber nahm ein abruptes Ende, als ich nach meiner Schilderung in ungläubig dreinblickende Gesichter guckte und mir sehr bestimmt zu verstehen gegeben wurde, dass es keine »blonden«

und »schiefergrauen« Pferde gäbe. Das hieße, bitteschön, *glófextur* und *móvindóttur*, was soviel wie »goldmähnig« und »dunkelwindfarben« oder »Dunkelkohlfuchs« bedeuten müsste, wenn ich es richtig verstanden habe. Außerdem muss ich zugeben, dass Ausritte wirklich Spaß machen können, denn das Islandpferd hat gegenüber allen anderen Pferderassen einen unglaublichen Vorteil. Es kann nicht nur Schritt, Trab und Galopp, sondern oft auch den Pass und fast immer tölten. Diese spezielle Gangart ist wohl für Skeptiker wie mich gemacht, denn sie ähnelt einem nicht ganz sanften Schaukeln, so dass man es durchaus ein paar Stunden auf dem Pferderücken aushalten kann. Allerdings sollte man sein Herz in Island nur an ein Pferd hängen, das nicht für die Teilnahme an internationalen Wettbewerben trainiert wird. Die einheimische Rasse soll, wie bei den Schafen auch, mit aller Konsequenz vor Vermischung und vor allem vor Infektionen geschützt werden, so dass ein Islandpferd, das das Land einmal verlassen hat, nie mehr dorthin zurück darf. Aus dem gleichen Grund unterliegt auch die Einfuhr von benutzter Reitkleidung und von Reitsportzubehör strengsten Bestimmungen.

Der Papageitaucher macht es einem auf andere Weise schwer. Der possierliche Seevogel mit den unbeholfen wirkenden Bewegungen und dem bunten Schnabel hat gerade eine schwere Zeit, weil seine Bestände – wie die anderer Seevögel auch – an der Südküste Islands in den letzten Jahren arg gesunken sind. Für 2011 ist von dort von einem Totalausfall in Sachen Fortpflanzung die Rede. Dabei leiden vor allem die Westmännerinsulaner, wo der Vogel nicht nur gern gegessen wird, sondern zum dortigen Sommer dazugehört wie das Festival am ersten Augustwochenende. Papageitaucher leben in Erd- und Felshöhlen an und in den Klippen, die die Küken Ende August verlassen, weil die Eltern sie nicht mehr versorgen, nachdem sie das wasserabweisende Federkleid bekommen haben. Unerfahren wie sie sind, fliegen sie in der Dämmerung die Lichter auf Heimaey, der bewohnten Insel, an, wo die Einwohner bereits auf sie eingestellt sind. In jenen Nächten fährt man besonders vorsichtig Auto und sammelt verwirrte Jungvögel ein, um sie bei Tageslicht von einem erhöhten Punkt aus in die Freiheit zu entlassen. So direkt mit dem Maskottchen Islands in Berührung zu kommen, ist ein tolles Erlebnis, auch wenn es ganz schön zwicken kann. An der Südküste fehlt nun seit einigen Jahren der Fisch, von dem sich die Vögel größtenteils ernähren. Unter anderem deshalb legen sie dort nun immer weniger Eier oder werden so spät flügge, dass die Eltern sie zu früh verlassen, um selbst rechtzeitig zur Überwinterung die Mitte des Atlantiks zu erreichen. Warum der Fisch verschwunden ist und was noch zu dem enormen Rückgang führt, weiß niemand so genau. Nachdem der Papageitaucher 2010 auf Heimaey noch fünf Tage lang gejagt werden durfte, setzten die Behörden im Sommer 2011 dort ein komplettes Jagdverbot durch. Insgesamt sind die Zahlen gejagter Vögel extrem rückläufig, so dass er zunehmend zu einer Delikatesse werden dürfte, obwohl er zum Beispiel auf Heimaey auf jeder Speisekarte steht. Man isst ihn sowohl geräuchert als auch frisch gebraten und anschließend gekocht. So zubereitet, erinnert mich sein Geschmack ein bisschen an Leber.

Das Jagdverbot wurde zähneknirschend angenommen. Natürlich entsteht durch fehlendes Papageitaucherfleisch kein wirklicher Versorgungsengpass, die Jagd selbst aber hat für die Einheimischen eine große Bedeutung als Volksfest und lokale Tradition. Man kascht den Vogel im Flug, zerlegt ihn hinterher gemeinsam und feiert eine gute Saison mit einem sogenannten *sveitaball* (Landball). Solcherlei Veranstaltungen sind in der Provinz das ganze Jahr über üblich und ein unvergessliches Erlebnis. Ich habe an unterschiedlichen Orten solche Bälle erlebt und amüsiert zur Kenntnis genommen, wie ausgelassen und vor allem feuchtfröhlich hier alle Generationen zusammen feiern und tanzen. Die Trinkfestigkeit der Isländer und Isländerinnen ist zu Recht legendär.

Beim Thema Jagd laufen viele Fäden zusammen. Es ist zum einen vielleicht das Naturerlebnis vieler Isländer, die immer auf tierische Produkte angewiesen waren, weil Ackerbau nur in kleinem Umfang möglich war und ist. Dabei spielt die Fischerei sicher die entscheidende Rolle, die mit ihrem industriellen Charakter jedoch nicht mehr wirklich unter die Naturerlebnisse fällt. Sich mit Isländern über das Thema Jagd auszutauschen, kann heikel sein. Viele Isländer empfinden Kritik am Jagdgebaren als Einmischung in isländische Angelegenheiten, denn ebenso viele angeln und (fliegen)fischen. Ich kenne nicht nur Männer, die ab dem Spätsommer auf Gänse- und Entenjagd gehen. Sie nehmen sich extra Urlaub, um ein paar Tage in Wiesen und Pfützen liegend zu verbringen. Gejagt wird nur für den Eigenbedarf, und wie bei den Papageitauchern gilt für die Verarbeitung von Beute generell, dass die Jäger sie selbst übernehmen. Seit der Besiedlung wird Jagd auf Schneehühner *(rjúpa)* gemacht, die gleich dreimal im Jahr das Federkleid wechseln, um gut mit der Umgebung zu verschmelzen. Vergebens. Dieses Wildgeflügel, das ein bisschen strenger als Rebhuhn schmeckt, gehört zu den typischen Weihnachtsgerichten, weshalb es zwischen Oktober und Dezember geschossen wird. Da die Bestände von Jahr zu Jahr stark schwanken, ist auch die Anzahl der Beutetiere sehr verschieden. 1997 lag sie bei fast 170000 Tieren, 2003 bei Null. Die Durchsetzung von Jagdbeschränkungen scheint kein Problem zu sein, die Isländer akzeptieren sie. Es werden kaum Verstöße bekannt, obwohl die Einhaltung überwacht wird. Jagd findet hier also tatsächlich im Einklang mit der Natur statt.

Neben dieser reinen Vergnügungsjagd gibt es die als Schädlingsbekämpfung staatlich geförderte Jagd auf Füchse und Nerze. Der Nerz ist in Island ein Neozoe, seit es ihm gelang, aus den Pelztierfarmen auszubüxen, die in den 1930er Jahren an verschiedenen Orten errichtet wurden. Nach nur 40 Jahren gab es überall im Land wilde Nerzpopulationen, die zunehmend zu einer Bedrohung für heimische Vogelarten wurden, weshalb man schnell damit begann, für jeden gejagten Nerz eine Prämie zu zahlen. Ich kenne eine Familie, die seit Jahrzehnten für die Nerzjagd in einem kleinen Gebiet im Nordwesten verantwortlich ist. Sieht sie sich eine Saison mal nicht in der Lage, die Jagd zu übernehmen, muss sie das den Behörden mitteilen, damit jemand anderes gefunden werden kann, da die Gemeinden verpflichtet sind, jedes Jahr Nerze zu töten. Die Zahl der in einer Woche getöteten Nerze liegt bei meinen Freunden zwischen zwei und zehn. Sie sehen in der Jagd eine Möglichkeit, während des isländischen Sommers in der Natur zu sein und Zeit mit Verwandten an dem Ort zu verbringen, aus dem die gemeinsamen Vorfahren stammen.

Überhaupt verbringen die meisten meiner Bekannten ihren Sommerurlaub, sofern sie ihn sich leisten, »zu Hause«. Fernreisen werden nur gemacht, solange man noch keine Kinder hat, oder erst wieder, wenn die Kinder aus dem Haus sind. Viele Großfamilien besitzen Sommerhäuschen, die reihum genutzt werden. Ist man im Juni und Juli im Hochland unterwegs, trifft man dort auch sehr viele Isländer, so dass selbst die abgelegensten Orte, die ich bislang besucht habe, meinen isländischen Bekannten ein Begriff waren. Ich bin jedes Mal überrascht, wie genau sie ihr Land kennen. Es ist schwer, Leuten, die älter als 40 Jahre sind, Auslandsreisen schmackhaft zu machen, die über fünftägige Städtetrips oder die winterlichen Reisen in die Sonne an der Costa Blanca hinausgehen. Viele haben mir erzählt, dass sie die Sommermonate nutzen wollen, um die isländische Natur genießen und angeln zu können.

Dass die Isländer in der Regel sorgsam mit ihren Tierbeständen umgehen, zeigt auch die Tatsache, dass sie bislang nur eine Tierart ausgerottet haben. 1844 wurden die letzten beiden Riesenalks in Island erschossen. Der den Pinguinen ähnliche Seevogel konnte bis zu 70 Zentimeter groß werden und nicht fliegen. Deshalb war er eine leichte Beute, die zudem viel Fleisch versprach. Beide Eigenschaften wurden ihm zum Verhängnis. Die Isländer sind sich ihrer Schuld sehr bewusst, und jedes Kind lernt den Riesenalk in der Schule kennen. Man kann eines der wenigen ausgestopften Exemplare der Welt und das einzige in Island in der Náttúrufræðistofnun, eine Art Naturkundemuseum, in Garðabær besichtigen und nicht etwa im Isländischen Vogelmuseum. Die Souvenirindustrie hat den Riesenalk ebenfalls für sich entdeckt, wie zahlreiche Reminiszenzen im Museumsshop der Ausstellung *Reykjavík 871 ± 2* beweisen.

Mag es bei all den bisher geschilderten Jagden um gutes Essen, die Erhaltung eines natürlichen Gleichgewichts oder Schädlingsbekämpfung gehen, hat die Rentierjagd einen faden Beigeschmack. Diese Tiere wurden im 18. Jahrhundert nach Island gebracht, wo sie im Osten eine Nische gefunden haben. 2011 lag der Bestand bei 4700 Tieren. Dieser muss einigermaßen stabil gehalten werden, damit die Weidegründe der Schafe und Kühe ungefährdet bleiben. 2010 wurden deshalb 1272 Tiere zur Jagd freigegeben, wobei sich die Zahl der gejagten Rentiere zwischen 2000 und 2009 vervierfacht hat. Im Gegensatz jedoch zur Seevogel-, Enten- und Gänsejagd, dem Angeln und Fischen oder der Schneehuhnjagd geht es bei der Rentierjagd oft um eine Trophäe. Es kostet viel Geld, nämlich zwischen 55 000 und 140 000 Kronen (330 bis 850 Euro), ein Rentier schießen zu dürfen, weshalb die Jagd in erster Linie wohlhabenden Männern und Frauen offensteht.

Auch ein anderes Jagdthema spaltet die Nation und hat Island viel negative Berichterstattung im Ausland eingetragen. Dabei fing alles so gut an, als Island sich als walfreundliche Nation präsentierte und Keiko alias »Free Willy« ein Luxuszuhause mit Rund-um-die-Uhr-Betreuung baute. Allerdings wurde der wohl bekannteste große Schwertwal der Welt 1979 auch vor Island gefangen und dann an amerikanische, später mexikanische Waltrainer verkauft, die ihm in den 1990er Jahren zu seinen Hollywood-Auftritten verhalfen. Es folgte eine Debatte über die Rechtmäßigkeit von Wal- und Delfinshows, in deren Folge an Keiko wohl ein Exempel statuiert werden sollte. 1998 wurde er unter riesigem Aufwand in seine alte Heimat geflogen und bekam ein abgestecktes Gebiet vor Heimaey zugewiesen, wo mehrere Trainer versuchten, ihn auszuwildern. 2002 schwamm Keiko nach Norwegen, was Hoffnungen aufkeimen ließ, er würde sich einer Gruppe Orcas anschließen. Stattdessen suchte er aber die Nähe zu Menschen, verlor an Gewicht und ließ sich in einem kleinen Fjord nieder, wo er 2003 starb. Ich kam erstmalig nach Heimaey, als der Wal schon weg war. Die Einheimischen schütteln über das Projekt zumindest nachträglich den Kopf, nehmen einen beim Sightseeing dann aber doch mit zu den Felsen über der Klettsvík-Bucht. Das Kapitel »Keiko« ist also immerhin so spektakulär, dass man es erzählt.

Weniger offen verfährt man mit der Walfangpolitik des Landes, weil die Erfahrung lehrt, dass Ausländer meist gegen den Walfang sind. Er gehört jedoch zur Ernährungsgeschichte der Isländer genauso dazu wie Schafe, Pferde, Papageitaucher und eben Riesenalk. Schon in der zweiten Gesetzessammlung, die überliefert ist, wird einzelnen Persönlichkeiten das Recht zur Waljagd eingeräumt. Es gibt sogar mittelalterliche Texte, in denen die Hoffnung auf Walfleisch als Grund für die Besiedlung Islands genannt wird. Die Waljagd gehört also zum Isländischsein dazu. Viele Jahrhunderte waren es jedoch vor allem ausländische Schiffe, besonders baskische, niederländische, englische und amerikanische, die in den isländischen Gründen Wale jagten. Ihnen ging es aber mehr um den Tran als um das Fleisch, da dieser ein beliebtes Brennmittel war. Die Isländer sahen das mit zunehmender Skepsis und verboten 1913 anderen Ländern den Walfang in isländischen Gewässern, auch weil die einheimischen Arten bereits extrem bedroht waren. 1928 wurde das Verbot aufgehoben. 1948 legten die Isländer richtig los und jagten neben den Zwergwalen, die immer gefangen wurden, auch Finnwale und einige Blauwale, allerdings stets unter dem Gebot, den Wal komplett – also Fleisch, Fett, Tran, Barten, Zähne und Knochen – zu verwerten.

Dennoch verhalten sich die Isländer in Bezug auf den Walfang zweischneidig. Zum einen beugten sie sich 1986 dem internationalen Walfangverbot widerspruchslos, nutzten aber die Möglichkeit, zu wissenschaftlichen Zwecken zu jagen, was innerhalb von vier Jahren immerhin 292 Finnwale und 70 Seiwale an Land brachte. Außerdem verlassen sie von 1991 bis 2002 die Internationale Walfangkommission, als ihre Forderung nach Aufhebung des Verbots für die isländischen Hoheitsgewässer kein Gehör findet und immer mehr Staaten in die Kommission drängen, die keine Küsten haben. Seit 2009 dürfen Wale unter strengen Auflagen wieder gejagt werden, da die ausgewählten Arten weder vom Aussterben bedroht noch rückläufig sind. Bis 2013 dürfen nun 150 Finnwale und 100 Minkwale pro Jahr gefangen werden, was Meeresbiologen als absolut verträgliche Menge für den Nordatlantik einschätzen, auch wenn zum Beispiel der Minkwal im Pazifik vom Aussterben bedroht ist. Die meisten meiner Bekannten befürworten den Walfang vielleicht nicht direkt, haben aber auch nichts gegen ihn. Die Argumente der Gegner beziehen sich meistens auf drei Punkte: Erstens brauche der einheimische Markt das Walfleisch, das größtenteils nach Japan exportiert wird, nicht, zweitens halte der Walfang Touristen von Reisen nach Island ab und schade drittens dem Image des Landes. Man versucht, beiden Seiten gerecht zu werden, indem zum Beispiel der Walfang in Gebieten verboten ist, wo »Whale-Watching-Touren« veranstaltet werden. Diese gibt es erst seit Mitte der 1990er Jahre und sie erfreuen sich wachsender Beliebtheit.

Dass sich die Tourismusindustrie zunehmend im Spannungsfeld zwischen Technik-Abenteuer und Authentizität befindet, wird an vielen Punkten deutlich. Wenn schon auf den Straßen im

Hauptstadtgebiet Geländewagen gang und gäbe sind, müssen die, die dann tatsächlich im Gelände benutzt werden, natürlich um einiges größer und besser bereift sein. So oder ähnlich wird wohl die Devise einiger Anbieter von Jeepsafaris lauten, die Treppchen hinstellen müssen, damit die Touristen aus der Maschine klettern können. Hier geht es mehr um das Erleben von Technik als von Natur. Ein ähnliches Gefühl machte sich breit, als ich an einem Motorschlittenausflug auf einen Gletscher teilnahm. Der Geruch des Benzins übertünchte den des Schnees um einiges, das Knacken des Gletschers ging im Motorengeräusch unter, und die Luft, die mir ins Gesicht schlug, war vom Motor aufgewärmt.

Neben dem Naturerlebnis spielt vor allem ein »der-Natur-ausgeliefert-Sein« eine große Rolle in der Geschichte des Landes und im Leben der Isländer. Zwar beschwören sie schon in den ältesten Quellen die Schönheit und Besonderheit des Landes, gleichzeitig warten diese jedoch mit den unglaublichsten Todesfällen auf. Im echten Islandkrimi ist oft die Natur der Täter. Menschen fallen in Gletscherspalten, verlaufen sich im plötzlich aufkommenden Nebel und erfrieren. Für diesen Tod gibt es auf Isländisch den Ausdruck *að verða úti,* was wörtlich »draußen bleiben« bedeutet. Seeleute ertrinken zuhauf. Ich kenne Verwandte von zwei erfahrenen Jägern, die auf der Fuchsjagd erstickten, weil der Kocher, mit dem sie die Hütte beheizten, plötzlich Kohlenmonoxid produzierte. Eine befreundete Familie verlor einen 18jährigen Angehörigen, weil er bei der Ernte von einem herabfallenden Heuballen erschlagen wurde. Ein nationales Trauma sind die unberechenbaren, irgendwie nicht in den Griff zu bekommenden Erdrutsche und Lawinen, von denen zum Beispiel der Film *Nói Albínói* berichtet. Jedes Jahr wieder ereignen sie sich und fordern regelmäßig Todesopfer. Am 16. Januar 1995 fällt nach orkanartigem Sturm eine 200 Meter breite Schneelawine auf das 227-Seelen-Dorf Súðavík in den Westfjorden, zerstört 15 Häuser und tötet 14 Menschen. Das Dorf wird komplett evakuiert, extreme Wetterbedingungen machen die Rettungsarbeiten zeitweise unmöglich. Súðavík war keinen Monat vorher bereits Opfer einer Lawine geworden, die »nur« Sachschaden anrichtete. Nun sind die Menschen so alarmiert, dass sie viele andere Dörfer, die ähnlich gelegen sind, ebenfalls räumen. Am

26. Oktober 1995 sterben wieder in den Westfjorden in Flateyri 20 Menschen durch eine Lawine. Es wird Staatstrauer ausgerufen, während die Zeitungen stets die Einheit der Nation und den Zusammenhalt des Volkes beschwören und in den Trauergottesdiensten immer wieder auf die jahrhundertelange Erfahrung der Isländer mit Naturkatastrophen Bezug genommen wird.

Die haben sie ja tatsächlich und sind durchaus gewillt, über sie zu reden. Die meisten sind einhellig der Meinung, dass nur Erd- und Schneerutsche wirklich unberechenbar seien und von ihnen die größte Gefahr ausginge. Man bemerke sie oft erst, wenn es zu spät sei, und Schutzmaßnahmen sind quasi unmöglich, auch wenn in Flateyri und Neskaupstaður (Ostfjorde), das 1974 eine Lawine erlebte, Schneebremsen und ein Wall in den Berg gebaut wurden. Außerdem gründete das Meteorologische Institut 2004 eine Sonderabteilung, die seitdem zum Thema forscht und zum Beispiel gezielte Sprengungen von Schneefeldern testet. Besonders gefährdete Ortsteile wurden auf Staatskosten umgesiedelt. Aber die Berge in den Westfjorden bleiben nun einmal steil und kaum bewachsen, und im Winter pfeift der Wind grimmig.

Vulkane hingegen werden nicht so sehr als Gefahrenquelle wahrgenommen. Als ich einmal einen Bekannten fragte, ob er keine Angst vor den vielen aktiven Vulkanen und der Tatsache habe, dass Island ein Hot Spot sei, sagte er zu mir: »Dafür haben wir keine gefährlichen Tiere, und du hast doch auch nicht ständig Angst, bei der Explosion eines Atomkraftwerkes in deiner Nähe Schaden zu nehmen.« Während man also seine Vulkane zu kennen glaubt und der Überwachung aller seismischen Aktivität vertraut, bleiben Erdbeben ein Unsicherheitsfaktor. Sie finden zwar täglich, allerdings oft in großer Tiefe und wenig spürbar statt. Dies genügt jedoch, um sich gewissermaßen an sie gewöhnt zu haben.

In der Berichterstattung nach dem Lawinenunglück in Súðavík wird immer wieder erwähnt, wie ruhig die Menschen geblieben seien und den Anweisungen der Rettungsmannschaften Folge geleistet hätten. Deshalb sei zum Beispiel die Evakuierung anderer Dörfer in den Westfjorden zügig erledigt gewesen. Ein anderes Beispiel für die Coolness der Isländer im Angesicht des Schreckens ist der Vulkanausbruch auf Heimaey. 1972 leben dort 5300 Menschen. In der Nacht am Ende eines eisigkalten, stürmischen Dienstages im Januar 1973 werden die Einwohner plötzlich eines ersten von insgesamt drei Erdstößen gewahr. Keine vier Stunden später, um 1.30 Uhr des Folgetages, steht am östlichen Rand des Städtchens eine Wand aus Feuer- und Lavafontänen, wie sie für einen Spaltenausbruch typisch ist. Die Erde war 2000 Meter entlang der Kontinentaldrift gerissen, wo nun 30 bis 40 Springbrunnen flüssiges Gestein in die Luft schleudern. Insgesamt wird die Spalte fast zehn Kilometer lang werden. Niemals zuvor hatte es einen Vulkanausbruch mitten in einer Siedlung gegeben, und die größte Evakuierung in der Geschichte Islands beginnt. Zum Glück ist wegen des orkanartigen Windes die gesamte Fischerflotte im Hafen und kann für die Evakuierung der Einwohner genutzt werden. Schon um 4.30 Uhr sind 4000 Menschen an Bord von Schiffen, die sich gegen die schwere See in den bei normalem Wetter rund drei Stunden entfernten nächsten Hafen kämpfen. In einem Interview erzählte mir Hildur, eine 1931 geborene Bewohnerin, wie sie als Mutter von drei Kindern diese Nacht erlebte. Nachdem Nachbarn sie geweckt hatten, blieb sie mit den Kindern im Haus, während ihr Mann den Ausbruch in Augenschein nahm. Die älteste Tochter wollte unbedingt zurück ins Bett, denn sie war überzeugt, am nächsten Tag eine Mathearbeit schreiben zu müssen, schließlich sei 1963 beim Vulkanausbruch 20 Kilometer vor Heimaey, bei dem die Insel Surtsey entstand, auch kein schulfrei gegeben worden. Weil die Nachbarn dann begannen, ihre Häuser zu verlassen, entschieden sich auch Hildur und ihr Mann zu gehen. Angst hätte nach ihren Angaben niemand gehabt. Deshalb packte sie auch nicht wirklich, sondern nahm lediglich einmal Wechselwäsche für die Kinder mit und die jüngste Tochter ihr Sparschwein. Das war später das einzige Bargeld, das die Familie hatte, denn alle glaubten, sie würden nach ein paar Tagen zurückkommen. Dabei hält der Ausbruch an. Am 19. Februar bricht der neue Krater zusammen, und erst in der zweiten Märzhälfte erreicht der Ausbruch seinen Höhepunkt. Die Belastung durch giftige Gase ist enorm, nichtsdestotrotz aber sind die ganze Zeit mehrere hundert Menschen auf der Insel, um Hausrat und die Maschinen der Fischfabriken zu bergen und per Flugzeug und Schiff nach Reykjavík zu schicken. Außerdem wird bis Ende April gefischt, als wäre nichts geschehen, schließlich konnte man sich keine ganze Saison entgehen lassen. Nach knapp einem halben Jahr wird der Ausbruch am 3. Juli 1973 für beendet erklärt, allerdings noch vor den Giftgasen gewarnt. Hildur und ihre Familie bleiben letztlich fast acht Monate »an Land«, ziehen mehrmals um, wohnen zu fünft in einer unmöblierten Zweiraumwohnung und schicken die Kinder in verschiedene Schulen. Die Aufräumarbeiten beginnen umgehend, und am Ende des Jahres 1974 wohnen wieder 4628 Menschen auf Heimaey, obwohl mehr als ein Viertel aller Häuser zerstört ist. Der Aufbau ist gut organisiert und geht schnell voran, und 100 Häuser, die die Asche unter sich begraben hatte, werden freigelegt. Wie für Hildur stand für die meisten Bewohner nie in Frage, dass sie nach Heimaey zurückkehren würden. Nun leben dort am Fuße eines 5000 Jahre und eines 28 Jahre alten Vulkans wieder 4150 Menschen, die stolz den neuen Krater zeigen, wo man nur eine Spanne tief graben muss, um sich an der Lava zu wärmen oder in ihr Brot zu backen. Wahrscheinlich ist die Einstellung die gleiche wie vor dem Ausbruch 1973, zu der Hildur sagte: »Wir dachten eigentlich nie über Vulkanausbrüche nach. Naturkatastrophen sind den Isländern irgendwie vertraut. Wir gehen mit ihnen um wie mit anderen Unfällen oder Schiffsunglücken. Sie passieren eben.«

Die Isländer können auch deshalb so gelassen auf die Launen der Natur gucken, weil sie exzellent ausgebildete Rettungskräfte haben. Diese sind in erster Linie Freiwillige, die sich in 99 Rettungsmannschaften im ganzen Land, 70 Unfallpräventionsteams und 50 Jugendabteilungen über einen Dachverband organisieren. Die Isländer wissen um die Wichtigkeit dieser Mannschaften und unterstützen sie durch Spenden, Mitwirkung und den Kauf von Unmengen Feuerwerks zu Silvester. Die Rettungsmannschaften sind leider unentbehrlich, was nicht nur an den Tücken der Natur liegt, sondern vorrangig am Leichtsinn vieler Menschen.

Dass Geländewagen und GPS-Technik sich stets weiterentwickeln, führt zu einem Vertrauen in Technologie, das in Verbindung mit Selbstüberschätzung und falschen Reaktionen auf gefährliche Situationen immer wieder zu Rettungen in letzter Sekunde oder Todesfällen führt. So begaben sich drei Isländer in ihrem Geländewagen Ostern 2010 in die Nähe des Eyjafjallajökull, um den Ausbruch zu begucken, verirrten sich, zogen ihr telefonisches Hilfegesuch jedoch zurück, als sie meinten, wieder auf dem richtigen Weg zu sein. Leider waren sie jedoch ganz woanders und bemerkten dies erst, als sie keinen Funkkontakt mehr hatten und das Benzin alle war. Die Rettungsmannschaften hätten die Suche spätestens am Tag danach begonnen, wenn zu Hause gebliebene Verwandte Meldung erstattet hätten. Anstatt im Auto zu bleiben und abzuwarten, gingen die drei in unterschiedliche Richtungen los, um Hilfe zu holen. Die Suche begann kurz danach und endete mit dem Fund zweier erfrorener Menschen und einer geschockten Überlebenden. An diesem Beispiel lassen sich drei grundlegende Probleme im Umgang mit der Natur erklären. Zum einen waren die Beteiligten nicht angemessen ausgerüstet und vertrauten völlig auf ihr Auto und ihr Mobiltelefon, hatten weder genug Benzin, gute Kleidung noch ausreichend Kartenmaterial dabei, wollten aber Urnaturgewalten erleben. Auch wenn heute sogar in entlegenen Gegenden Funknetze verfügbar sind, sollte man sich nicht komplett auf sie verlassen, sondern GPS-Empfänger oder Karten dabei haben und sich den Weg, den man zu fahren gedenkt, genau anschauen. Außerdem ist es wichtig, stets andere Menschen über Ausflugspläne zu unterrichten und in Situationen, die man allein nicht mehr bewältigen kann, zusammenzubleiben und abzuwarten.

Island möchte mit Respekt behandelt werden. Im Sommer müssen immer wieder Touristen in Leihwagen aus Flüssen gezogen werden, da sie sich beim Furten festgefahren haben. Wanderer laufen entgegen der Warnung des Zeltplatzwartes oder anderer Einheimischer los und erfrieren, weil eben auch im Sommer eisiger Regen fallen kann. Touristen fallen in Wasserfälle. Beachtet man jedoch zwei simple Regeln, kann eigentlich nicht viel passieren. Erstens kann man es nie besser wissen als die Einheimischen. Ist ein Weg gesperrt, gibt es dafür gute Gründe. Wird von einer Wandertour oder einer bestimmten Furt abgeraten, hat dieser Ratschlag Hand und Fuß. Wird vor glitschigen Steinen an einem Wasserfall gewarnt oder gibt es sogar Absperrungen, sollte man sich mit dem erlaubten Blickwinkel zufriedengeben. Bei Touren ins Hochland – besonders zu Fuß oder mit dem Fahrrad – sollte man am Ausgangspunkt, den Zwischenstationen und am Endpunkt Bescheid sagen, wann dort mit einem gerechnet werden kann und gern darum bitten, dass die Einhaltung dieser Termine überwacht wird. Das können Freunde, Verwandte oder Familie sein, die auf eine SMS oder einen Anruf warten, aber eben auch Hüttenwärter und Zeltplatzbetreuer. Hat man dann noch den nötigen Respekt vor der Natur, ist lieber zu gut ausgerüstet als zu wenig, beachtet den Wetterbericht, unterschätzt die Entfernungen nicht und informiert sich vorher gründlich, ist man garantiert auf der sicheren Seite.

Da heute zwei Drittel der Isländer im Hauptstadtgebiet leben, geht ihnen der angemessene Umgang mit der Natur nach und nach verloren. Deshalb wird auf vielerlei Weise versucht, diese Beziehung zu stärken und/oder aufrechtzuerhalten. So galt Wiederaufforstung spätestens ab den 1980er und 90er Jahren als nationales Projekt. Die meisten meiner jüngeren Bekannten haben an Pflanzungseinsätzen über die Schule teilgenommen. Über Islands ursprüngliche Vegetation herrscht Uneinigkeit. Viele meinen, es sei stark bewaldet gewesen, andere, neuere Stimmen möchten dieses Bild relativieren und sprechen von 15 bis 30 Prozent der Oberfläche. Zweifelsohne gab es vor der Besiedlung mehr Bewuchs als heute, denn das Holz war Bau- und Brennmittel. Außerdem hatten schon die ersten Siedler Weidevieh, das der Flora nicht zu unterschätzende Strapazen beschert hat. Tatsächlich sind die Schafe heute das größte Hindernis bei der Aufforstung. Da sie im Sommer mit ihren Lämmern einfach frei ins Landesinnere gelassen werden, machen sie dort zarten Pflanzungen den Garaus. Deshalb gehört nicht nur die Anpflanzung von Bäumen und Büschen zur Aufforstung, sondern auch die Errichtung von Zäunen, um die Schafe in ihrer Bewegungsfreiheit, die noch immer enorm ist, ein bisschen einzuschränken. Die Zäune haben noch zwei Nebeneffekte: Durch die verkleinerten Weiden wird es im Herbst leichter, die Schafe wieder zusammenzutreiben, und Krankheiten lassen sich schneller unter Kontrolle bringen.

Die Symbolfigur der Aufforstungsbewegung ist Vigdís Finnbogadóttir, die während ihrer Präsidentschaft Islands Begrünung zu ihrem Herzensprojekt machte und das Interesse der Isländer auf dieses Thema lenkte. Dass Aufforstung und moderne Nation eng miteinander verbunden sind, zeigt sich auch daran, dass sich die Aufforstungsgesellschaft am 1000. Geburtstag des Alþingi 1930 gründete. Mittlerweile gibt es überall im Land regionale

Verbände, die heute vor allem genuin isländische Sorten wie Birke, Eberesche, Weiden und Zitterpappel pflanzen – übrigens auch in den Städten. Sehr rege wird nach wie vor diskutiert, ob auch die Verwendung nicht-isländischer, aber schnell wachsender Arten wie der Alaskalupine, der sibirischen Lärche, der westlichen Balsam-Pappel oder von Tannen günstig war oder dem Land eher geschadet hat. Mehrere Isländer haben mir erzählt, dass sie seit einigen Jahren Terrasse oder Garten vermehrt nutzen, was nicht etwa an wärmeren Sommern liegt, sondern daran, dass die beim Einzug gepflanzten Bäume und Büsche nun so hoch sind, dass man in deren Schutz in Ruhe einen Kaffee trinken kann, ohne dass der Wind die Kanne umpustet. Meine Bekannten auf Heimaey versuchen hingegen seit mehreren Jahren vergebens, ihren Vorgarten zu begrünen. Da der Wind jedoch ständig Meerwasser dorthin bläst, gehen die zarten Pflänzchen immer wieder ein. Wenn man bedenkt, dass nach einer stürmischen Nacht das Salz zwei Zentimeter hoch auf der Wäscheleine liegt, kann man verstehen, dass kein Strauch das aushält.

Island hat ein enormes Erosionsproblem, von dem lediglich elf Prozent der Oberfläche nicht betroffen sind. Schuld daran ist vor allem die geologische Beschaffenheit aus neuem bzw. jungem und sehr leichtem Vulkangestein, das Wind und Wasser relativ hilflos ausgesetzt ist. Wer einmal im Hochland Trockenheit und Windstärke 5 erfahren hat, weiß, wie isländischer Staub schmeckt und wohin er ohne Probleme gelangen kann. Außerdem bescherte die Asche der zahlreichen Vulkanausbrüche vielen Pflanzen den Gifttod. Gerade an der Südküste aber sind die Erfolge der Pflanzungen beeindruckend, die zum Teil die Bezeichnung »Wald« tatsächlich verdienen. Die Isländer gehen mit dieser nämlich etwas verwirrend um. Mit dem Wort *skógur* meinen sie oft etwas, das wir auf Deutsch eher Hain oder Baumansammlung, vielleicht Wäldchen nennen würden. Die Isländer sind auf ihre »Wälder« jedoch so stolz wie auf ihr Islandpferd, weshalb man mit ironischen Bemerkungen in dieser Hinsicht vorsichtig sein sollte.

Ich bin meistens im Herbst und Winter in Island und fahre gern aufs Land, um bei den Viehabtrieben dabei zu sein. In einigen Gegenden werden neben den Schafen auch Pferde ins Hochland gelassen, um sich den Sommer über selbst zu versorgen. Im

Oktober müssen sie zusammengetrieben und auseinandersortiert werden. Die Bauern der Gegend fahren, reiten und laufen riesige Gebiete ab, auf denen das Vieh stehen könnte. Natürlich ist nie garantiert, dass alles gefunden wird. Zum Abschluss trifft man sich an eigens dafür errichteten Gehegen über dem ein oder anderen Glas *brennivín,* klönt, singt und ordnet nebenbei die Tiere ihren Besitzern zu. Gerade in dünn besiedelten ländlichen Gegenden sind diese *réttir* ein Jahreshöhepunkt, der zünftig mit einem *sveitaball* abgeschlossen wird.

Während Schafe vollkommen pragmatisch behandelt werden, haben gerade die städtischen Isländer zu ihren Pferden eine innige Beziehung, die über ein Bauer-Nutztier-Verhältnis hinausgeht. Die allerliebsten Haustiere der Städter scheinen jedoch Katzen zu sein. Überall klettern und schleichen sie herum. Welche Auswirkungen das auf die Singvogelpopulationen im Hauptstadtgebiet hat, war leider nicht herauszufinden. Ich weiß von einigen Gartenbesitzern, die sich bewusst gegen ein Vogelhäuschen entschieden haben, weil sie den Katzen kein Festmahl auf dem Silbertablett servieren wollten.

Hunde hatten in Island aus ganz anderen Gründen lange keinen leichten Stand. Auch sie dürfen nur unter sehr strengen Auflagen importiert und gezüchtet werden. Der »heimische« Hundemarkt hat nur eine Rasse hervorgebracht: den isländischen Schäferhund, der ein bisschen wie ein großer, flauschiger Spitz aussieht. 1924 verbot die Stadt Reykjavík in der letzten Phase der Ausrottung des Bandwurms in Island die Hundehaltung komplett, was wirkliche Liebhaber nie davon abhielt, trotzdem welche zu haben. Ab 1984 wurde es immerhin möglich, in Ausnahmen die Erlaubnis zur Haltung eines Hundes vom Gesundheitsamt zu bekommen. Bei einem kommunalen Volksentscheid sprachen sich 1988 noch knapp zwei Drittel aller Reykjavíker gegen Hunde in der Stadt aus. Seit 2007 bekommen alle eine Erlaubnis, die eine wollen, sofern sie einen Kurs des Gesundheitsamtes besucht haben. Ich habe in Reykjavík nur eine einzige Bekannte, die einen winzigen Chihuahua hält, der allerdings auch als Nagetier durchgehen könnte. Hunde sind im Stadtbild nach wie vor sehr selten.

Dennoch muss man darauf gefasst sein, auch in Reykjavík in Häufchen zu treten. Sie sind die Rache der Wildgänse dafür, dass große Teile des Hauptstadtgebiets und insbesondere der Binnenflughafen in ihr Nistgebiet gebaut wurden. Weder vom Flughafen noch von den stark befahrenen Schnellstraßen haben sie sich bislang abschrecken lassen und scheinen ein fröhliches Dasein mitten unter Menschen und Autos, gut versorgt von den Brotresten der Reykjavíker zu führen. Gerade um den Stadtteich herum herrscht große Häufchendichte, aber auch anderswo. Ich liebe es, an lauen Sommerabenden auf die Halbinsel Bessastaðir zu fahren, wo die Residenz des Präsidenten ist. Man hat einen herrlichen Blick auf das Meer und kann von dort Reykjavík beim Einschlafen zusehen. Dabei fahre ich auf einer Straße, wo 80 Kilometer pro Stunde erlaubt wären, der Abendsonne entgegen. Bei diesen schwierigen Sichtverhältnissen musste ich schon mehr als einmal ordentlich in die Eisen gehen, um kein Gänseklein zu produzieren. Seelenruhig watscheln sie auf die Fahrbahn, schauen sich um und warten ab, bis ihre Artgenossen die Straße überquert haben, bevor sie sie selbst verlassen, um ohne jeden Respekt Richtung Präsidentenresidenz zu laufen und auf dem dortigen Friedhof Gras zu zupfen und zu … Tatsächlich gibt es entlang der Straße Verkehrswarnschilder mit einer Gänseparade.

So oder so ist die Natur also auch in der Stadt allgegenwärtig, und man könnte im Schwimmbadbesuch, einer Lieblingsbeschäftigung der städtischen Isländer, eine Reminiszenz an urisländische natürliche Gegebenheiten sehen. Das Bad in einer heißen Quelle mitten im Nirgendwo ist etwas Wunderbares, lässt sich jedoch nur selten mit dem Alltag vereinbaren. Heute verfügen jedoch die kleinsten Siedlungen über ein Schwimmbad, das immer aus mindestens zwei Becken besteht: einem Schwimmbecken und einem Hot Pot, was vielerorts tatsächlich mit »heißer Topf« ins Deutsche übersetzt wurde. Diese sind samstags und sonntags besonders voll, da man sich dort zum Ausnüchtern nach einer heftigen Partynacht trifft. Die älteren Damen in meinem Bekanntenkreis pflegen den Schwimmbadbesuch zwei- bis dreimal wöchentlich, um sich mit ihren Freundinnen über die neuesten Entwicklungen in Familie und Viertel auszutauschen. Generell sind die Isländer in meinen Augen ein plauderfreudiges Volk, was eben bei Einladungen zum Kaffee, in den Blogs, Nachrufen, ihrer Facebook-Nutzung und den »heißen Töpfen« besonders deutlich wird. Ich werde vermutlich immer als Ausländerin auffallen, weil ich mich nach spätestens fünf Minuten im 40 Grad heißen Wasser so gar fühle, dass ich ins 32 Grad »kalte« Becken wechseln muss. Frauen dürften übrigens »oben ohne« ins Schwimmbad, sie tun es aber nicht, denn Nacktbaden ist in Island verfemt – trotz oder aufgrund der ausgeprägten Badekultur. Vielleicht geht es darum, in einer übersichtlichen Gesellschaft, in der man garantiert immer einen Bekannten im Schwimmbad trifft, ein Stück Privatsphäre zu wahren. Die Isländer sind außerdem von der Nacktheit anderer peinlich berührt, so dass sie auch in entlegenen Gegenden erwarten, dass man in Badebekleidung in die heiße Quelle steigt.

Wer ein wirklich isländisches Badeerlebnis sucht, sollte – in Bikini oder Badehose – die Schwimmbäder auf dem Lande besuchen und zum Beispiel die Blaue Lagune in der Nähe des Flughafens meiden. Sie hat den Ruf, eine Touristenfalle zu sein, und diesen Eindruck kann ich nur bestätigen. Hier erlebt man für viel Geld, 2011 waren es über 30 Euro, gerade nicht Natur, sondern Technik. Das Gewässer bildete sich nämlich 1976 aus dem Dampf, der die Turbinen des ansässigen Kraftwerks antreibt und in der Lagune versickert. So erneuern sich die sechs Millionen Liter alle 40 Stunden komplett. Der Dampf stammt von heißem Meerwasser, das aus 2000 Meter Tiefe geholt wird und viele Mineralien enthält. Kommt dieses Wasser in abgekühlter Form mit dem dortigen Boden in Berührung, siedeln sich besondere Algen an, die dem Wasser die blaue Farbe geben. Aufgrund der durchgängig hohen Temperatur kann man es nicht lange im Wasser aushalten, das natürlich zudem nach Schwefel riecht und eine seltsame, etwas schlierige Konsistenz hat. Schwimmen ist eigentlich unmöglich. Da ist auch die Tatsache, dass das Wasser bei Ekzemen hilft, nur ein schwacher Trost. Meine isländischen Bekannten fahren nur in die Blaue Lagune, wenn sie von ihrer Firma zum Betriebsausflug dorthin eingeladen werden.

Ein Besuch dort gehört also zu den skurrilen, für die Touristen überzeichneten Islanderlebnissen. Die Grenze zwischen Natur und Technik verläuft aber auch in den anderen Schwimmbädern fließend, denn 90 Prozent von ihnen werden mit Erdwärme betrieben. Heißer Wasserdampf aus dem Erdinneren wird benutzt, um kaltes Frischwasser zu erhitzen. Deshalb sind fast alle der 170 Schwimmbäder Freibäder, und Schwimmen ist Volkssport.

Beide Ressourcen – Erdwärme und frisches Wasser – gibt es im Überfluss, was zu dem enormen pro Kopf Verbrauch von einer Tonne heißem Wasser und 220 Liter kaltem Wasser pro Tag führt. In Island werden beide Ressourcen als selbstverständlich und zunehmend als Einnahmequelle gesehen.

Genau das hat das Land und auch meinen Bekanntenkreis in den letzten Jahren enorm gespalten. Es geht um den Bau von Kraftwerken für die Schwerindustrie. 1979 wurde das erste Kraftwerk eröffnet, das die Verhüttung von Eisen ermöglichte. In den 1980er Jahren sammelten die Isländer durch den Bau, den Betrieb und den Ausbau von Kraftwerken in Kooperation mit ausländischen Investoren viel Erfahrung auf dem Gebiet, so dass am Ende dieses Jahrzehnts Produkte der Schwerindustrie schon ein Sechstel des Exports ausmachten. Auch die Aluminiumproduktion ist extrem energieaufwendig, und Energie ist in Island so billig, dass sich der Transport von Rohstoffen aus Australien nach Island lohnt. Wasserkraft hat bislang für die Schwerindustrie eine größere Bedeutung als Erdwärme, auch wenn bei Keflavík gerade eine Aluminiumhütte gebaut werden soll, die ihre Energie aus Erdwärme gewinnt. Dem Hauptargument für solche Maßnahmen – der Nutzung natürlicher Ressourcen zum Wohle aller Isländer – steht der Schmerz über den Verlust von Natur entgegen, der bei Wasserkraftwerken zwangsläufig ist. Die Gegenbewegung kam erst in den 1990er Jahren in Gang, konnte dann aber vorerst verhindern, dass ein Staudamm nördlich des Vatnajökull, Europas größtem Gletscher, gebaut wurde.

Im Jahr 2000 rechnete Island damit, 2010 der größte Aluminiumproduzent in Europa zu sein. Ein Großteil dieser Pläne baute auf dem Vertrauen in das sogenannte Kárahnjúkar-Kraftwerk auf, das nördlich des Vatnajökull und um Islands vielleicht schönsten Berg Snæfell herum gebaut wurde und enorme Auswirkungen auf die Natur in dieser unbewohnten Gegend hatte. Der Vatnajökull speist viele Flüsse, von denen zwei der vier größten hier von fünf Dämmen aufgestaut wurden. Hinter diesen Dämmen fließt nun kein Wasser mehr, während vor ihnen ehemals trockene Flächen geflutet wurden. Einer der mächtigsten Gletscherflüsse Islands verschwand genauso wie 65 Quadratkilometer Land mit Schluchten, Felsplateaus, Vegetation und mehreren Wasserfällen für immer unter dem Stausee. Es mussten

Wälle zum Schutz vor Winderosion und 73 Kilometer Tunnel errichtet werden, durch die das Wasser in die Turbinen fließt.

Eines der Hauptargumente für den Bau des Kárahnjúka-Kraftwerks, das ungefähr 1,5 Milliarden Euro gekostet hat, aber auch für den Ausbau der Schwerindustrie überhaupt, war die Entstehung einer enormen Anzahl von Arbeitsplätzen oft auch in Gegenden, die wie etwa der Osten Islands eher strukturschwach waren. Zeitweise gab es einen regelrechten Wettbewerb zwischen dem Westen und dem Osten um den Aufbau oder den Ausbau der Schwerindustrie. Wenn plötzlich mit Zuzug gerechnet werden muss, braucht die Gegend auch neuen Wohnraum, mehr Schulplätze und Kapazitäten in der Gesundheitsversorgung. Gleichzeitig kommen Devisen ins Land durch eine Industrie, die Energiegewinnung ohne Treibhausgase ermöglicht. Heute fließt der Strom über 35 Kilometer Hochspannungsleitungen vom Kraftwerk in die Aluminiumhütte in Reyðarfjörður (Ostfjorde), wo 450 Menschen arbeiten.

Da erscheint die Gründung von Nationalparks in den letzten Jahren wie ein Trostpflaster. Der Vorschlag, rund um den Vatnajökull einen Nationalpark zu errichten, kam schon Ende der 1990er Jahre auf, wurde aber erst im Juni 2008 in die Tat umgesetzt. Nun sind hier, wie so oft in Island, Natur und Technik nahe beieinander, liegt doch das Kárahnjúkar-Kraftwerk mittendrin und in bester Gesellschaft neben spektakulären, zum Teil weltbekannten Naturphänomenen. Die Isländer lieben das Hollywoodreife. Stolz berichten sie von Dreharbeiten in ihrem Land wie zum Beispiel auf der Jökulsárlón, dem atemberaubenden Gletschersee an der Südküste, wo Szenen für sowohl *Batman Begins* als auch die James-Bond-Filme *Im Angesicht des Todes* und *Stirb an einem anderen Tag* gedreht wurden. Oder sie zeigen eine Sonderausstellung zum Thema »Astronauten in Island«, da neun der insgesamt zwölf Menschen, die ihren Fuß auf den Mond gesetzt haben, in das Vulkangebiet Askja fuhren, um dort unter isländischer Anleitung geologisch geschult zu werden. Dabei kann doch schon der tägliche Blick auf Reykjavíks Hausberg Esja genügen, um sich in die isländische Natur zu verlieben.

Demokratie und Gleichheit: Von Godentümern bis Verfassungsrat

In der Vorstellung der Isländer stehen Menschen am Beginn der isländischen Geschichte, die die Entscheidung, sich in Island niederzulassen, aus freien Stücken getroffen hatten. Freiheit und Entscheidungsfreudigkeit zeichnen also die »Protoisländer« aus, die, wie schon mehrmals erwähnt, bald eine sich selbst organisierende Bauerngemeinschaft bildeten. Diese erkannte schnell, dass man gewisse Fragestellungen nur gemeinsam klären könne, eben weil es keinen Herrscher gab, der entschied, was Recht und Unrecht sei. Sie nahmen deshalb gesetzgebende und judikative Gewalt selbst in die Hand und trafen sich regelmäßig. Diese Treffen hatten vorerst einen sehr lokalen Charakter und dienten auch dem Austausch generell.

Erstaunlicherweise wurden die Thinge schon sehr kurz nach der Ankunft der ersten Siedler gut organisiert. Da der gelegentliche lokale Austausch bekanntlich bald nicht mehr genügte, fand bereits ab 930 einmal im Jahr eine landesweite Versammlung statt, die den Namen Alþingi bekam. Dieses beschloss die genaue Aufteilung des Landes in Godentümer, denen jeweils ein Gode *(goði)* vorstehen sollte. Ein Godentum war eher eine ideelle, vorgestellte Gemeinschaft aus Menschen, die sich ihm zurechneten, als ein konkretes Gebiet. Goden wurden meist die Männer, die viel besaßen und folglich die größte Gefolgschaft hatten, aber auch die Herkunft aus einer angesehenen Familie konnte entscheidend sein. Man könnte also in den Goden eine Art Gemeindevorsteher sehen. Ab 965 gab es 39 Goden, die sich in Dreiergruppen auf 13 unterschiedlichen Lokalthingen trafen, um dort die gemeinsamen Angelegenheiten ihrer drei Godentümer zu besprechen. Island war insgesamt in vier große Teile geteilt, die jeder für sich Regionalthinge veranstalteten. Blieben die Dreierversammlungen in einer Frage uneins, konnten sie sie später auf dem Thing des Landesteils vortragen. Wurde dort immer noch keine Einigkeit erzielt, wurde die Entscheidung dem Alþingi überlassen, der Versammlung aller Goden. Die Geschicke des Landes wurden also auf drei Ebenen organisiert: auf der lokalen zwischen jeweils drei Godentümern, auf der regionalen in vier verschiedenen Landesteilen und drittens auf der landesweiten Ebene, dem Alþingi. Dies ist im mittelalterlichen Europa beispiellos und führt zu dem Urteil, Island sei schon früh eine »Demokratie« gewesen.

Die Siedler kamen meistens als Sippe, die jede ihr Oberhaupt hatte. Diese Häuptlinge waren es dann auch, die nach und nach und unabhängig von einander Regeln und ein Steuersystem einführten, bei dem jedes Sippenmitglied, abgesehen von den Sklaven, Abgaben zu zahlen hatte. Je nach Größe der Sippe und somit der Gefolgschaft konnte der ein oder andere Häuptling zu beträchtlichem Reichtum gelangen, sein Einflussgebiet ausdehnen und eben Gode werden. Die Organisation nach Godentümern sicherte also der eigenen Sippe das friedliche Nebeneinander mit den anderen Großfamilien. Die Motivation, Island »demokratisch« zu organisieren, hatte also durchaus egoistische Züge.

Beim Alþingi gab es erste Ansätze zu der Gewaltenteilung, die heute demokratische Systeme auszeichnet. Allerdings waren Legislative und Exekutive nicht klar voneinander getrennt. Vereinfacht könnte man sagen, dass Parlament und Regierung ein und dasselbe waren. Die Goden bildeten mit jeweils zwei Gefolgsleuten auf dem *Alþingi* die *Lögrétta.* Diese entwarf und beschloss Gesetze, wobei das Mehrheitsprinzip galt. Enthaltungen waren nicht möglich. Die *Lögrétta* tagte unter freiem Himmel in Þingvellir auf dem Gesetzesberg *(Lögberg).* Der *Lögrétta* stand der sogenannte Gesetzessprecher vor, der einer der Goden sein konnte, aber nicht musste. Er war sozusagen Chef der Regierung und des Parlamentes in einer Person und hatte die wichtige Aufgabe, die Landesgesetze laut zu verkünden und ihnen so Gültigkeit zu verleihen. Die Judikative existierte hingegen von der *Lögrétta* losgelöst in Form verschiedener regionaler Gerichte und eines landesweiten Gerichts, das die Goden auf dem Alþingi einsetzten. Es kam aber auch vor, dass Streitparteien ein privates Gericht einsetzten.

Godentümer und damit auch die Godenwürde konnten vererbt, verschenkt und manchmal geteilt werden. Die Goden waren ihren *þingmenn,* den Gefolgsleuten, durchaus zu Schutz, Frieden und Verteidigung verpflichtet. Die Bauern konnten entscheiden, welchem Goden sie sich zugehörig fühlten, und zwischen Goden wechseln. Die Gefolgsleute mussten ihren Goden wiederum zum Alþingi begleiten und ihm Abgaben liefern. Man kann also in der isländischen Selbstverwaltung sowohl demokratische als auch feudalistische Züge erkennen, die an das europäische Lehnswesen erinnern. Selbstverständlich überwiegen im kollektiven Gedächtnis der Isländer heute diejenigen, die zu unserer Zeit passen. So kommt es zu dem Slogan »Island – die erste Republik der Welt«.

Gab es anfänglich noch ein Machtgleichgewicht innerhalb der führenden Klasse der Goden, begann dieses im 11. Jahrhundert zu kippen, als einige Männer plötzlich mehrere Godentümer auf sich vereinten, was letztlich dazu führte, dass die Isländer von fünf Großfamilien »beherrscht« wurden. Danach war es nur eine Frage der Zeit, bis sich diese in die Haare kriegten. Die ehemals ideelle Einheit des Godentums wurde nun zu einem klar abgegrenzten Herrschaftsgebiet, was die ansässigen Kleinbauern zu reinen Steuerzahlern der Goden degradierte. Plötzlich gab es Herrscher und Untertanen. Im 13. Jahrhundert wurden die Auseinandersetzungen zwischen den mächtigen Großfamilien so heftig, dass bürgerkriegsähnliche Zustände herrschten. Tatsächlich tragen die Jahre von 1236 bis 1264 als einzige auf Isländisch die Bezeichnung »Krieg«. Sie führten schließlich dazu, dass Island sich ab 1262 unter die norwegische Krone begab.

Dass auch davor schon nicht alle Isländer ganz gleich waren, zeigt die erste Gesetzessammlung *Grágás*, laut der es den Armen verboten war, sich frei zu bewegen. Sie mussten sich für mindestens ein Jahr zum Dienst bei einem Bauern verpflichten. War der Umgang mit diesem Gesetz anfangs noch lax, wurde es im 15. Jahrhundert besonders wichtig. Die Pest hatte die Bevölkerung extrem dezimiert, während die Hansekaufleute Island für sich entdeckten, so dass es einen Mangel an Arbeitskräften gab. Deshalb durften sich nur diejenigen als Bauern niederlassen, die über einen genau festgelegten Besitz verfügten. Außerdem wurden Eheschließungen nur zwischen Leuten zugelassen, die Land und Auskommen hatten. So wurde der Bauernstand jahrhundertelang in Menschen erster und zweiter Klasse geteilt, was wiederum garantierte, dass alle ihr Auskommen hatten. Im 19. Jahrhundert unterlagen 25 Prozent der Bevölkerung diesen Bestimmungen, die erst ab 1863 gelockert, jedoch nie völlig abgeschafft wurden. Erst konnte man sich die Erlaubnis zur Selbständigkeit kaufen, und schließlich durften alle, die älter als 30 waren, selbst bestimmen, wo sie arbeiten und wohnen wollten. Auch das ist ein Grund für den enormen Bevölkerungszuwachs, den Städtchen und Marktflecken in dieser Zeit verzeichnen. Aus dem ehemaligen Gesinde wurde die Arbeiterklasse.

Damals wurde der Grundstein für die Teilung des Landes in Stadt und Land gelegt oder, wie die Isländer es nennen, in »Verdichtungsgebiet« *(þéttbýli)* und »Verteilungsgebiet« *(dreifbýli)*. Schon früh, nämlich spätestens seit den 1930er Jahren wohnt die Mehrheit der Bevölkerung in Verdichtungsgebieten, zu denen hier alle Orte mit mindestens 200 Einwohnern zählen; seit 1970 sind es über 90 Prozent. Dem Landleben kommt die Rolle zu, für viele Isländer »die gute alte Zeit« zu verkörpern. Hierher ziehen sie sich zurück, wenn sie Urlaub haben, jagen oder auf die Suche nach ihrer Herkunft gehen.

Während die Godentümer anfänglich nur vorgestellte Gebiete waren, wurde das Land gleichzeitig in konkrete Bezirke aufgeteilt. In jedem Bezirk mussten mindestens 20 zahlungskräftige Kleinbauern wohnen. Was »zahlungskräftig« bedeutete, war genau festgelegt. Diese Bauern waren untereinander in Kontakt und wählten einmal im Jahr einige von sich zu Bezirksvorstehern, die sich um die regionalen Belange kümmerten. Außerdem ließen die Bauern den Bezirksvorstehern Lebensmittel, Geld und Kleidung zukommen, die diese wiederum unter den Armen des Bezirkes verteilten. Jedem Bezirk war eine genaue Anzahl von Bedürftigen zugeteilt, der heutigen Meldepflicht ähnlich. So wurde im Land ein Gleichgewicht zwischen arm und »reich« gewahrt, zumal die Kleinbauern auch untereinander zusammenhielten. Verlor einer von ihnen ein Viertel seines Besitzes oder mehr, mussten die anderen Bauern zusammenlegen und den Schaden ausgleichen. Man kann also sagen, dass es im Mittelalter drei Stände gab: die Goden, die Kleinbauern und die Armen.

Die Isländer heute führen sich in der Gesamtheit auf die Bauern zurück, die eben sehr gleichberechtigt organisiert waren. Dies könnte erklären, wieso sie auch heute abstreiten, dass sich die Gesellschaft in Schichten teilt, zumal sich das Prinzip der Armenfürsorge bis ins 19. Jahrhundert erhielt. Außerdem legen die Isländer viel Wert darauf, dass am wirtschaftlichen Aufschwung zu Beginn des 20. Jahrhunderts Bauern- und Fischereigenossenschaften entscheidend beteiligt waren – also demokratische

Organisationsformen des gleichberechtigten Miteinanders und Zusammenhaltes.

Demokratie und Gleichberechtigung werden heute auf vielerlei Weise unmittelbar gelebt. Eine direkt gewählte Gruppe von Volksvertretern ist gerade damit beschäftigt, eine neue Verfassung zu entwerfen – in einem Gremium, das nicht parteipolitisch gebunden ist. Im sogenannten Verfassungsrat *(stjórnlagaráð)* erarbeiten Ärzte, Studenten, Juristen, Journalisten, Mathematiker, ein bekannter Umweltaktivist, ein Pfarrer, ein Bauer und mehrere Professoren einen Verfassungsvorschlag. Ihre Aufgabe ist es unter anderem, Macht und Befugnisse von Parlament und Regierung sowie die Stellung und Aufgabe des Präsidenten zu definieren, die Unabhängigkeit und Befugnisse der Gerichte zu klären und Vorschläge zum Umgang mit natürlichen Ressourcen sowie zur Organisation der Wahlkreise zu unterbreiten.

Besonders gespannt werden die Vorschläge zum Umgang mit Volksentscheiden erwartet, auch weil der Beginn der Republik Island ein Volksentscheid war. Ansonsten gab es solche bislang auf nationaler Ebene nur, wenn der Präsident die Unterschrift unter ein Gesetz verweigerte, das das Parlament bereits passiert hatte. Dies war 2004 der Fall, als das Alþingi beschloss, großen Konzernen zu verwehren, die Mehrheit an einem Medienunternehmen zu besitzen. Der damalige und heute noch amtierende Präsident Ólafur Ragnar Grímsson unterschrieb es nicht, woraufhin das Alþingi das Gesetz freiwillig zurückzog und so einem Volksentscheid zuvorkam. Der gleiche Präsident weigerte sich 2010 und 2011, Gesetze zu unterzeichnen, so dass es zu den ersten Volksentscheiden seit 1944 kam. Beide Male ging es um die Frage, ob der isländische Staat Geld an Großbritannien und die Niederlande überweisen solle. Damit sollten die Länder dafür entschädigt werden, dass sie Geld ausgelegt hatten, um einheimische Anleger für Verluste zu entschädigen, die letztere durch den Zusammenbruch isländischer Banken 2008 erlitten hatten. Die Isländer waren zweimal dagegen, was international zur Kenntnis genommen wurde und dem Ruf Islands geschadet hat. Die Verhandlungen zu Icesave laufen noch immer.

Es könnte also sein, dass Islands Demokratie in Zukunft durch die Stärkung des plebiszitären Elements noch direkter wird. Im Vergleich zu Deutschland ist sie das schon, weil die Isländer ihren Präsidenten selbst wählen. Die ersten Staatsoberhäupter der Republik Island erregten als Politiker nur geringes Aufsehen. Sie kamen der ihnen zugedachten Aufgabe, Island im Ausland zu präsentieren und nach innen identitätsstiftend zu wirken, in mehr oder weniger persönlicher Art und Weise nach. Dem Amt einen sehr eigenen Stempel aufgedrückt hat zweifelsohne Vigdís Finnbogadóttir, die 16 Jahre im Amt war und sich bis heute großer Beliebtheit erfreut. Eine Neuerung in ihrer Ägide war, dass die Medien begannen, präsidiale Entscheidungen kritischer zu beleuchten als dies vorher der Fall war. Seitdem ist der Präsident keine heilige Kuh mehr, was zeigt, dass sich demokratische Lernprozesse auf beiden Seiten vollziehen. So machte eben Ólafur Ragnar Grímsson von seiner vielleicht einzigen politischen Befugnis schon dreimal Gebrauch, während »das Volk« ihn nicht schont. Er ist häufig Ziel von bissiger Politsatire und teilweise heftiger Kritik ausgesetzt, was bei den älteren Damen in meinem Bekanntenkreis noch immer für Empörung sorgt.

Wären Politikfröhlichkeit und Demokratiemunterkeit das Gegenteil von Politikverdrossenheit und Demokratiemüdigkeit, könnte man die Isländer damit also gut beschreiben, wie zuletzt auch die Wahl des Berufskomikers Jón Gnarr zum Reykjavíker Oberbürgermeister bewies. Manchmal kann dieser Zug so ausgeprägt sein, dass er in den Augen einer deutschen Betrachterin zur Farce wird. Ich habe einmal den Versuch gewagt, mich durch die isländische Parteienlandschaft zu kämpfen, und erschöpft aufgeben. Es scheint keine Regeln zu geben, aber alle denkbaren und undenkbaren Abspaltungen, Fusionen, Wiedervereinigungen und sogar doppelt vergebene Namen. Grob gesagt, wurde mit Erlangen der Selbständigkeit 1918 das bis dahin alles entscheidende Thema obsolet, weshalb man sich nach neuen innenpolitischen Zielen umsehen musste. Das Ergebnis war ein lange Zeit einigermaßen stabiles Vierparteiensystem aus der eher konservativen und neoliberalen Unabhängigkeitspartei, der Fortschrittspartei, die vor allem Bauern vereinigt und ihren ideologischen Hintergrund in der Genossenschaftsbewegung hat, der Sozialdemokratischen Partei und der Sozialistischen Partei. Diese fanden sich in allen möglichen und unmöglichen Koalitionen – oft nur kurz – zusammen. Fest steht auch, dass sich Island in einem entscheidenden Punkt von den anderen nordischen Ländern unterscheidet: Hier hat es nie eine sozialdemokratische Dominanz gegeben, was u.a. an der schwachen Arbeiterbewegung und der Zersplitterung des linken Lagers gelegen haben kann. Dieses hat sich unterdessen neu sortiert und besteht seit Ende der 1990er Jahre aus der Sozialdemokratischen Partei und den Links-Grünen. Und für den Moment ist zumindest folgendes ganz sicher: Unabhängigkeitspartei und Fortschrittspartei sind in der Opposition, die Sozialdemokraten und die Links-Grünen an der Regierung und in Reykjavík bestimmt Jón Gnarrs Die beste Partei das Geschehen. Ja, sie heißt wirklich so.

Auch die legendäre Friedfertigkeit der Isländer könnte man als Indiz für ihr Vertrauen in demokratische Prozesse sehen. Es gibt seit dem Abzug der Amerikaner bis auf eine kleine Spezialeinheit der Polizei keine bewaffneten Kräfte mehr im Land. Die sanfte Christianisierung aufgrund einer Entscheidung, die einem parlamentarischen Beschluss ähnelt, ist sicher in ihrer Toleranz beispiellos für das Mittelalter. Ähnlich sanft war die Ablösung von Dänemark, auch wenn die Isländer sicher die Gunst der Stunde und die Besetzung Dänemarks durch die Deutschen für sich zu nutzen wussten. Auf dem Papier aber war das ihr gutes Recht. Dänemark hat auf der anderen Seite Island zumindest in der Zeit von 1602 bis 1788 wie eine Kolonie behandelt, als es den Isländern per königlichem Entscheid verboten war, mit anderen als dänischen Kaufleuten Handel zu treiben. Außerdem legte der König genau fest, wie der Handel im Land selbst stattzufinden hatte. Als die Dänen im 17. Jahrhundert wegen ihrer Streitigkeiten mit den Schweden immer seltener nach Island kamen, rettete die Isländer nur, dass andere ausländische Boote, die um Island fischten, heimlich Handel mit ihnen trieben. Um das zu unterbinden, schickte der König sogar Kriegsschiffe. Das Problem Islands war und ist die große Abhängigkeit von Importen und dass sich die Menschen auch im 18. Jahrhundert mit dem zufriedengeben mussten, was dänische Kaufleute ihnen lieferten. Die Einnahmen kamen in Kopenhagen vor allem dem aufstrebenden Bürgertum zugute – einer Schicht, die es in Island eigentlich nie wirklich gab. Das dänische Handelsmonopol führte letztlich auch dazu, dass die Isländer das Handeltreiben selbst erst sehr spät lernten. Böse Zungen behaupten, dies hätte mit zur Selbstüberschätzung in den Boomjahren bis 2007 beigetragen …

Einige Jahrhunderte hatten die Isländer sozusagen keine Wahl und haben sich vielleicht damals eine Attitüde zugelegt, die auch heute noch viele politische Entscheidungen kennzeichnet: »Man einigt sich.«

Das Bild von der friedfertigen Nation wird seit einigen Jahren durch den enormen Boom an Kriminalliteratur konterkariert. Viele sehen die Blüte dieser Gattung als Indiz für einen Verfall gesellschaftlicher Werte, den es zweifellos gegeben hat und der hier später beleuchtet wird, wenn es um das Verhältnis der Isländer zu Geld und Besitz geht. Es wäre aber falsch zu denken, Island hätte ein großes Problem mit Kriminalität, deren Rate seit zehn Jahren relativ stabil ist. Von 1981 bis 2009 starben auf Island 60 Menschen durch die Hand Anderer, also zwei pro Jahr. Einbrüche und Diebstähle gibt es und gab es schon immer, und entgegen einem gängigen Vorurteil hat man in Reykjavík noch nie seine Wohnungstür unverschlossen gelassen, während dies in abgelegenen Gegenden durchaus praktiziert wird. Die Debatte zum Thema sexuelle Gewalt ist in den letzten Jahren neu aufgeflammt, nachdem Fälle sexuellen Missbrauchs in Sportvereinen und innerhalb kirchlicher Einrichtungen bekannt wurden. Außerdem habe ich den Eindruck, dass sie besonders nach dem ersten Augustwochenende die Titelblätter bestimmt. An diesem langen Wochenende finden überall im Land Freiluftfestivals statt – das größte davon auf der Westmännerinsel Heimaey, wo sich zwischen neun- und zehntausend Menschen mit ihren Zelten versammeln, um in erster Linie friedlich bei oft schlechtem Wetter Konzertmarathons isländischer Bands beizuwohnen und dabei viel zu trinken. Leider kommt es dort auch jedes Jahr zu Vergewaltigungen, die die Debatte über Sicherheit und Prävention neu anfachen.

Makabrerweise gibt es aber zwischen dem Festival auf Heimaey und dem Thema Kriminalität noch eine ganz andere direkte Verbindung. Dort tritt zum Abschluss als Höhepunkt der singende Lokalmatador Árni Johnsen auf, der in seinem Leben nichts ausgelassen hat und eigentlich selbst die perfekte Vorlage für einen »authentischen Islandkrimi« ist. Der Lehrer ist Mitglied der Unabhängigkeitspartei und saß für diese mehrmals im Alþingi. Außerdem war er Chef der Baukommission des Nationaltheaters, das in Reykjavík steht. Aus lange Zeit unerklärlichen

Gründen landeten Baumaterialien, die für das Theater bestimmt waren, mehrmals auf Heimaey. Einige Male konnte Árni die Öffentlichkeit davon überzeugen, dass der Umweg über die Insel und die Verbauung der Materialien an seinem eigenen Haus nötig waren, dann wurde er aber 2002 zu 15 Monaten Gefängnis verurteilt. Seit 2007 ist er wieder Abgeordneter und darf eben einmal im Jahr vor Tausenden von Menschen und live im Radio übertragen die Nationalhymne schmettern.

Dieser Gleichmut und die Fähigkeit zu vergeben (oder zu vergessen), die die Isländer sowohl Dänemark als auch Árni Johnsen entgegenbringen, rücken Friedfertigkeit und Kompromissfähigkeit in die Nähe von Gleichgültigkeit. Dass dies auch seine angenehmen Seiten haben kann, zeigt sich zum Beispiel an der Einstellung der Isländer zu Titeln. Diese spielen im täglichen Umgang keine Rolle, was nicht nur daran liegt, dass man sich duzt und mit dem Vornamen anredet. Tatsächlich würde hier niemand auf die Idee kommen, sich den Doktortitel auf das Türschild zu schreiben. Andererseits ist es schwierig, diese vermeintlich klassenlose Gesellschaft kritisch zu betrachten, wenn man ihre Verlierer nicht benennen kann. Das, worüber man nicht reden kann, gibt es nicht. Nach diesem Motto ignoriert man die Menschen, für die der Kauf einer Wohnung niemals in Frage kam, weil sie erwerbsunfähig sind, und die alleinerziehenden Mütter, die drei Jobs nachgehen und sich trotzdem nur eine Zweizimmerwohnung für sich und die drei Kinder leisten können. Es gibt schlicht kein Wort für das Prekariat oder die Sozialhilfe- und Hartz IV-Empfänger Islands. Man kann, wenn man durch den Reykjavíker Randbezirk Breiðholt fährt, erahnen, dass es sie geben muss, aber man hört nichts von ihnen.

Unabhängigkeit und Individualität: Von Republikgründung bis Kabeljaukrieg

Weder aktive Vulkane noch Erdbeben jagen den Isländern so viel Angst ein, wie das leiseste Anzeichen für ausländischen Einfluss auf isländische Angelegenheiten. Die Unabhängigkeit ist ihnen mindestens so wichtig wie Wohlstand und Sagas. Ich kenne ältere Menschen, die sich über die zunehmende Anzahl ausländischer Importe beklagen und beim Anblick von Nudeln fragen: »Brauchen wir das wirklich? Schaffen wir das nicht allein?« Einige meiner Freunde reagieren auf die Beitrittsverhandlungen, die Island derzeit mit der EU führt, verletzt und wütend. Als Þingvellir für das UNESCO-Weltkulturerbe vorgeschlagen wurde, kam die Sprache relativ bald auf die dortigen Bäume. Die Ebene war nämlich an einigen Stellen im Zuge der Aufforstungsbewegung mit Nadelbäumen bepflanzt worden, die bekanntlich nicht genuin isländisch sind, was am isländischsten aller Orte natürlich heikel ist. Die Diskussion darüber, ob die Bäume bleiben oder fallen sollten, wurde sehr emotional geführt. Ein Argument derjenigen, die sich für den Erhalt der Bäume aussprachen, war, dass man sich von einer ausländischen Institution wie der UNESCO doch nicht vorschreiben lassen könne, was als isländisch zu gelten hat, und was nicht. Dieses Gefühl basiert auf historischen Erfahrungen, aber wohl auch auf der Angst, als kleiner, zumal unbewaffneter Staat nicht ernst genommen und zum Spielball von Großmächten zu werden und dabei eine Wertevorstellung zu verraten, die Voraussetzung für die Besiedlung Islands war: Selbstbestimmung.

So legen die Isländer zum Beispiel Wert darauf, dass die einstige Aufgabe des Freistaatsstatus 1264 freiwillig und auf eigenen Wunsch hin geschah und sie danach zwar Teil eines Königreiches waren, ihre Unabhängigkeit aber erst 1662 verloren. Dabei hatte sich der norwegische König ja im 13. Jahrhundert im vom Bürgerkrieg zermürbten Island peu à peu Gefolgsleute in den wichtigen Großfamilien gesichert, die sich zunehmend für seine Belange stark machten und das Alþingi nach und nach dazu brachten, ihm die Treue zu schwören und ihn als Oberhaupt Islands anzuerkennen. Das alles klingt, wenn nicht nach Abhängigkeit, dann doch nach enormem norwegisch/dänischem Einfluss. Die Isländer jedoch bestanden darauf, dass zumindest das System der Bezirke, deren Belange von gewählten Großbauern geregelt wurden, hielt und die Organisation auf der untersten Ebene somit stets in isländischer, bäuerlicher Hand war.

Deshalb datieren die meisten den Verlust der Unabhängigkeit eben auf das Jahr 1662, als die Isländer alle Befugnisse an den absolutistisch regierenden dänischen König abtraten. Es ist gerade das Alþingi, das den Isländern im 17. und 18. Jahrhundert

Trost spendet, denn es bleibt als Institution erhalten und hat zumindest bis 1700 bei der Gesetzgebung ein Wörtchen mitzureden. Außerdem hält man über das Alþingi den Kontakt untereinander und Geschäfte am Laufen. Dennoch geht es sozusagen nur noch bergab, es verliert immer mehr Befugnisse und »verkommt« zu einer Institution, wo Beschlüsse nur noch bekanntgegeben, aber nicht mehr gefasst werden. Im Jahr 1800 wird es auf Befehl des Königs abgeschafft. In dieser Zeit werden die Isländer von einer schlimmen Pockenepidemie, Hungersnöten infolge kalter Sommer und bitterer Winter, einer Schafsseuche und einer Reihe heftiger Vulkanausbrüche zusätzlich demoralisiert und in ihrer Isolation von Dänemark alleingelassen.

Dies und die veränderte Stimmung in Europa sorgen dafür, dass auch die Isländer sich ihres Status als Quasi-Kolonie bewusst werden. Sie müssen zwar 1809 noch ertragen, dass sich ein vorbestrafter, verrückter Däne namens Jørgen Jørgensen zum König über Island ausruft, nachdem er versucht hatte, dort Fette zur Seifenproduktion zu kaufen, was ihm vom dänischen Amtmann verwehrt wird. Daraufhin nimmt »Jörundur«, wie Jørgensen auf Isländisch genannt wird, den Amtmann einfach fest und verkündet Islands Loslösung von Dänemark.

Doch Islands Ziel in der ersten Hälfte des 19. Jahrhunderts ist nicht die Ablösung von Dänemark, sondern die Wiedereinsetzung des so wichtigen Alþingi. Der – echte – König reagiert auf ein solches Gesuch isländischer Studenten 1840, indem er es als beratende Institution in isländischen Angelegenheiten wieder zulässt. Ab 1845 tagt es wieder einmal im Jahr in Reykjavík, hat aber zunächst keine gesetzgebende Gewalt. Das ändert sich 1874, als die Isländer ihre erste eigene Verfassung bekommen und ihre finanziellen Angelegenheiten fortan selbst regeln dürfen. Doch der König behielt sich ein Veto gegen Gesetze des Alþingi vor, das nun aus zwei Kammern besteht, von denen er eine zur Hälfte berief. Außerdem war der Minister für isländische Angelegenheiten in Kopenhagen und dem Alþingi nicht verantwortlich, so dass also die ausführende Gewalt nach wie vor in dänischen Händen lag.

Nach 1874 müssen die Isländer noch eine ganze Weile kämpfen und sich mehrmals dem Nein des Königs geschlagen geben, bevor sie eine Verfassungsrevision erwirken. Diese beschert ihnen einen Isländer als Minister für isländische Angelegenheiten, der in Reykjavík residiert und zudem dem Alþingi verantwortlich ist. Außerdem verliert der König sein Vetorecht. Damit nehmen die Isländer 1904, dem dritten wichtigen Jahr nach 1845 und 1874, ihre Angelegenheiten sozusagen selbst in die Hände, auch wenn es sich bei dem Minister de facto um ein Mitglied der dänischen Regierung handelt. Dieser erste Minister für isländische Angelegenheiten war Hannes Hafstein, dessen überlebensgroße Bronze heute vor dem Regierungsgebäude in Reykjavíks Zentrum steht und im Gegensatz zu vielen anderen Arbeiten des Bildhauers Einar Jónsson ganz ansehnlich ist. Hannes ist den Isländern bis heute ein Begriff, da er in einer Zeit wirkte, in der sie einen immensen Aufschwung erlebten, und er zum Beispiel das Telefon nach Island brachte. Außerdem war er sozusagen das erste Regierungsoberhaupt, das sie je hatten.

1918 wurde Island mit einem neuen Gesetz zu einem »freien und souveränen Staat« mit dem dänischen König als Staatsoberhaupt. Dänemark vertrat Island weiterhin außenpolitisch, und ab 1940 sollten beide Staaten die Union innerhalb von drei Jahren neu verhandeln. Damit war Island sozusagen ein selbständiges Königreich, aber nicht unabhängig. Die Feierlichkeiten am 1. Dezember 1918 fielen angesichts der grassierenden Spanischen Grippe, eines verheerenden Vulkanausbruchs und des gerade zu Ende gegangenen Ersten Weltkrieges, der den isländischen Außenhandel stark eingeschränkt und ein paar isländische Seeleute in der Nordsee das Leben gekostet hatte, sehr bescheiden aus.

In den folgenden Jahren müssen die Isländer Innenpolitik lernen, da das Ziel der Selbständigkeit erreicht ist. Plötzlich rücken andere Themen in den Mittelpunkt, so dass sich in den 1920er Jahren die Parteienlandschaft neu sortiert und die Bindung an Dänemark mit einer neuen Verfassung und mit der Gründung des Obersten Gerichtshofes weiter reduziert wird. In den 1930er Jahren widmen sie sich zunehmend dem Aufbau ihrer Außenpolitik, die ja noch immer von Dänemark geregelt wurde. Mit dem Ausbruch des Zweiten Weltkrieges ist es mit der Ruhe vorbei, da Dänemark schon im April 1940 von den Deutschen besetzt wird und Island daraufhin – von seinem Staatsoberhaupt abgeschnitten – seine Angelegenheiten komplett übernimmt. Es eröffnen Konsulate in Stockholm, London und in New York. Im Grunde ist schon damit das Gesetz von 1918 ausgehebelt, zumal Island sich einen provisorischen Präsidenten wählt. Außerdem lässt es Dänemark 1941 wissen, dass es »kein Interesse an der Verlängerung des Unionsvertrages« von 1918 hätte. Danach warten die Isländer ab und beginnen mit der Ausarbeitung einer republikanischen Verfassung. Allen ist klar, dass die Republik kommen wird, nur spaltet sich die Bevölkerung in der Frage, ob man das Ende des Krieges abwarten oder die »Gunst der Stunde« nutzen solle, da man schließlich nicht wissen könne, mit wem man es bei Kriegsende tatsächlich zu tun haben würde. Letztlich halten sich die Isländer an die Regeln, die im Gesetz von 1918 festgeschrieben waren, und sprechen sich in einem Volksentscheid im Mai 1944 zu 95 Prozent für die Republikgründung aus. Am 17. Juni 1944, dem heutigen Nationalfeiertag, versammelt sich das Alþingi in Þingvellir und bestätigt dort einstimmig die Republikgründung. Christian X. von Dänemark sendet ein Telegramm, in dem er seine Glückwünsche, aber auch sein Bedauern über die Umstände zum Ausdruck bringt.

Welche Bedeutung die Zeit von 1845 bis 1918 für die Isländer hat, zeigt sich am dreibändigen *Geschichtsatlas,* dessen zweiter Band allein dieser Epoche gewidmet ist und in dem immer wieder betont wird, wie friedlich die Loslösung von Dänemark geschah. Island wird Republik, während es von einer Fremdmacht, den USA, besetzt/beschützt ist, was den Freiheitsstatus – streng genommen – etwas relativiert. Umso erstaunlicher ist vielleicht, dass die Isländer den Amerikanern nach dem Krieg mit dem Keflavík-Vertrag ermöglichen, im Land zu bleiben.

Die heftigen Reaktionen auf die Unterzeichnung des Keflavík-Vertrages waren mild, verglichen mit denen, die es 1949 gab, als Island als unbewaffnetes Land Gründungsmitglied der NATO wird. Vorausgegangen waren die Forderung nach einem Volksentscheid, ein gescheitertes Misstrauensvotum gegen die Regierung und zahlreiche Vorschläge für Sonderklauseln, die in den Gründungsvertrag sollten. Am Ende nimmt das Alþingi aber den Vertrag ohne Änderungen mit 37 zu 13 Stimmen an. Noch während der Abstimmung sammeln sich vor dem Parlamentsgebäude Gegner und Befürworter. Es kommt zu den heftigsten Ausschreitungen, die Island bis dahin gesehen hat. Tomaten und Eier fliegen, später auch Steine, Fensterscheiben gehen zu Bruch, die Polizei setzt Tränengas und Schlagknüppel ein, es kommt zu Verhaftungen und Gefängnisstrafen. Fünf Tage später unterzeichnet der isländische Außenminister den Vertrag in Washington.

Die Ausschreitungen 1949 hatten zum einen mit der Angst vor dem Verlust von Neutralität und Unabhängigkeit zu tun, zeigten allerdings zum anderen auch, dass die internationalen Entwicklungen der Jahre zuvor und der Kalte Krieg nicht spurlos an den Isländern vorübergegangen waren. Mit der Annahme des Marshallplans hatte Island sich eindeutig auf die Seite des Westens gestellt, so dass die Gegner der NATO-Mitgliedschaft schnell als Kommunisten beschimpft wurden. Es ging beim NATO-Beitritt also darum, seinen Standpunkt in der Welt ein für alle Mal zu klären.

Die Debatten darüber, wie eng die Zusammenarbeit mit den USA sein soll, enden eigentlich nie, werden jedoch von immer neuen Faktoren bestimmt. Neben den internationalen Protesten gegen den Vietnamkrieg können das auch ganz isländische Angelegenheiten sein, wie die als »Kabeljaukriege« berühmt gewordenen Ausweitungen der isländischen Hoheitsgewässer. In Sjóminjasafnið, dem Seefahrtsmuseum in Reykjavík, kann man an Führungen durch das Schiff Óðinn teilnehmen, das als Fahrzeug der Küstenwache an drei Kabeljaukriegen teilnahm, und die Waffen besichtigen, die damals eingesetzt wurden. Die Frage, wer wo wieviel fischen darf, beschäftigte die Isländer schon im Mittelalter, so dass nach Meinung einiger Forscher bis 1900 bereits sechs Kabeljaukriege stattgefunden hatten, denn es waren immer ausländische Schiffe, zum Beispiel aus den Niederlanden, Großbritannien, Norwegen und Deutschland vor Islands Küsten unterwegs gewesen. Verwenden die Isländer diesen Begriff heute, meinen sie jedoch die Entwicklungen nach 1944.

Irgendwann hatten sich die Dänen, die ja damals noch Islands außenpolitische Belange steuerten, mit den Briten auf eine Drei-Meilen-Zone geeinigt, die Island 1952 auf vier Seemeilen ausweitete. Damit schnitt es seine großen Fjorde und Buchten von den internationalen Gewässern ab. Die Briten waren darüber alles andere als erfreut und sperrten ihre Häfen für isländische Schiffe, die so einen wichtigen Abnehmer für ihren fangfrisch tiefgekühlten Fisch verloren. In diesen Jahren erschlossen sich die

Isländer neue Märkte in Nordamerika und der Sowjetunion. In den späten 1950er Jahren verschärft Island seine Forderungen und beansprucht zwölf Seemeilen, was wiederum Norwegen, Kanada und die Färöer Inseln sehr zum Ärger der Briten zu ähnlichen Forderungen veranlasst. Dieses Mal senden sie schon Kriegsschiffe in die Zwölf-Meilen-Zone, die sie währenddessen weiter befischen. Zwischen den Briten und den Schiffen der isländischen Küstenwache kommt es zu Drohmanövern, was immerhin zur Folge hat, dass beide Länder 1961 einen Vertrag unterzeichnen, der den Briten bestimmte Rechte innerhalb der Zwölf-Meilen-Zone zugesteht und ihnen zusichert, dass die Isländer in Zukunft den Internationalen Gerichtshof über die Ausweitung ihrer Hoheitsgewässer entscheiden lassen würden.

In den folgenden Jahren bekommt Island ernsthaft Probleme mit seinen Fischbeständen, die durch eine erneute Ausdehnung der Hoheitsgewässer auf 50 Seemeilen im Jahr 1972 gelöst werden sollen. Erneut erklären sich die Briten mit dem isländischen Vorgehen nicht einverstanden und fischen weiter, aber auch die Europäische Gemeinschaft reagiert und boykottiert isländischen Fisch. Nun geht es richtig zur Sache, denn die isländische Küstenwache beginnt, die Netze der britischen Trawler abzuschneiden, die daraufhin auch mit Kriegsschiffen versuchen, die isländischen Schiffe zu rammen. Die Isländer drohen mit dem Abbruch der diplomatischen Beziehungen. Im Friedensvertrag wird den Briten unter strengen Bedingungen die Befischung gewisser Gebiete für weitere zwei Jahre gestattet, während Schiffe aus der Bundesrepublik Deutschland ohne Vertrag weiterfischen und westdeutsche Häfen für isländische Schiffe gesperrt bleiben.

Die Isländer scheren sich 1975 auch nicht um das Urteil des Internationalen Gerichtshofes, der die Ausweitung auf 50 Meilen für ungültig erklärte, weil noch keine internationalen Gesetze existierten. Stattdessen folgen sie einer Tendenz, die sich bei Ländern abzeichnete, deren Landesgrenzen Küsten sind, und erweitern ihr Hoheitsgebiet auf 200 Seemeilen, was etwa 370 Kilometern entspricht. Damit beginnt der vierte Kabeljaukrieg. Mehrere Male kommt es zu Zusammenstößen mit Briten, und einmal droht eines der isländischen Schiffe zu kentern. Sachschäden sind auf beiden Seiten zu verzeichnen, zumal es den Isländern mindestens 48 Mal gelingt, Netze abzuschneiden. Die Isländer erstatten Anzeige beim Sicherheitsrat der Vereinten Nationen und brechen die diplomatischen Beziehungen zu Großbritannien ab. Erst auf Vermittlung der Norweger kommt ein Friedensvertrag zustande, der eingehalten wird, so dass im Dezember 1976 die letzten britischen Trawler die isländischen Hoheitsgewässer verlassen.

International anerkannt wurde die 200-Meilen-Zone erst 1982 durch die Vereinten Nationen, so dass die Kabeljaukriege ein gutes Beispiel für den Umgang der Isländer mit ihren Schätzen, Unabhängigkeit und Fisch, sind. Innerhalb des Landes herrschte über Parteigrenzen und Regierungswechsel hinweg Einigkeit darüber, dass man seine natürlichen Ressourcen vor Überfischung schützen und für sich selbst in Anspruch nehmen müsse. Jedes Mal, wenn die Regierung »Friedensverhandlungen« mit den Briten führte, regte sich im Land Widerstand, da es nach Meinung vieler nichts zu verhandeln gab. Außerdem folgten die Isländer mit den Ausweitungen auf zwölf und 200 Seemeilen internationalen Tendenzen. Deshalb werden die Kabeljaukriege heute gern als die Fortführung des Unabhängigkeitskampfes gesehen, was auch auf der Óðinn sehr deutlich wird. Es ging darum, sich gegen eine Großmacht zu behaupten und als kleines Volk auf »seinem Recht« zu bestehen. Die Kabeljaukriege waren vielleicht der Prozess des Erwachsenwerdens der Republik, die beim Ausbruch des ersten gerade in die Pubertät kam und bei Beendigung des letzten 32 Jahre alt wurde. Sie waren eine Vitaminspritze für das isländische Selbstbewusstsein und halfen dem Land, das in vielerlei Hinsicht gespalten war, zu Einigkeit.

Diese wird erneut auf eine harte Probe gestellt, als Island 1970 erst Mitglied der Europäischen Freihandelsassoziation (EFTA) und 1994 deren Nachfolgers EWR (Europäischer Wirtschaftsraum) wird. Die Gegner bemühen die üblichen Argumente von der Aufgabe der Selbständigkeit, der Auslieferung an Fremdmächte und dem Ausverkauf Islands an das Ausland und fordern 1993 – wieder erfolglos – einen Volksentscheid. Die Befürworter betonen, dass ein Land, das so sehr von Importen abhängig ist wie Island, durch den freien Waren-, Dienstleistungs-, Personen- und Kapitalverkehr nur gewinne und im Gegenzug kaum etwas in die Waagschale werfen müsse. Island konnte vor der Vertragsunterzeichnung Sonderregeln für seine Fischgründe erwirken, die von ausländischem Einfluss verschont bleiben sollen. Der Preis, den es zahlen muss, ist, dass das Alþingi nun alle Brüsseler Regeln und Gesetze verabschieden muss, ohne auf sie Einfluss zu haben, denn dieser ist ja nur EU-Mitgliedsstaaten vorbehalten.

Island reagiert also noch immer empfindlich auf Vorgänge, die etwas mit der Einmischung anderer Länder in isländische Angelegenheiten zu tun haben könnten. Auf der anderen Seite hat es die Notwendigkeit, sich mit dem Rest der Welt zu arrangieren, erkannt und weiß Vorteile für sich zu nutzen. Die Proteste beim Eintritt in die EFTA oder den EWR sind mit denen beim Keflavík-Vertrag und der NATO-Mitgliedschaft nicht mehr zu vergleichen. Die Skepsis dürfte durch die weitestgehend guten Erfahrungen, die Island mit seinen Bündnissen gemacht hat, und ein erstarktes Selbstbewusstsein gemildert worden sein. Je weiter die Republikgründung in die Vergangenheit rückt und Unabhängigkeit auf der staatlichen Ebene zu einer Selbstverständlichkeit wird, desto mehr hat sich das Ausleben von Freiheit auf die private Ebene verschoben.

So ist unbedingte Mobilität für die Isländer unglaublich wichtig. Fortbewegung liegt in den Händen eines jeden Einzelnen, das Vertrauen ins Automobil ist deshalb grenzenlos. Familien in meinem Bekanntenkreis verfügen nicht selten über vier PKW. Auch der Fahrstil der Isländer spricht für einen ausgeprägten Individualismus. Als ich mich einmal mehr darüber wunderte, warum so selten geblinkt wird, bekam ich zu hören: »Es geht doch keinen was an, wohin ich will.« Wohl wissend, dass der Raum, in dem man sich bewegen kann, begrenzt ist, haben sich deshalb besondere Freizeitbeschäftigungen entwickelt. In der Stadt geht man oft sonntags oder nach dem Abendessen »auf Autotour«. Man fährt einfach so herum, wirft einen Blick auf die Baustellen der Stadt oder steuert einen Aussichtspunkt an. Dabei verlässt man den Wagen in der Regel nicht, sondern genießt den Blick durch die Windschutzscheibe. Vielleicht hält man an einem der vielen Drive-Ins und gönnt sich ein Eis. Auf dem Lande trifft sich die Jugend des Ortes oft an der Tankstelle, wo es gerade im Winter unangenehm zugig sein kann. Nacheinander setzt man sich deshalb in ein Auto, fährt eine Runde – also im Kreis, wärmt sich so auf und bekommt mit, was alles nicht passiert.

Es gibt keine Eisenbahn, und Überlandbusse sind in den Augen meiner isländischen Bekannten nur etwas für Touristen und Witwen. Der Inlandsflughafen befindet sich mitten in Reykjavík und trennt die zentralen Viertel unüberbrückbar voneinander. Dass er auch in Zeiten, wo dieses Grundstück hunderte Millionen Isländische Kronen wert sein dürfte, noch dort liegt, zeigt, welche Bedeutung die Isländer Mobilität beimessen, was wiederum für Menschen, die nur zeitweilig im Land sind, zu Problemen führt, denn ohne Auto geht eigentlich nichts. Eben weil so wenige auf den öffentlichen Nahverkehr angewiesen sind und ihn nutzen, gibt es auch keine Notwendigkeit, ihn zu verbessern.

Ist man dennoch gewillt (oder gezwungen), die Busse im Hauptstadtgebiet zu nutzen, gibt es einige Regeln zu beachten. So sollte man sich bei Regen nur so weit in das Wartehäuschen stellen, dass man rechtzeitig erkennen kann, wann sich der Bus nähert, da man seinen Willen, ihn zu benutzen, durch heftiges Winken kundtun muss. Sonst fährt er garantiert in einem solchen Tempo vorbei, dass auch das Wartehäuschen nicht mehr vor Nässe schützt. Bei der Auswahl des Platzes sollte man unter keinen Umständen zimperlich sein, sondern den erstbesten freien ins Auge fassen und – gern mit einem Hechtsprung – besetzen, denn nur hier ist man sicher, wenn der Fahrer in gefühlt fünf Sekunden von Null auf Fünfzig beschleunigt. Da es viele Kreisverkehre in Island gibt, ist es ratsam, sich zusätzlich mit den Händen festzuhalten. Ist man einigermaßen zur Ruhe gekommen, nimmt man vielleicht Musik wahr. Diese kommt meistens nicht aus den Kopfhörern des Sitznachbarn, sondern tatsächlich aus der Fahrernische, denn hier ist es Busfahrern gestattet, während der Arbeit Radio zu hören. Dies zu wissen, kann wiederum beim Einstieg hilfreich sein, denn ein Gespräch mit dem Fahrgast ist offenbar nicht vorgesehen. Oft muss man, hat man tatsächlich eine Frage, die Stimme sehr erheben, um sich verständlich zu machen. Besonders schwierig kann sich das Aussteigen gestalten, da die Haltestellen in der Regel nicht angesagt werden. Deshalb muss man entweder auf dem Stadtplan verfolgen, wo man sich gerade befindet, um rechtzeitig den Halteknopf drücken zu können, oder man bittet eben beim Einsteigen darum, am gewünschten Haltepunkt rausgelassen zu werden. Die Busfahrer sind zwar oft schwer zu verstehen, in der Regel aber sehr nett. Außerdem ist es ratsam, mit dem Aufstehen zu warten, bis der Bus zum Stillstand gekommen ist, denn ich habe mehrmals erlebt, wie Leute bei dem Versuch auszusteigen auf Tuchfühlung mit dem beheizten Boden gegangen sind. Braucht man mehr als eine Buslinie um sein Ziel zu erreichen, sollte man für den Wechsel Wartezeit einkalkulieren, denn Anschlüsse gibt es nicht.

Leider neigen die Busse auch dazu, gerade an den Tagen, wo ein erhöhter Bedarf bestünde, gar nicht zu fahren. So hatte ich an einem Neujahrstag leichtfertig darauf gesetzt, mit dem Bus zu meinem Auto fahren zu können, das nach der Silvesterparty vor dem Haus der Gastgeber stehengeblieben war, und kam so zu einem ausgedehnten Neujahrsspaziergang. An einem 25. Dezember wollte ich nach einem Weihnachtsessen mit Freunden zu fortgeschrittener Stunde den Bus nehmen, was jemanden aus der Runde zu folgendem prägnanten Satz veranlasste: »Hätte es heute Busse gegeben, wäre der letzte schon weg.«

Man muss einfach genauso flexibel sein, wie die Busse beim Einhalten der Fahrpläne, denn letztlich ist Flexibilität mindestens genauso wichtig wie Mobilität. Wenn ich versuche, vor einem Islandbesuch Treffen mit Freunden oder Bekannten zu arrangieren, bekomme ich eigentlich nie eine klare Antwort oder gar einen Termin. Stattdessen wird ein Satz bemüht, der das Credo der Isländer in dieser Hinsicht zu sein scheint: »Þetta reddast!« »Das klärt sich schon.« Was auf den ersten Blick angenehm entspannt erscheint, hat auch mit einem Unwillen zu tun, sich festzulegen. Man hält sich alles irgendwie offen, zumal man ja dank Auto und Handy mobil ist. Das hat bei mir das ein oder andere Mal dazu geführt, dass einerseits sicher geglaubte Verabredungen nicht zustande kamen, mich aber andererseits überraschende, kurzfristige Einladungen erreichten. Vermutlich war es diese Einstellung, die 1986 das Gipfeltreffen zwischen Ronald Reagan und Michael Gorbatschow in Reykjavík fast reibungslos hat verlaufen lassen. Die Isländer hatten nämlich nur zehn Tage Zeit, um den größten Ansturm von Journalisten und Hofstaat, den das Land je gesehen hatte, zu organisieren.

Die Þetta-reddast-Attitüde könnte auch bei einer aktuellen Verkehrsfrage von Nutzen sein. Aus nicht ganz triftigen Gründen wurde 2008 mit dem Bau eines neuen Hafens an der Südküste begonnen, mit dessen Hilfe die Gesamtreisezeit vom

Hauptstadtgebiet auf die Westmännerinseln von etwa vier Stunden auf zweieinhalb Stunden verkürzt werden sollte. Leider hat der neue Hafen Landeyjaköfn einen entscheidenden Nachteil: Er versandet ständig, was eigentlich nicht erstaunlich ist, denn die Südküste Islands ist gerade für dieses Phänomen berühmt. Zudem passte die alte Fähre nicht mehr zum neuen Hafen; die Pläne, eine neue zu bauen, mussten aber aufgrund der wirtschaftlichen Lage auf Eis gelegt werden. Stattdessen wurde die alte Fähre umgebaut, die nun trotzdem ständig auf den alten Hafen ausweichen muss, weil der neue eben hin und wieder nicht zu befahren ist. Die Isländer werden dieses Problem entweder stoisch aussitzen oder kreativ lösen. Den Kopf in den Sand stecken, werden sie jedenfalls nicht. In Þingvellir hat man die Nadelbäume letztlich auch nicht gefällt, sondern die Bestände gelichtet.

Geld und Besitz: Von Fischereirecht bis Wohnwagen

Waren bis vor ein paar Jahren Vulkanausbrüche, Björk, unberührte Natur, Fisch und Wikinger die gängigsten Assoziationen zu Island, ist durch die weltweite Aufmerksamkeit, die das Land 2008 aufgrund der vielen bankrotten Banken bekam, jedem klar, dass Geld und Besitz eine riesige Rolle spielen. Das will nicht so recht zum Naturmenschen, der von ehrlichen Fischern und Bauern abstammt, passen und überraschte auch mich enorm, als ich um die Jahrtausendwende, noch zu D-Mark Zeiten, zum ersten Mal nach Island kam. Ich wusste zwar, dass ein Stück Butter fünf Mark kosten würde, dachte aber in meiner Naivität, dass auch die Isländer diese Ausgabe als schmerzhaft empfinden und sich Butter etwas seltener leisten würden. Entsprechend überwältigt war ich von dem Ruch des Neureichen, der mir bereits am Flughafen entgegenschlug. Während ich mit den anderen Touristen den schon damals teuren Flughafenbus benutzte, um die 45 Kilometer von Keflavík nach Reykjavík zurückzulegen, stiegen meine isländischen Mitreisenden in schmucke Autos, von denen erstaunlich viele Geländewagen waren. Ich vermisste Kleinwagen oder Modelle, die älter als sechs Jahre waren, und vertrieb mir auch später bei meinen umständlichen Busfahrten durch Reykjavík oft die Zeit damit, alte Autos zu zählen.

Bereits die ersten Kontakte zu Isländern zeigten mir, wie sehr sie sich neben vielem anderen auch über ihren Besitz definieren, und vor allem, wie sorglos sie mit Geld umgehen. In Island gibt es ein elternunabhängiges Bafög, so dass alle meine Mitstudenten im Prinzip über die gleiche Summe verfügen konnten. Bei unseren zahlreichen gemeinsamen Ausflügen ins Reykjavíker Nachtleben nahmen sie beträchtliche Mengen Bier oder Cocktails zu sich, die im Schnitt 20 Mark kosteten, während ich mich ab dem zweiten Viertel des Monats besser mit einer Cola für fünf Mark über den Abend rettete. Nicht wenige von ihnen betrachteten den Überziehungskredit als Guthaben, über das sie monatlich verfügten. Mehrere waren im Besitz eines Laptops, während ich gerade das E-Mail-Schreiben lernte. Ich verzichtete komplett darauf, in der Uni oder unterwegs zu essen, und kochte nach den Sonderangeboten im Supermarkt, was meine Freunde irgendwie süß fanden. Gespräche drehten sich oft um die Eigentumswohnungen, die einige von ihnen gekauft hatten oder zu kaufen gedachten – nicht selten völlig ohne Startkapital. Es gab ja 100-Prozent-Kredite und zwei Möglichkeiten: Entweder man wohnt bei den Eltern oder man kauft eine Wohnung. Mietraum war etwas für ausländische Studenten oder für die wenigen Auserwählten, die eine Mietwohnung von der Universität vermittelt bekamen, weil sie vom Lande stammten oder selbst schon eine Familie hatten. Wohnraum zu mieten, war und ist auch deshalb so unpopulär, weil man dem Gutdünken des Vermieters ausgeliefert ist und die meisten von ihnen nur über kurze Zeit vermieten. Man hat als Mieter kaum Planungssicherheit.

Heute weiß ich, dass ich, eben weil ich so überrumpelt war, gerade die vielen Fälle in Erinnerung behalten habe, die extrem waren und mich überraschten. Natürlich kenne ich junge Isländer, die sorgsam mit ihrem Geld umgehen, aber eines haben sie alle nicht: Angst vor Schulden. Die Gründe dafür sind sehr vielfältig. Zum einen sind Kredite etwas völlig Normales, wie man schon an dem »Bafög« sehen kann, das alle in Anspruch nehmen und später komplett zurückzahlen müssen. Sie finden den deutschen Ansatz, die Eltern für die Finanzierung der Ausbildung in die Pflicht zu nehmen, völlig absurd, was die Verbindung zu einem anderen wichtigen Aspekt in dieser Hinsicht herstellt: dem Gleichheitsgedanken. Wenn alle über die gleiche Menge Geld verfügen, messen sie sich auch in dem aneinander, das sie dafür erwerben. Wenn die Banken ohne weiteres Kredite ohne Absicherung und Rücklagen vergeben, werden bald viele von dieser Möglichkeit Gebrauch machen. Wenn einer eine Wohnung kauft, werden viele andere es auch tun. Besitzt ein Städter einen Geländewagen, leisten sich seine Nachbarn ebenso einen. Gerade weil es historisch bedingt keinen Standesdünkel in Island gibt und man sich auf Augenhöhe begegnet, misst man sich aneinander und schaukelt sich gegenseitig hoch.

Der Erwerb von Statussymbolen folgte gewissen Moden, die sich zuletzt deutlich von den deutschen unterschieden. Schon in den 1970er Jahren gab es in so gut wie jedem Haushalt einen Fernseher. Irgendwann hatte man eigentlich alles und doch nicht genug. Ich kenne Familien, die, nachdem sie ihr Haus abbezahlt hatten, überlegten, wie sie dieses Kapital einsetzen könnten. Also kauften viele Geländewagen, deren Karossen im Laufe der Jahre immer länger und Räder immer dicker wurden. Daran ließ sich die wachsende Maßlosigkeit zwischen 2002 und 2007 genauso ablesen, wie an einer wunderbaren Sendung des isländischen Privatfernsehens, der ich mit Staunen folgte: *Innlit – Útlit,* etwa »Einblick – Aussehen«. Isländer zeigten einem stets begeisterten Moderatorenteam ihre Behausungen und was sie aus diesen gemacht hatten. Hier waren keine liebevoll aufgearbeiteten alten Möbel oder gar Ikea-Stücke zu sehen, sondern meistens nagelneue, oft sündhaft teure Designerartikel – häufig aus dem Ausland bestellt, große Ledersofas und Küchen, die noch den Ansprüchen eines Sternekochs genügt hätten. Da ich die Sendung über mehrere Jahre hinweg regelmäßig verfolgte, wurde ich Zeuge einer rasanten Steigerung. Am Ende waren Maßanfertigungen keine Seltenheit mehr. Zu einiger Berühmtheit brachte es eine Folge aus dem Jahr 2007, in der ein junger Isländer, bekannt aus Funk und Fernsehen, seine Wohnung präsentierte, die er quasi als Neubau von einem Vorbesitzer gekauft hatte. Dies genügte, um Bad, Fußboden, Türen, Zargen, Einbauschränke, Jalousien und Küche »total eklig und widerwärtig« zu finden, komplett herauszureißen und durch neue ersetzen zu lassen. Diese Folge strotzte nur so vor Arroganz und Snobismus. Auch wenn der junge Mann kein Spiegelbild aller Isländer war, so zeigt sich an seinem Beispiel, wie sich die Maßstäbe verschoben hatten. Auch Freunde von mir, die eher zu Fertiggerichten, denn zum Kochlöffel greifen, ließen sich modernste Küchen mit riesigen Kühleinheiten, mehreren Backröhren, teurem Gasherd und Fernseher installieren.

Als ich beschloss, für die kleine Küche in meiner Mietwohnung zwei Hocker anzuschaffen, erntete ich mitleidige Blicke, als ich meinen Bekanntenkreis nach Trödlern befragte. Das einzige solche Geschäft trägt den markanten Titel »Der gute Hirte«, da der Gewinn, den das Geschäft mit Hausrat erzielt, der bei der Stadtreinigung abgegeben wird, wohltätigen Organisationen zugeführt wird. 2010 konnte die Rekordsumme von 43 Millionen Kronen gespendet werden, was auf den erhöhten Bedarf an billigen Möbeln nach dem Zusammenbruch hinweist, denn vorher lag der Gewinn bei höchstens 18 Millionen pro Jahr.

Als auch die Geländewagen als Statussymbole ausgereizt waren, wurde der Kauf von Wohnwagen populär. Da viele Isländer sich solche knapp vor dem wirtschaftlichen Zusammenbruch anschafften, hat sich heute der Begriff *skuldahali* (Schuldenschweif) durchgesetzt, denn die Autos ziehen nun oft einen Schwanz aus Schulden hinter sich her. Verkaufen kann man all die Luxusgüter nicht, weil mit der Krise auch die Abnehmer wegbleiben. Viele müssen ihre Kredite irgendwie weiter bedienen, auch wenn ihnen heute aufgrund der Spritpreise jede Möglichkeit fehlt, die Wohnwagen zu nutzen.

Auch auf der volkswirtschaftlichen Ebene ist diese Sorglosigkeit im Umgang mit geliehenem Geld zu beobachten. Die für Island so existenzielle Fischindustrie hat trotz oder gerade wegen ihrer enormen Gewinne geradezu übergeschnappt hohe Kredite aufgenommen, so dass sich die Nettoschulden der Fischereiwirtschaft Ende 2008 auf sagenhafte 2,72 Milliarden Euro beliefen. Während diese Nettoschulden im Jahr 1997 noch 90 Prozent der jährlichen Exporteinkünfte der isländischen Fischereiindustrie entsprachen, was einigermaßen okay war, lagen sie im Jahr 2008 bei 272 Prozent der Exporteinnahmen und damit knapp vor der Überschuldung. Gleichzeitig sanken im gesamten Zeitraum die Fischbestände, vor allem der des so wichtigen Kabeljaus.

Die Sorglosigkeit in Bezug auf Kredite lässt sich auch mit Islands Geschichte erklären, die ein permanentes Auf und Ab ist.

Auf Wirtschaftswachstum folgt erst Inflation und dann eine Krise. Und: Auf Regen folgt Sonnenschein, denn der Aufschwung kommt bestimmt. Die Þetta-reddast-Attitüde wird auch in der aktuellen Krisensituation wieder allerorten sichtbar. Das Motto »Das wird schon!« wird durch eine andere Devise aus den 1970er Jahren unterfüttert: »Die Inflation bezahlt das Haus.« Bis 1979 gab es auf Kredite keinen Inflationsausgleich, was für diejenigen, denen es gelungen war, an einen Kredit zu kommen, natürlich außerordentlich günstig war, zumal die Inflation in den 1970er und 1980er Jahren Spitzenwerte erreichte. Wie man damals an Kredite kam, wollte mir leider keiner so recht erklären ... Obwohl die Krone in der Menge immer weniger wert wurde, blieb somit die Summe, die man monatlich für sein Haus bezahlen musste, nahezu gleich. Das Darlehen wuchs demnach nicht so schnell, wie das Geld an Wert verlor. Die Löhne, Gehälter und Preise hingegen stiegen im Regelfall mit der Inflation, so dass die Leute mit der minderwertigen Krone locker ihre Kredite bedienen und bequem ihre Wohnung abzahlen konnten. Dies führte auch dazu, dass es sich nicht lohnte zu sparen. Hatte man in dem einen Jahr 10 000 Kronen auf der hohen Kante, gab man sie aus, um sich einen Fernseher zu kaufen, wohl wissend, dass man im nächsten Jahr vielleicht nur noch ein Radio dafür bekäme. All das heizte die Inflation zusätzlich an, die von 1973 bis 1983 durchschnittlich 46,6 Prozent im Jahr betrug. Außerdem »lohnt« es sich auch für Geringverdiener, Schulden zu haben, denn bei einem kleinen Einkommen sind die für Hypotheken gezahlten Zinsen steuerlich absetzbar. All das macht die heutige Einstellung zum Geld nachvollziehbarer.

Ein volkswirtschaftliches Beispiel für dieses Verhalten während eines konjunkturellen Aufschwungs und danach finden wir erneut in der Fischindustrie. In den letzten 100 Jahren wurden schon die kleinsten Anzeichen für einen Aufschwung von fiebrigen Schiffskäufen begleitet. Wurde 1902 das erste Motorboot in isländische Gewässer gelassen, waren schon 1915 fast 400 von ihnen unterwegs und 1930 gar 800. Wurde 1905 der erste Schlepper aus England eingeführt, waren es ihrer 1912 bereits 20. Als in den Kriegsjahren die Isländer die Heringsfischerei im großen Stil für sich entdeckten, bestellte die damalige Regierung gleich mal 32 benzinbetriebene Trawler. Jedes Mal währte die

Freude nur kurz, da sich die Fischbestände wider Erwarten nicht als unendlich erwiesen, so dass der Schwerpunkt in regelmäßigen Abständen auf eine »neue«, vorher unterschätzte Fischart gelegt werden musste, was die noch nicht alten Schiffe unbrauchbar werden ließ. Außerdem entwickelte sich die Fischfangtechnologie in jenen Jahren so rasant, dass Technik schnell veraltete. Anstatt mit dem Kauf geeigneterer Schiffe danach vorsichtiger zu verfahren, wurde in den 1960er Jahren plötzlich die gesamte isländische Flotte innerhalb kurzer Zeit von Trawlern in kleine Boote umgewandelt, die aber wiederum um einiges größer waren als ihre Vorgänger vom Beginn des Jahrhunderts. Mit den kleinen Schiffen wurde manisch Hering gefischt, so dass dessen Population 1968 erschöpft war und quasi verschwand, woran neben den Isländern auch die Norweger Schuld trugen. Danach hatten auch die kleinen Schiffe erstmal nichts mehr zu tun. Da parallel der Export fast komplett zusammenbrach, blieb der Regierung nichts anderes übrig, als die Krone abzuwerten. Auf der Suche nach Alternativen entdeckte Island nun den Kabeljau endgültig als perfekte Fischsorte für sich, was den Bau von Gefrierhäusern und die Förderung der Trawler-Fischerei zur Folge hatte. Da jedoch die Seitentrawler aus den 1950er Jahren mittlerweile als überholt galten, wurden in den 1970er Jahren 100 Hecktrawler eingekauft. Diese sollten zudem die Fischerei in entlegneren Fischgründen ermöglichen, da ja die Isländer sich in jenem Jahrzehnt die 200-Meilen-Zone erkämpft hatten, so dass Fangmengen und Optimismus enorm stiegen. Immerhin hatte man inzwischen gelernt (oder lernen müssen), die Fischereiindustrie auf mehrere Fischsorten zu verteilen, anstatt sich komplett auf eine zu konzentrieren. Erneut wurde die isländische Flotte umgemodelt, als in den 1980er Jahren Trawler in Mode kamen, die Tiefkühleinheiten an Bord hatten. Innerhalb von zehn Jahren wurden 24 solche Schiffe gekauft.

Zum Glück sah man irgendwann ein, dass Ressourcen geschützt werden müssen und dass Islands Gewässer wegen der Überinvestitionen in die Flotte und die Fischverarbeitung überfischt waren und die Investitionen in die Fischindustrie somit viel schneller gestiegen waren als der Wert der Fangmenge. Letzteres wiederholte sich – wie oben beschrieben – auch nach dem Jahr 2000, allerdings nicht, weil wieder einmal die Flotte runderneuert wurde. Vielmehr wurden jetzt für Unsummen Fischereirechte erworben, die erzielten Gewinne jedoch branchenfremd investiert.

1984 wurde nämlich das *kvótakerfi* (»Quotensystem«) etabliert. Bestimmte Schiffe bekamen für Kabeljau eine Fangquote zugewiesen, die aus den Fangmengen der drei vorherigen Jahre und dem, was für die Kabeljaupopulation als verträgliche Menge eingeschätzt wurde, errechnet wurde. Einige Kapitäne bekamen zudem persönlich eine Fangquote zugeteilt, die sie sozusagen auf das jeweilige Schiff, auf dem sie anheuerten, mitnahmen. 1990 wurde es möglich, seine Quote zu verkaufen, was dazu führte, dass viele große Reedereien Quoten von kleineren Betrieben kauften. Dies hatte eine Zentralisierung der fischverarbeitenden Industrie an einigen wenigen Orten zur Folge, so dass viele Menschen ihren Arbeitsplatz verloren. Heute legt die Regierung jeweils im Juli für ein »Quotenjahr« von September bis August fest, wieviel Kabeljau, Seelachs, Schellfisch, Rotbarsch, Seewolf, Heilbutt und viele andere Arten insgesamt in isländischen Gewässern gefangen werden dürfen. Ausgehend von dieser Gesamtmenge bekommen dann die Schiffe, die eine Quote haben, ihren prozentualen Anteil an der jeweiligen Fischsorte zugewiesen. Der Staat gibt also keine neuen Anteile für bereits bequotete Sorten mehr aus, so dass Branchenneulinge nur dann zu Fangrechten kommen können, wenn sie sie von Quoteninhabern kaufen oder aber Sorten fischen, die noch nicht diesem System unterliegen. So konzentrierten sich Neulinge lange Zeit beispielsweise auf die Makrele. Ist man einmal in den Besitz eines Schiffes mit Quote gekommen, kann man sie benutzen, teilweise vermieten oder ganz oder teilweise verkaufen. Die einzige Bedingung, die das Gesetz noch stellt, ist, dass eine Quote an ein Schiff gebunden ist, was der Spekulation zumindest gewissen Einhalt gebietet.

Die Quoten garantieren ihren Besitzern Wohlstand. Mit jeder neu eingeführten Quote mehrte sich die Zahl jener, die schon am Fisch verdienen konnten, bevor sie auch nur einen einzigen gefangen hatten, eben weil sie ihre Quote einfach verkaufen oder teilweise vermieten konnten. Einige Isländer bekamen also plötzlich und ohne große Anstrengung Geld für etwas, das sie selbst nicht zu verantworten hatten: den Fisch im Meer. Sie waren einfach zur rechten Zeit, nämlich zwischen 1981 und 1983 oder

1988, am rechten Ort, der isländischen Fischerei, tätig gewesen. Von da an konnten sie vom Fisch leben, ohne überhaupt noch mit ihm in Berührung zu kommen. Der Besitz einer Quote lässt einige Familien noch heute immer reicher werden, obwohl die jüngere Generation nie ein Netz eingeholt hat. Es ist alles eine Frage der geschickten Vermietung der Quote bzw. deren Verkaufs. Ich habe das Thema mit vielen Isländern diskutiert und beobachtet, dass sie sich – wie unterschiedlich die Meinungen sonst sein mögen – in zwei Punkten einig sind. Erstens: Die Vergabe der Quoten 1984 war willkürlich und in keinster Weise vorausschauend. Zweitens: Die Fischbestände sind zu wertvoll, als dass man sie wieder freigeben könnte.

Heute gibt es den einfachen Fischer, der sich ein Boot kauft und es mit seiner Arbeit abbezahlt, kaum noch, denn der Erwerb einer Fischereiberechtigung ist in der Praxis unbezahlbar. Die modernen Seeleute sind in erster Linie Angestellte eines Schiffbesitzers bzw. meistens großer Unternehmen, die ihre Arbeitnehmer großzügig für die Entbehrungen und die harte Arbeit an Bord entlohnen. Deshalb regt sich von Seiten der Seeleute auch kaum noch Widerstand gegen die Quote, von der dieser Berufsstand also indirekt profitiert, sofern er Arbeit hat. Protest kommt heute meist aus Fischerdörfern, in denen es kein Schiff mehr mit Quote gibt. Was diesen Fischern heute noch bleibt, ist die unbequotete *strandveiði,* der Fischfang nahe der Küste. 2011 durften in vier dafür bestimmten Gebieten von Mai bis August insgesamt bis zu 6000 Tonnen Fisch gefangen werden, wobei allerdings Netze verboten sind. Die Erlaubnis dafür, die etwa 750 Boote in Anspruch nehmen, muss extra beantragt werden. Allerdings ist eben nicht festgelegt, wem welche Menge zusteht, sondern nur, wieviel insgesamt gefangen werden darf. Sind die 6000 Tonnen erreicht, wird die *strandveiði* beendet. Im Westen Islands war zum Beispiel die Höchstmenge für Mai 2011 bereits nach fünf Tagen eingeholt worden. Für den Rest des Monats blieb die Flotte im Hafen.

Die Fischereiindustrie hatte entscheidenden Anteil daran, dass aus einem der ärmsten Länder Europas zu Beginn des 20. Jahrhunderts schließlich eins der reichsten werden konnte. Sie legte den Grundstock für das Sozialsystem, den späteren Boom und einen ständig steigenden Lebensstandard, aber auch für das Ausflippen einer ganzen Gesellschaft. Meine Freundin Guðrún, Jahrgang 1925, hat ihre Kindheit noch in einer Torfhütte ohne befestigten Fußboden und Strom im Südosten des Landes verbracht. Erst in den 1930er Jahren wurden Kerzen, Öllampen und Gaslichter in Reykjavík durch elektrisches Licht ersetzt, die Elektrifizierung der Provinz dauerte entsprechend länger. Guðrún kann sich genau an den Tag erinnern, als ihr Vater mitten am Tag die Arbeit ruhen ließ, um mit ihr und ihren Geschwistern das erste Flugzeug zu bestaunen, das die Region überflog. Zum 30. Hochzeitstag in den 1970er Jahren gönnten sich ihr Mann und sie eine Reise nach Gran Canaria. Heute benutzt auch Guðrún ein Handy, auf dem sie Fotos ihrer kleinen Urenkel empfängt. Sie betrachtet mit Staunen und gewisser Nachsicht die Veränderungen, die Reykjavík in den letzten Jahren erlebte und die auch mich sprachlos machen. Als ich das erste Mal dorthin kam, konnte ich noch die alten Wassertanks sehen, die auf einem Hügel vor den Toren der Stadt standen. Heute ist um sie herum der neue Vorort Grafarholt, eine typische Schlafstadt, entstanden – mit Schulen, Einkaufsmöglichkeiten, Baumarkt und zwei bis drei Etagen hohen Häusern voller Eigentumswohnungen. In jedem Fenster brennt Licht, und die Wassertanks sieht man nur noch bei genauem Hingucken. Wie sehr es den Isländern gelungen ist, ihre Lebensqualität zu verbessern, ringt mir große Bewunderung ab.

Welche Monumente der Gier sie in den letzten Jahren in Reykjavíks Zentrum errichtet haben, erfüllt mich hingegen mit Schrecken. Ohne Gefühl für die Umgebung, Sichtachsen, historisch Gewachsenes und die dort ansässigen Menschen wurden schwarze Glastürme errichtet, zwischen denen der Wind hindurch pfeift und die nur schön in den Augen der Leute sein können, die in ihnen wohnen und den Anblick deshalb nicht ertragen müssen. Sie stellen alles um sich herum in den Schatten, versperren die Sicht auf die Bucht und stehen größtenteils leer, weil es derzeit keine Abnehmer für Wohnungen gibt, in denen sich drei Zimmer auf 150 Quadratmeter verteilen. Erst nach der Fertigstellung eines ähnlichen Hochhauses ganz in der Nähe bemerkte man, dass dieses die Sicht auf den Leuchtturm der ehemaligen Seemann-Schule verstellt, was die Navigation in der Bucht nun enorm erschwert. Die zuständige Behörde dürfte solche Gebäude laut Gesetz auf Kosten des Eigentümers abreißen lassen. Noch ist nicht geklärt, wer für diese grandiose Fehlplanung die Verantwortung trägt.

Im Jahr 2008 war es mit dem Aufschwung jäh vorbei. Die privatisierten isländischen Banken hatten sich dermaßen verspekuliert, dass sie nicht mehr kreditwürdig waren, und wurden von heute auf morgen vom Geldfluss abgeschnitten. Dabei waren sie so riesig, dass auch der Staat sie nicht retten konnte. Über Nacht war der isländische Traum ausgeträumt und viele – nicht nur isländische – Anleger standen vor dem Nichts. Davon nicht betroffen waren die Isländer, die Geld auf dem Konto hatten, da der Staat deren Spareinlagen absicherte. Die meisten Isländer hatten jedoch Kredite zu bedienen, die, wie seit den 1980er Jahren üblich, an die Inflation gekoppelt waren. Durch den Zusammenbruch der Banken wurde die Isländische Krone international enorm abgewertet, was wiederum zur Folge hatte, dass Importe extrem teuer wurden. Die hohen Preise, die Island plötzlich für die Einfuhrwaren bezahlen musste, setzten die Inflation in Gang, wodurch sich wiederum die Schuldensummen der Kredite erhöhten. Wenn also ein isländisches Paar 2007 eine Hypothek über 20 Millionen Kronen aufgenommen hatte, muss es 2010 plötzlich 26 Millionen zurückzahlen – die Zinsen noch nicht einberechnet. Gleichzeitig liegt der Wert ihrer Wohnung heute vielleicht noch bei 17 Millionen, eben weil mit der Krise die Nachfrage nach Immobilien stagnierte. 2009 wurden nur noch 112 neue Wohnungen in Reykjavík fertig gestellt, was zuletzt 1940 unterboten wurde. Die gesamte Baubranche liegt derzeit brach, was in vielen 2006/2007 geplanten Vierteln im Hauptstadtgebiet deutlich wird. Dort warten nun fertig gebaute Straßen samt Laternen darauf, endlich die verheißenen Einfamilienhäuser an den Rand gestellt zu bekommen. Statt derer sieht man einige begonnene Rohbauten, teilweise mit dem Hinweis »zu verkaufen«, herumliegende Baumaterialien, viel Staub und keine Menschen.

2008 regte sich angesichts solcher Entwicklungen lautstarker Protest. Da die Demonstranten im Plenarsaal des Parlamentgebäudes gehört werden wollten, schlugen sie mit Kochlöffeln auf Topfdeckel und Pfannen, was dieser Protestwelle – leicht übertrieben – den Namen *búsáhaldabylting* (etwa »Haushaltswarenrevolution«) eingetragen hat. Viele gaben den Politikern die Schuld für ihr persönliches Dilemma, weil der Gesetzgeber die Deregulierung des Finanzmarktes und somit die verrückten Kredite ermöglicht hatte. Darüber hinaus vergaßen viele, dass sie ihre Darlehensverträge selbst unterschrieben hatten. Da zwischen 2005 und 2007 jedoch so viele Menschen Kredite aufnahmen, gab es keine Chance für mahnende Stimmen und Zweifel an der Stabilität der Krone. Ich erinnere mich an zahlreiche Gespräche in jenen Jahren, in denen ich meine Verwunderung über die ständig steigenden Wohnungspreise zum Ausdruck brachte. Immer, wenn ich dachte, dass das Maximum dessen, was die Menschen zu zahlen bereit wären, erreicht sein müsste, wurde es noch teurer. Meine Bekannten gaben zu, dass all dies bald zu Ende sein müsse, schließlich handele es sich um eine Blase, während sie munter weiter Kreditverträge unterschrieben. Es wurden sogar Fälle bekannt, in denen Eltern einen Kredit auf den Namen ihres noch nicht einjährigen Kindes aufgenommen hatten, um Bankaktien zu kaufen. Auch heute macht mich dieses Verhalten rückblickend ratlos, und ich habe nur eine Erklärung: Gier isst Hirn.

Derzeit ist der sogenannte *sérstakur saksóknari* (besonderer Ankläger) damit beschäftigt, die genauen Beziehungsgeflechte der Firmen der »Expansionswikinger« auseinanderzuklamüsern, ihnen Straftaten, die zum Zusammenbruch der Banken geführt haben, nachzuweisen und sie schließlich anzuklagen. »Expansionswikinger« nennen die Isländer die Unternehmer, die sich bei den Spekulationsgeschäften zwischen 2002 und 2007 besonders hervorgetan haben. Oft begannen diese Männer mit einem kleineren Familienbetrieb, den sie durch geschickte Investitionen, Fusionierungen und Abspaltungen zu einem riesigen, unübersichtlichen Firmenkonglomerat aufpumpten. Dabei wurden unvorstellbare Summen hin- und hergeschoben. Die Stelle des genannten Staatsanwalts wurde 2008 öffentlich ausgeschrieben und an den einzigen Bewerber, einen relativ jungen Anwalt, vergeben. Es schien, als traute sich niemand an dieses heiße Eisen. Nun arbeitet er unter anderem mit den Steuerbehörden, der Finanzaufsicht und dem Kartellamt zusammen, und es tun sich wahre Abgründe aus Korruption und Vetternwirtschaft auf.

Als symptomatisch für das, was an Verquickungen möglich ist, kann die Karriere Davíð Oddsons, geboren 1948, gelten. Als

Mitglied der Unabhängigkeitspartei ist er von 1982 bis 1991 Reykjavíks Oberbürgermeister. In dieser Zeit fördert er die Privatisierung staatlicher Unternehmen, in deren Vorständen danach auffällig oft seine Jugendfreunde sitzen. Anfang der 1990er Jahre fordert er den schwächelnden Vorsitzenden der Unabhängigkeitspartei heraus. Er gewinnt den Parteivorsitz, zahlreiche Wähler, einen Platz im Alþingi und wird sogar Ministerpräsident. Dieses Amt hat er bis 2004 inne, als er es, wie im Koalitionsvertrag vereinbart, nach der Hälfte der Legislaturperiode mit Halldór Ásgrímsson, dem Vorsitzenden der Koalitionspartei, tauscht. Bis 2005 amtiert Davíð als Außenminister und wird, als es den Isländern auch dank seiner jahrelangen Politik der verminderten staatlichen Kontrolle, der Deregulierung und der Steuersenkungen am besten geht, Chef der Isländischen Zentralbank. Das wirtschaftliche Debakel 2007 erlebt er aus nächster Nähe. Trotz offener Aufforderungen zum Rücktritt weigert er sich, sein Amt aufzugeben, und wird daraufhin mit einem extra dafür geschaffenen Gesetz 2009 gefeuert. Danach wird er Chefredakteur der bis dahin größten isländischen Tageszeitung *Morgunblaðið,* das daraufhin viele Abonnenten verliert.

In Davíðs Vita laufen also die Fäden aus Politik, Finanzwirtschaft und Medien auf beeindruckende Weise zusammen. Die isländische Öffentlichkeit hat derlei Entwicklungen jahrelang geduldet. Die derzeitige Regierung muss drastisch sparen und unpopuläre Entscheidungen durchsetzen, während von den »Expansionswikingern« noch keiner im Gefängnis sitzt. Irgendwie scheint die Wut der Isländer jedoch verraucht. Stattdessen reagieren sie auf eine Weise, die sie vermutlich in den vergangenen Jahrzehnten des Aufs und Abs gelernt haben: Sie stürzen sich in Arbeit und bewerkstelligen zum Teil zwei, drei Jobs gleichzeitig oder wandern aus.

Bei dem ständigen und oft extremen Auf und Ab entsteht der Eindruck, als hätte Island Wirtschaft erst lernen müssen. Der Umgang mit großen Geldmengen war für das Land schlicht neu. Und so findet sich auch in der Fachliteratur die Bewertung, dass der isländische Finanzmarkt bis zur Jahrtausendwende eher primitiv war und die Regierung mit schlechtem Beispiel voranging, indem sie immer Geld drucken ließ, wenn es im Staatshaushalt fehlte. Für den Handel mit Wertpapieren gab es noch zu Beginn der 1990er Jahre kaum Regeln oder Bedingungen. Die Reykjavíker Börse entwickelt sich also erst seit kurzem, während der Handel mit Aktien nichtbörsendotierter Unternehmen auf dem sogenannten »grauen Markt« Ende der 1990er Jahre blühte. Hier wurden vor allem Anteile von Firmen hin- und hergeschoben, denen man eine blühende Zukunft voraussagte und die das so eingenommene Kapital dafür benutzten, auf die Beine zu kommen. Führend in dieser risikoreichen Branche war seit 1998 deCODE genetics, ein »Pharmaunternehmen«, das im Kapitel »Der gläserne Isländer« eine größere Rolle spielt. Der Verkauf von Anteilen dieses Unternehmens blies die Blase enorm auf und sorgte mit für den unglaublichen Optimismus und die Selbstüberschätzung eines ganzen Volkes, das im Verkauf seines Genoms eine Chance sah, sich von den Fischbeständen unabhängiger zu machen. Viele Isländer investierten ihre gesamten Ersparnisse, und selbst nach dem Zusammenbruch des grauen Marktes 2000 hielt der Höhenflug an, bis die Isländer 2008 verstehen mussten, dass er die Form einer Parabel hatte.

Wessen Sohn? Wessen Tochter?

Mehr als nur Namen

Das isländische Telefonbuch hat es aufgrund der Tatsache, dass es nach Vornamen geordnet ist, schon zu einiger Berühmtheit gebracht. Das hat zwei Gründe: Zum einen gibt es in Island keine Nachnamen in der Form, wie wir sie aus Deutschland kennen. Zum anderen wird hier seit einigen Jahrzehnten überhaupt nicht mehr gesiezt, was die Vornamen aufwertet. Eine Anrede mit »Frau« und »Herr« ist nicht mehr nötig und würde dadurch erschwert, dass in den allermeisten Fällen statt eines Familiennamens nach dem Vornamen die Zuschreibung zum Vater steht. Ein isländischer »Nachname« ist fast immer ein Patronym und setzt sich aus dem Genitiv vom Vornamen des Vaters und bei Frauen aus dem Wort *dóttir* (Tochter), bei Männern aus dem Wort *son* (Sohn) zusammen. Hat also Jón einen Sohn, heißt dieser Jónsson, seine Tochter entsprechend Jónsdóttir. Tatsächlich *heißt* man auf Isländisch nicht Jónsson oder Jónsdóttir, sondern man *ist* es. Die Frage nach dem Nachnamen ist folgerichtig: Wessen Sohn bzw. Tochter bist du? Auch die Zuschreibung zur Mutter über ein Matronym und die Benutzung von sowohl Vater- als auch Mutternamen sind möglich; ich selbst kenne aber nur einen Fall, wo der »Nachname« der Kinder auf die Mutter verweist, und niemanden, der sowohl Vater- als auch Mutternamen nutzt.

Da es sozusagen keine Nachnamen gibt, sind Vornamen umso wichtiger. Namensfragen werden von der staatlichen Namenskommission *mannanafnanefnd* geklärt. Sie entscheidet, welche Vor- und Zwischennamen zugelassen werden. Möchten Eltern ihrem Sprössling einen Namen geben, der noch nicht in der staatlichen Datenbank erfasst ist, können sie diesen beantragen. Dabei müssen bestimmte Vorgaben beachtet werden. So muss der

Name generell mit der isländischen Sprache vereinbar sein und einen Genitiv haben oder bilden können, damit später die Zusammensetzung mit *dóttir* oder *son* möglich ist. Freunde wollten ihrer Tochter den Namen Vár (sprich »Waur«) geben, der zum Zeitpunkt der Geburt nicht im offiziellen Namensverzeichnis war. In ihrem Antrag bei der *mannanafnanefnd* gaben sie an, wie der Name in den vier Fällen heißt und weshalb sie sich für genau diesen entschieden hatten. Die Brüder des Mädchens trugen bereits einsilbige Namen alter Götter, die in Island nicht ungewöhnlich sind: Þór und Freyr. Deshalb sollte auch das Schwesterchen nach einer heidnischen Gottheit benannt werden. Die Eltern wurden in den bekanntesten altnordischen Quellen fündig und entdeckten Vár sowohl in einem eddischen Götterlied als auch in einer Aufzählung von Göttinnen in der *Prosa-Edda*. Offenbar bezeichnet der Name eine Göttin, die auf die Wahrung von Eiden und Versprechen aufpasst. Außerdem könnte sie eine Schutzgöttin, zuständig für private Angelegenheiten, sein. Die Deutung der »Funktion« der unbekannteren heidnischen Götter ist schwierig, eben weil es nur wenige Quellen gibt, die sie erwähnen. Für die Familie war letztlich entscheidend, dass ihr der Name an sich gefiel, er einsilbig ist und die Göttin für positive Werte steht. Es dauerte zwei Monate, bevor die Kommission ihren Antrag ohne weitere Diskussion positiv beschied. Nicht immer läuft das so reibungslos, wie die öffentlich zugänglichen Akten der Kommission eindrucksvoll belegen. Bei Vár war zweifelsohne hilfreich, dass der Name gleich in mehreren mittelalterlichen Quellen auftaucht, die jedem Isländer wohlbekannt sind. So konnten sowohl die Verbindung zum Isländischen als auch der Genitiv des Namens (Várar) einwandfrei belegt werden. Der Name erfüllt als kulturelles Erbstück die Anforderungen für eine Anerkennung in höchstem Maße, und mittlerweile gibt es schon mehrere kleine Mädchen, die Vár heißen.

In Deutschland kann man anhand des Nachnamens erkennen, wer Teil welcher Familie ist. In Island wird Familienzugehörigkeit oft über Vornamen markiert, die sozusagen weitergereicht werden. So wird der erste Enkel häufig nach dem Großvater benannt, die erste Enkelin nach der Großmutter. Es kommt sogar vor, dass Vornamen innerhalb einer Generation in derselben Familie mehrmals vergeben werden, so dass Cousins und Cousinen gleich heißen. Oft ergeben sich innerhalb einer Familie regelrechte Ketten. Angenommen Jón nennt seinen Sohn Gunnar, dann steht in dessen Ausweis »Gunnar Jónsson«. Nun bekommt Gunnar selbst einen Sohn, den er nach seinem Vater Jón nennt. Gunnar Jónssons Sohn und Jóns Enkel heißt somit Jón Gunnarsson, und es kann durchaus sein, dass dieser Jón Gunnarsson seinen Sohn wieder Gunnar nennt. So wechseln sich die Gunnar Jónssons und Jón Gunnarssons ab, und für Außenstehende wird klar, wer zu wem gehört – und genau das ist eine isländische Herzensangelegenheit.

Das urisländische Bedürfnis, Herkunft, Abstammung und Familienzugehörigkeit genauestens zu klären, kann bereits in vielen mittelalterlichen Quellen nachgewiesen werden. Besonders interessant ist in diesem Zusammenhang wieder einmal die *Landnámabók,* die gleich in fünf handschriftlichen Fassungen überliefert ist, von denen die älteste aus dem 13. Jahrhundert stammt. Demzufolge lag bei der Entstehung dieser ältesten Handschrift die Ankunft der ersten Siedler bereits etwa 350 Jahre zurück. Wie auch immer ihre Zuverlässigkeit als historische Quelle zu bewerten ist, so zeigt sie uns doch, dass Herkunft, Abstammung und Familienzugehörigkeit – Genealogie im weitesten Sinne – schon damals für die Isländer von großem Interesse waren, denn sie beinhaltet namentliche Aufzählungen von bis zu 400 Siedlern. Außerdem wird beschrieben, wo sie sich niederließen und wer ihre Nachkommen waren. Die bloße Existenz einer solchen Schrift und die Umstände der Besiedlung bewirken, dass die heutigen Isländer einen hohen Anspruch an die Genauigkeit ihrer Stammbäume haben und ihre Herkunft sowohl mit Geschichte als auch Geschichten verknüpfen.

Über die Namen wird eine – oft sehr konkrete – Verbindung zur Vergangenheit hergestellt, da sie eben häufig so ausgewählt werden, dass sie auf einen bestimmten Menschen verweisen. Sind die Namen der Großeltern schon vergeben, kommt eine weitere Eigenschaft isländischer Vornamen zum Tragen: Bestandteile werden gemischt. Es gibt sich wiederholende Silben, die sozusagen miteinander gekreuzt werden. Viele Männernamen enden auf -mundur, -geir, -þór, -björn oder -kell, weibliche Endungen sind zum Beispiel -björg, -hildur, -dís oder -heiður. Heißt die eine Großmutter Ingibjörg und die andere Valgerður, kann es passieren, dass ihre Enkelinnen Valbjörg oder Ingigerður heißen. Die Namen Eymundur und Guðsteinn könnten von den Großvätern Eysteinn und Guðmundur herrühren. Da Vornamen oft weitergereicht werden, müssen zwangsläufig die häufigsten Namen auch die häufigsten bleiben. Deshalb sind die beliebtesten isländischen Vornamen seit der Besiedlung gleich geblieben: Die Männer heißen oft und in allen Generationen Jón, Sigurður und Gunnar, die Frauen beispielsweise Guðrún, Helga und Sigríður.

Allerdings zeichnen sich auch hier Veränderungen ab, die zeigen, dass internationale Entwicklungen auch in dieser wichtigen Frage auf die Isländer Einfluss haben. Hieß 1703 noch fast ein Viertel aller Männer Jón und jede fünfte Frau Guðrún, waren es 1901 bei beiden nur jeder und jede Zehnte und 2005 sogar nur noch 3,8 und 3,6 Prozent. Damit ist Jón zwar noch immer der häufigste Männername. Doch die Liste der Namen, die Neugeborene heute bekommen, führen inzwischen Alexander und Sara an. Außerdem ist ein enormer Anstieg von Doppelnamen zu verzeichnen, und die Liste der akzeptierten Vornamen zeigt zunehmend »ausländisch« anmutende Schreibweisen. So darf Ísabella nun auch Isabel heißen und Artúr auch Arthur. Viele der isländischen Vornamen sind für nicht-isländische Ohren sehr gewöhnungsbedürftig und schwer auszusprechen, so dass Isländer oft in fragende Gesichter blicken, wenn sie sich Ausländern vorstellen. Deshalb greifen sie bei solchen Gelegenheiten zu Verkürzungen oder Spitznamen. Aus Halldór wird dann Dóri, aus Herdís oder Jódís Dísa, aus Guðmundur Mummi oder Mundi, aus Sigurbjörg Sibba, aus Þórarinn Tóti, aus Aðalheiður Heiða, aus Höskuldur Höddi, aus Bergþóra Begga, aus Hrafnkell oder Þorkell Keli, aus Snjólaug Lóla, aus Ögmundur Ömmi, aus Kolbrún Kolla und aus Sigurjón Sjonni. Einige Namen, die ursprünglich Spitznamen waren, haben es mittlerweile sogar zu vollwertigen Vornamen im offiziellen Namensverzeichnis gebracht.

Auch die Namensgebung selbst ist sehr ritualisiert. Ein Kind muss spätestens im Alter von sechs Monaten seinen Namen bekommen, und tatsächlich ist es eher selten, dass es ihn am Tag seiner Geburt erhält. Die Kinder bleiben häufig namenlos bis zum Tag der Taufe, die mit Abstand die üblichste Form der Namensgebung ist. Eltern, die sich gegen eine kirchliche Taufe entscheiden, halten häufig ein Namensfest an dem Tag, an dem der

Name des Kindes in das Volksverzeichnis eingetragen und somit öffentlich wird. Im Falle von Vár wurde gut zwei Monate nach ihrer Geburt neben dem Namen auch bekanntgegeben, wie er zu beugen ist und woher er stammt, denn der sprachlich richtige Umgang mit ihm ist sehr wichtig. Dennoch brauchten einige Verwandte ein paar Wochen, um sich an den Namen zu gewöhnen und ihn richtig einzusetzen, da er eben nicht zu den allgemein bekannten gehört. Beim »Nachnamen« verfuhren Várs Eltern deutlich konservativer, da sie ihre Tochter nach dem Vater nannten.

Auch wenn die meisten Isländer ein Patronym tragen, gibt es einige Familien, die einen »echten« Familiennamen haben, der vererbt werden kann. Es wird allgemein angenommen, dass es wegen der Zuwanderung aus dem Ausland immer mehr werden, obwohl es den Isländern per Gesetz verboten ist, einen neuen Familiennamen anzunehmen. Das Verbot wird übrigens dadurch gerechtfertigt, dass die Bildung von Elternnamen mit *son* oder *dóttir* uralter Teil der isländischen Geschichte und Kultur, ja der isländischen Unabhängigkeit sei, da kein anderes Land in Europa so strikt an der Benennung nach Vater oder Mutter festhalte. Für Ausländer, die die isländische Staatsangehörigkeit annehmen wollten, war es lange Zeit Pflicht, sich einen isländischen »Nachnamen« zuzulegen. Heute sieht man das nicht mehr so eng, und seitdem steigt die Zahl der ausländischen Nachnamen eben rasant an.

Ein Beispiel für den kreativen Umgang mit Zwischennamen liefert uns Jón Gnarr, der Oberbürgermeister von Reykjavík. Er hieß eigentlich Jón Gunnar und *ist* Kristinsson. Seit seiner Kindheit nennt er sich jedoch Jón Gnarr und ließ deshalb seinen zweiten Vornamen Gunnar in den Zwischennamen Gnarr ändern. Seither lässt er auch bei offiziellen Nennungen den Kristinsson weg. Das verübelt ihm keiner, da ja der gesamte Sprachgebrauch auf den Vornamen fokussiert ist. So wurde sein de jure-Zwischenname nun de facto ein Nachname.

Die ersten Familiennamen tauchen in Island erst im 17. Jahrhundert auf und wurden wegen des wachsenden dänischen Einflusses im Laufe des 19. Jahrhunderts deutlich zahlreicher. Es war zeitweise sogar möglich, sich Familiennamen zu kaufen, weil diese gewisses Prestige versprachen. Entsprechend sind es vor allem dänische Namen wie Thorarensen, Hansen oder Möller. Andere Familiennamen lassen sich auf latinisierte isländische Patronyme zurückführen. Des Weiteren können Nachnamen von Ortsnamen herrühren. So stammt Vídalín, einer der ältesten isländischen Familiennamen, vom Ortsnamen Víðidalur ab und sollte ursprünglich eben all jene bezeichnen, die aus diesem Tal stammen. Ein anderes Beispiel für einen solchen Familiennamen ist Halldór Laxness, der ursprünglich Halldór Guðjónsson war, sich aber später nach dem Hof Laxnes benannte, auf dem er seine Kindheit verbracht hatte. Laxness – der Genitiv von Laxnes – gehört heute zu den Familiennamen, so dass Halldórs direkte Nachkommen als solche von der Allgemeinheit identifiziert werden können, auch wenn sie mit dem Hof nichts mehr zu tun haben.

Die Verbindung von Namen mit einem bestimmten Ort hat in Island Tradition. So wurden die alten isländischen Sagas ja lange Zeit als historisch zuverlässige Schriften aufgefasst, was wiederum zu zweifelhaften Übertragungen geführt haben kann. Viele Sagas nennen eingangs nicht nur die Hauptpersonen und deren Abstammung, sondern auch Ortsnamen und deren Geschichte. In der *Hrafnkels saga* kommt beispielsweise ein Ort vor, der Arnþrúðarstaðir heißt, weil, so der Text, eine Magd mit dem Namen Arnþrúður eben an dieser Stelle gestorben sei. Oder es wird ein Tal namens Geitdalur erwähnt, wobei *geit* das isländische Wort für Ziege ist. Laut Saga soll das Tal so heißen, weil bei einem Erdrutsch, dem der Held aufgrund eines vorwarnenden Traums entkommen war, ein Ziegenbock starb. Abgesehen davon, dass selten zu klären sein wird, inwieweit der Name tatsächlich die Folge eines bestimmten Ereignisses ist, zeigen die Beispiele doch das Faible der Isländer, Namen und Herkunft mit Geschichte(n) zu verbinden.

Dieses Faible bleibt Islandreisenden nicht lange verborgen, denn die Sagas, aber gern auch Märchen und *þjóðsögur* werden oft zitiert, wenn der Name einer bestimmten Stelle – sei es eine Siedlung, ein Tal, eine Bucht, ein Hügel oder eine Höhle – erklärt werden soll. Dabei ist nicht auszuschließen, dass es bei der Verknüpfung von Orts- und Personennamen zu Missverständnissen gekommen ist, da gerade sehr alte dieser Bezeichnungen auf Wörter zurückgehen könnten, die eigentlich topografische

Gegebenheiten benannten und heute vergessen sind. Oft werden in diesem Zusammenhang Beispiele aus der *Landnámabók* zitiert. Da der Wunsch nach Verstehen so groß war, wurden bei der Niederschrift die mittlerweile unverständlichen Wörter in Personennamen umgedeutet, die wiederum mit Anekdoten verbunden werden konnten. Insofern ist auch nicht auszuschließen, dass einige Siedler, die in der *Landnámabók* genannt werden, gar nicht existiert haben, sondern eben über Ortsnamen quasi rückerfunden wurden. Generell halten die Isländer aber lieber an ihren Mythen fest, als sie sich durch solche Forschungsansätze zerstören zu lassen. Und zweifelsohne sind die Geschichten spannender als historisch-linguistische Herleitungen, die genauso spekulativ bleiben müssen.

Die Sippe ist heilig

Möchte man sich auf Deutsch über seine Familien austauschen, stehen reichlich Wörter zur Verfügung, die keinen Zweifel am Verwandtschaftsgrad aufkommen lassen. Das ist im Isländischen paradoxerweise nicht so. Stattdessen hört die Differenzierung nach der Bezeichnung der Kernfamilie und der direkten Vor- und Nachfahren auf. Ich kann im Isländischen mit dem Wort *frænka* auf weibliche Verwandte verweisen und damit Tanten, Großtanten, Cousinen, Großcousinen, Nichten, Großnichten sowie Cousinen dritten, vierten und fünften Grades meinen. Gleiches gilt für Onkel, Großonkel, Neffen, Großneffen und sämtliche Cousins, die auf Isländisch schlicht *frændi* heißen. Sollte die Unterhaltung über die Familie doch einmal so ins Detail gehen, dass das genaue Verhältnis wichtig wird, behelfen sich die Isländer einfach mit dem Genitiv und spezifizieren die *frænka* als »Schwester meiner Mutter« oder »Tochter meines Bruders«. Dazu kommt es aber nur selten.

Die Ungenauigkeit des isländischen Wortschatzes an dieser Stelle resultiert aus einem weiten Verständnis von Verwandtschaft, zu der eben auch die Kindeskinder der Cousine der eigenen Mutter gehören. Da die meisten Isländer sehr viele Menschen zu ihrer Familie zählen, widmen sich viele der Ahnenforschung und handeln damit sehr traditionell. Die ersten drei isländischen

Jahrhunderte konnte über die Genealogien genau festgelegt werden, wem welches Stück Land gehörte und zustand. Dies wird ein entscheidender Grund für Schriften wie die *Landnámabók* gewesen sein. Außerdem beginnen alle *Isländersagas* mit einer Genealogie, so dass die Ahnenforschung die Mutter der isländischen »Geschichtenschreibung« ist und auch in den Jahrhunderten danach munter betrieben wurde. Im 14. und 15. Jahrhundert ging es darum, über die Genealogien festzustellen, wer die Pest und den enormen Bevölkerungsrückgang überlebt und somit Anrecht auf welche Ländereien hatte. Im 16. Jahrhundert stand die Vermeidung von inzestuösen Verbindungen im Mittelpunkt, die mit der Einführung neuer Gesetze unter dem Einfluss der Kirche enorm an Wichtigkeit gewann. Damals waren noch Hochzeiten unter Verwandten siebten Grades verboten. Bereits 1703 fand die erste Volkszählung statt, von der Quellen überliefert sind – allerdings auf Geheiß des dänischen Königs, der wissen wollte, wie viele Steuerzahler er in Island hatte. Die Menge genealogischer Daten, über die die Isländer verfügen, ist einzigartig in der Welt, und an der Universität gab es zeitweise einen Lehrstuhl für Ahnenforschung.

Schon im Mittelalter hatte Island eine Art Sozialsystem, das Armut in Grenzen halten sollte. Verwandte waren verpflichtet, ihre bedürftigen Angehörigen, die mindestens fünften Grades zur Familie gehörten, zu versorgen. Erst danach sprang der Bezirk mit Unterstützung ein. Auch waren Vormundschaften und Erbschaftsansprüche streng per Gesetz geregelt, so dass die Familie unglaublich früh zu einer Referenzgröße wurde. Auch im heutigen Island ist die Sippe heilig und wird durch zwei Traditionen gepflegt und gelebt: den *ættarmót* und die *ættartala*.

Mein Bekannter Guðni, heute 50 Jahre alt, organisierte vor 18 Jahren ein sogenanntes *ættarmót*. Dabei handelt es sich nicht einfach um ein Familientreffen, denn der Begriff *ætt* entspricht in etwa unserem Wort »Geschlecht«, das im Gegensatz zu seiner isländischen Entsprechung eher selten in der gesprochenen Sprache vorkommt. Reden die Isländer von *fjölskylda*, der Familie, meinen sie nur die nächsten Verwandten. Guðni begann mit der Organisation im Frühling, indem er Briefe an die noch lebenden Geschwister seines Vaters schickte. Sein Vater hatte derer vierzehn, von denen zwei jedoch in jungem Alter gestorben waren und einer keine Nachkommen hatte. Für Guðni bedeutete dies, dass er es mit seinem Vater und elf lebenden Vatergeschwistern sowie deren Nachkommen zu tun hatte. Er selbst hat vier Geschwister. Wenn alle seine Tanten und Onkel väterlicherseits mindestens drei Kinder bekommen haben, dann gehören nur mit den Tanten und Onkeln und Guðnis Generation etwa 50 Personen zum *ætt*. Hinzu kommen deren Kinder und eventuell Enkel. Die Organisation des *ættarmót* lief nach Guðnis Angaben reibungslos, da alle Angeschriebenen sofort antworteten und sich ebenfalls in die Organisation einbrachten. Im August trafen sich etwa 200 Personen oder zwei Drittel des *ætt* in einer eigens angemieteten Schule in der Gegend, aus der Guðnis Vatergeneration, die ja den Ausgangspunkt bildete, stammt. Natürlich waren sich die meisten von ihnen fremd, was sie nicht daran hinderte, ein vergnügtes Wochenende mit Reden, gutem Essen, Gesang und Plaudereien zu verbringen. Jeder Teilnehmer bezahlte eine Summe, in der die Miete für den Festsaal, das Essen, die Organisation und ein Exemplar der *ættartala*, des Stammbaumes bzw. der Familienchronik, pro Kernfamilie enthalten war. Als ich Guðni nach dem Sinn dieser Treffen fragte, konnte er keine knackige Antwort geben und meinte schließlich, dass es doch schön sei, seine Verwandten kennenzulernen. Immerhin seien einige Kontakte zwischen den *frænd*-Leuten zustande gekommen und hielten bis heute.

Die Vorbereitungen des Sippentreffens damals liefen parallel zur Erstellung der Familienchronik. Dazu berief Guðni ein Treffen mit bestimmten Verwandten ein, die er so auswählte, dass am Ende jedes der Geschwister seines Vaters durch einen Nachkommen vertreten war. Der Ort dieses Treffens war der Hof, von dem der Großvater stammte, den alle Cousins und Cousinen gemeinsam hatten. Zur Erinnerung: Dieser Großvater war also der Vater von Guðnis Vater und dessen Geschwistern. Jeder der Anwesenden übernahm dann die Aufgabe, den Stammbaum des Geschwisters zu basteln, dessen Nachkomme er ist, und ihn an Guðni zu schicken. Dieser benutzte anschließend (schon zu Beginn der 1990er Jahre) ein Computerprogramm, das ein anderer isländischer Hobby-Ahnenforscher entwickelt hatte. So konnte Guðni seine Aufzeichnungen ordnen und mit den Daten zusammenbringen, die ihm seine Cousins und Cousinen schickten. Da er schon im Kindesalter begonnen hatte, Stammbäume zu malen, und sich an mündliche Erzählungen seiner Eltern, Onkel und Tanten erinnern konnte, hatte er zusätzlich die Möglichkeit, die eingesandten Stammbäume abzugleichen und Unstimmigkeiten zu klären. So kamen dann auch die verstorbenen und kinderlosen Geschwister seines Vaters in die Chronik, die ohne Guðnis frühere Notizen in Vergessenheit geraten wären. Schließlich besorgten alle je ein Einzelfoto der Geschwister, die die erste Seite zieren. Es ist tatsächlich rührend, in diesem Stammbaum zu blättern, weil die Ahnen nicht einfach Namen sind, sondern Gesichter haben. Außerdem kann man beobachten, wie sich die Wohnorte immer mehr von den Ländereien in der Nähe des Hauptstadtgebietes in den Ballungsraum selbst verlagern, wie sich Vornamen wiederholen und in der jüngsten aufgeführten Generation erstmalig ausländische Ehepartner auftreten. Insofern ist jede Familienchronik auch eine kleine Geschichte Islands.

Sowohl Sippentreffen als auch aufwendig in Eigenregie hergestellte Familienchroniken solchen Ausmaßes sind in Island keine Seltenheit. Dabei gibt es oft noch einen Moment, der wichtig sein kann, für Guðni aber keine Rolle spielte: Die Verbundenheit mit einer bestimmten Region, denn regionale Identitäten sind in Island stark ausgeprägt. Man muss bedenken, dass noch vor 150 Jahren die Isländer nicht in Siedlungen, sondern eher auf einzelnen, oft weit verstreut liegenden Höfen lebten. Erst ab Mitte des 20. Jahrhunderts wohnten die meisten Isländer in Verdichtungsgebieten, so dass die ländlichen Regionen immer dünner besiedelt und gerade deshalb zu einer Projektionsfläche für unerfüllte Sehnsüchte geworden sind. Ich kenne isländische Familien, die seit zwei Generationen im Hauptstadtgebiet leben, zu ihrem Sippentreffen aber in die Ostfjorde fahren. Mit ihnen machen sich vier Fünftel des *ætt* mit auf den Weg. Anstatt sich im Hauptstadtgebiet zu treffen, wo die allermeisten wohnen, kommt man an dem Ort zusammen, von dem der gemeinsame Ahn stammt. Fragt man sie nach ihrer Herkunft, bezeichnen sich viele von ihnen nur aufgrund dieser Tatsache als *Austfirðingar* (Ostfjordler), obgleich sie die Ostfjorde nur im Rahmen des *ættarmót* besuchen. Herkunft hat in Island also nicht zwangsläufig etwas mit dem Geburtsort zu tun, aber immer mit Menschen.

Der gläserne Isländer

Der lockere Umgang mit dem Verwandtschaftsbegriff und die Übersichtlichkeit der Population tragen zweifelsohne ihren Teil dazu bei, dass die Isländer in administrativen Fragen vollkommen pragmatisch verfahren. Bei nicht ganz 320000 Menschen kann man noch durchzählen und nummerieren. Also pilgerte ich kurz nach meinem Umzug zur zuständigen Behörde, um mich beziffern zu lassen, denn ohne diese Kennzahl, die *kennitala*, läuft in Island gar nichts. Ich hätte nicht mal eine DVD leihen können. Die *kennitala* hat, könnte man sagen, einen wichtigeren Status als der Name, vermutlich, weil es so schwierig ist, jemanden nur anhand seines Namens eindeutig zuzuordnen. Seit 1987 basiert die *kennitala* auf dem Geburtsdatum, da dieses im Gegensatz zum Namen und dem Wohnort eine unveränderliche Größe ist. Deshalb ist es nicht möglich, sein Alter geheim zu halten. Wenn ich in Island Deutsch unterrichte, muss ich mir keine Gedanken machen, ob die Einführung der Frage »Wie alt bist du?« zu peinlichem Schweigen in der Gruppe führen könnte. Dahingegen muss ich dies in manchen meiner Sprachkurse in Deutschland sehr gut abwägen.

Verwaltet werden die Nummern im Volksverzeichnis, das lange Zeit völlig zugänglich war und erst seit 2004 einigermaßen geschützt ist. Das Volksverzeichnis wurde 1952 aus drei Gründen eingerichtet. Es ging um eine effektive, zentrale Registrierung, die zum Beispiel die Verwaltung und Kontrolle der Steuerzahler einfacher und zuverlässiger machen sollte. Öffentliche Institutionen wie die Sozialversicherungen und Wahlbehörden brauchten ebenfalls zuverlässige Daten, um gerecht und genau arbeiten zu können. Außerdem ging es darum, ein zuverlässiges Datenkorpus für statistische Zwecke zu erstellen.

Island hatte lange Zeit eine laxe Datenschutzregelung, die sich auf die öffentlichen Behörden beschränkte. Diese Gesetze konnten dem Computerzeitalter nicht standhalten und wurden im Jahr 2000 revidiert. Als ich im selben Jahr das erste Mal in Island war, hatte ich keine eigene *kennitala* und konnte zwar keine Filme ausleihen, aber sehr wohl flugs auf die Seite des Volksverzeichnisses gehen, wo ein jeder Bezifferter fein säuberlich mit Namen, Anschrift, Telefonnummer und Tätigkeit vermerkt war. Ich hätte nach Herzenslust in den Adressdatenbanken kramen und schauen können, welche Personen unter welcher Adresse gemeldet sind, und anhand der Geburtsdaten und der Vaternamen der jüngeren Bewohner spekulieren können, wer mit wem verheiratet ist und welche Kinder hat. Das ist nun nicht mehr ganz so einfach. Meine Videothek muss sich heute außerdem mit der Angabe meines Namens zufriedengeben und darf nicht mehr auf meiner *kennitala* bestehen. Doch grau ist alle Theorie, die Isländer benutzen ihre Zahl sorglos einfach weiter. Sie ist einfach so bequem. Für sie spricht, dass bislang kein Fall von großem *kennitala*-Missbrauch bekannt ist.

Dieser entspannte Umgang mit der Bürokratie hat viele sehr angenehme Seiten. Mit Horrorgeschichten über das Ausländeramt in Berlin im Ohr, schlug ich schließlich beim isländischen Äquivalent auf, um mir eine Aufenthaltsgenehmigung zu besorgen. Nach 20 Sekunden Wartezeit erhielt ich einen grünen Bogen zum Ausfüllen, in dem unter anderem nach dem Grund meines Aufenthaltes gefragt wurde. Dafür hatte ich genauso viel Platz wie für die *kennitala*. Bei der Abgabe legte ich die erwünschten zwei Passbilder und meinen deutschen Personalausweis vor, wonach die Sachbearbeiterin feststellte, dass ich als Deutsche ja eigentlich das blaue Formular hätte ausfüllen müssen. Ich hatte schon meinen Füller gezückt, um das Prozedere von vorn zu beginnen, als die Dame im Kopf den Arbeitsaufwand überschlug und feststellte, dass eigentlich alles Notwendige auch aus diesem Dokument hervorginge und man wohl am Namen erkennen könne, dass ich kaum aus dem asiatischen Raum wäre. Den von dort Stammenden war das grüne Papier nämlich eigentlich vorbehalten. Drei Tage danach teilte man mir auf dem Postweg mit, dass ich herzlich in Island willkommen sei und erstmal bleiben dürfe.

Mein Stipendium musste ich damals noch persönlich im Bildungsministerium abholen. Selbst bei meiner ersten Visite genügte die Behauptung, ich sei ich, um den Scheck mit der nicht unbeträchtlichen Summe ausgehändigt zu bekommen. Ich musste mich weder ausweisen noch eine Quittung unterschreiben. Man brachte mir Gelassenheit und Vertrauen entgegen und bat mich obendrein ausgesprochen freundlich, nicht böse zu sein, dass die Freikarten für Konzerthaus und Theater, die ebenfalls Teil des

Stipendiums waren, noch nicht bereitlägen. Nun ja. Ich hatte einen guten Tag und war gewillt, darüber huldvoll hinwegzusehen.

Man mag es Naivität oder Vertrauen nennen, was die Isländer im Umgang mit ihren persönlichen Daten, aber auch Erlebnissen und Meinungen zeigen. Das Faible für und die Neugier auf neue Kommunikationsmethoden erstaunten mich von Anfang an, denn während Handys hier noch nicht gang und gäbe waren, besaß mein gesamter isländischer Bekanntenkreis schon Mobiltelefone und kommunizierte via SMS bis zum Daumenkrampf. Dazu passt auch folgender Witz, der mir bereits 2005 in einer E-Mail zugeschickt wurde: »Vor einer Woche kam aus China die Nachricht, dass Archäologen 1000 Meter tief gegraben hätten und plötzlich auf ein Kupferkabel stießen. Dies beweise, so die Regierung, dass die Chinesen schon vor 1000 Jahren das Telefon erfunden haben. Einige Tage später war Deutschland in den Nachrichten, weil Archäologen dort in 1000 Meter Tiefe auf einen Lichtleiter gestoßen waren. Die deutsche Regierung erklärte zusammen mit dem zuständigen EU-Kommissar, dass es also die Völker Mitteleuropas waren, die die digitale Telefonie erfunden haben. Und heute wurde bekannt, dass Archäologen in Island 1000 Meter tief gegraben und nichts gefunden hätten. Diese Neuigkeit nahm die isländische Regierung begeistert auf, denn nun liegt der unumstößliche Beweis dafür vor, dass die ersten Siedler in Island drahtloses Internet erfunden haben.« Die Isländer sind bekannt für ihre Facebook-Affinität. Es wird gechattet, gestupst, gepostet, geteilt, markiert, heruntergeladen und geklickt, was das Zeug hält. Von meinen isländischen Bekannten unter 40 ist keiner nicht auf Facebook. Ich kenne isländisch-deutsche Paare, die wegen der Plattform handfeste Diskussionen hatten. Während der stolze isländische Familienvater gern Fotos von seinen zwei kleinen Söhnen gepostet hätte, war seine deutsche Frau strikt dagegen. Leider ist es geradezu unmöglich, zuverlässige Zahlen zur Facebook-Nutzung in Island zu finden, aber auch die vagen können vermitteln, worum es geht: Unglaublich viele Isländer sind auf der Plattform. Im November 2008 soll es ein Viertel der Bevölkerung gewesen sein. Im März 2011 nahm Facebooks Marketing-Verantwortlicher für Europa an einer Tagung in Reykjavík teil und erklärte dort, dass über 80 Prozent oder vier Fünftel der Nation aktive Nutzer seien. Will man heute mit einem Isländer in Kontakt bleiben, tauscht man keine E-Mail-Adressen aus. Auch die *kennitala* spielt hier ausnahmsweise keine Rolle. Stattdessen nennt man ganz altmodisch Vor- und Nachnamen und verabredet sich auf Facebook, wo das Profilbild die Identifikation zusätzlich erleichtert.

Die isländischen Eigenarten »offene Kommunikation« und »sorgsame Archivierung von Daten« kumulieren mit dem isländischen Herzensthema, der Suche nach dem Ursprung, in der Geschäftsidee der Firma deCODE Genetics. Das Pharmaunternehmen ist in Reykjavík ansässig und mit der Erforschung des menschlichen Genoms beschäftigt. Dabei kommt ihm der legere Umgang mit Daten – wenn auch auf ganz anderer Ebene – zugute. In Island herrschen aufgrund der einzigartigen Besiedlungsgeschichte, der alten statistischen Daten und der ausführlichen Genealogien sowie wegen der Insellage perfekte Voraussetzungen für die Erforschung des menschlichen Genoms. Alles ist übersichtlich, homogen und gut dokumentiert. Ursprünglich hatte das Alþingi der Firma 1999 sogar zugebilligt, sämtliche isländische Krankenakten zu speichern und auszuwerten, woraufhin deCODE Genetics die zu erwartenden Ergebnisse schon teuer verkauft hatte, als der oberste Gerichtshof die Entscheidung des Parlaments schließlich kippte. Wollte man damals verhindern, dass die eigene Krankenakte in die Hände von deCODE Genetics gelangt, musste man ausdrücklich widersprechen, was jedoch bereits verstorbenen Isländern nur schwerlich möglich gewesen wäre. In meinem Freundeskreis hatten einige bereits von dieser Möglichkeit Gebrauch gemacht, bevor das Gericht einschritt. Dass das Parlament einem solchen Umgang mit persönlichsten Daten zustimmte, ist in der Meinung vieler Isländer ein Skandal, denn »niemals zuvor hat ein Unternehmen die Zugriffsrechte auf das menschliche Genom eines gesamten Landes eingeräumt bekommen«. In der Selbstpräsentation von deCODE Genetics sind jedoch Themen vordergründig, die für den Einzelnen attraktiv sind, so zum Beispiel Risiko- und Vorsorgetests. Tatsächlich gibt es ein Produkt, den deCODEme complete Scan, mit dem man sein Risiko für urologische, Krebs-, Herz-, Blut-, Knochen-, Muskel-, Kreislauf-, Gehirn-, Nerven-, Augen-, Stoffwechsel- und Lungenerkrankungen sowie Erkrankungen des Verdauungssystems erheben lassen kann und ganz nebenbei auch noch die Wahrscheinlichkeit für eine bestimmte Augenfarbe und für Haarausfall geliefert bekommt. Das Hauptziel ist selbstverständlich die Entwicklung von Medikamenten zum Beispiel gegen Herzinfarkt, Thrombosebildung und Asthma. DeCODE Genetics hat mittlerweile 140 000 Isländer zu einer Teilnahme an seinen Studien bewegen können, was mehr als die Hälfte der erwachsenen Bevölkerung ist. Um Daten für bestimmte Untersuchungen nutzen zu können, muss das Unternehmen die isländische Datenschutzbehörde um Erlaubnis bitten, was mehr als einmal zu Auseinandersetzungen auch in der Presse geführt hat.

Ein Nebeneffekt von deCODE Genetics Tätigkeit ist die elektronische *Íslendingabók*, deren mittelalterliche Vorlage vermutlich zu den meistzitierten Quellen Islands gehört. In diesem mittelalterlichen Text werden die Genealogien der Siedler rückwärts nach Norwegen verfolgt. Schon der Name der neuen Datenbank *Íslendingabók* illustriert, dass es um das Gemeinsame geht. Es ist eben das »Buch der Isländer«. Sie wurde mit allen Daten des Volksverzeichnisses sowie mit sämtlichen verfügbaren Chroniken, Annalen, Genealogien, Ergebnissen von Volkszählungen, Kirchenbüchern und Erkenntnissen aus Nachrufen, Briefen und Tagebüchern gefüttert und ist somit die weltgrößte Datenbank zu einem kompletten Volk.

Um diesen Schatz oder, je nach Sichtweise, die Büchse der Pandora öffnen zu können, muss man registrierter Nutzer sein. Dazu benötigt man eine *kennitala* und etwas Geduld, da einem das Passwort entweder auf dem Postweg zugeht oder im Online-Bankkonto landet, das eben über die *kennitala* mit dem Volksverzeichnis verbunden ist. Paradoxerweise garantiert hier eine Vernetzung, die in Deutschland undenkbar wäre, gerade die Sicherheit der Daten. Auf der ersten Seite erhält man einen Überblick über die Informationen, die zu einem selbst in der Datenbank stecken, wie Name, Geburtsdatum und Namen von Eltern, Geschwistern, Ehepartnern und Kindern. Außerdem stehen diese Angaben jedem Nutzer in Bezug auf »seine nächsten Verwandten der letzten drei Generationen und deren Nachkommen sowie allen, die vor dem Jahr 1700 geboren sind« offen. Die Quellen werden genannt und teilweise online bereitgestellt. Man kann aber auch willkürlich Namen und/oder Geburtsdaten eingeben und schauen, ob eine Verwandtschaft vorliegt. Da man letztlich nur echte Verwandte und Menschen, die mindestens 300 Jahre tot sind, im Detail weiterverfolgen kann, ist trotz aller Offenheit auch eine gewisse Diskretion garantiert. Deshalb ist die Nutzung der *Íslendingabók* tatsächlich nur für in Island Geborene und für von Isländern abstammende Personen erstrebenswert. Da man über die Datenbank ausführliche Stammbäume erstellen kann, ergeben sich einige ethische Fragen.

Die Grundlage nicht nur der *Íslendingabók,* sondern eben der isländischen Kultur allgemein sind die Einheit »Familie«, der Familienzusammenhalt und die Abgrenzung der Familien untereinander. Dies bedeutet wiederum, dass insgesamt offen mit familiären Fragen und Zusammenhängen umgegangen werden muss, damit die Gesellschaft und die Datenbank funktionieren. Es erklärt sich von selbst, dass dem nicht immer so ist. Unter den »häufig gestellten Fragen« auf der Webseite ist auch folgende: »Weshalb bin ich nicht mit meinem Vater verlinkt?« Die Antwort befriedigt – wenn überhaupt – nur sehr junge Menschen oder Kinder und lautet, dass diese in dem Fall, dass die Eltern nicht zusammen wohnen, mit dem Elternteil verlinkt sind, bei dem sie wohnen. Die Kirchenbücher bleiben mindestens 30 Jahre nach der Geburt eines Einzelnen geschlossen, weshalb auch die Datenbank nicht allwissend sein kann und in gewissem Maß auf die Richtigkeit der Angaben im Volksverzeichnis vertraut. Keine Antwort findet man hingegen für den Fall, dass ein Erwachsener diese Frage stellt. Sicherlich sind über die *Íslendingabók* einige Familiengeheimnisse ans Licht gekommen.

Ich kenne einen Fall, in dem eine große Familie darauf wartet, dass eines Tages ein heute zehnjähriger Verwandter die *Íslendingabók* konsultiert und erfahren muss, dass sein Vater nicht sein Vater ist. Aus mir unbekannten Gründen verbietet die Mutter dem leiblichen Vater jeglichen Kontakt zum gemeinsamen Sohn. Sie lebt mittlerweile mit einem anderen Mann zusammen, mit dem sie ebenfalls ein Kind hat. Um zwischen den Geschwistern, die eigentlich Halbgeschwister sind, keine Unterschiede in Form verschiedener Vaternamen aufkommen zu lassen, tragen beide Kinder den Mutternamen und leben in dem Glauben, dass sie den gleichen Vater hätten. Der leibliche Vater des Zehnjährigen hat sich allerdings zu seinem Kind bekannt und immer versucht, den Kontakt zu halten. Dies bedeutet, dass er der im Volksverzeichnis aufgeführte Vater ist und nicht der Mann, den der Junge für seinen Vater hält. Für diese Familie stellt sich nicht mehr die Frage, ob der Junge eines Tages von seiner Herkunft erfährt, sondern nur noch wann. Vermutlich wird es nicht mehr allzu lange dauern, denn schon jetzt ist er stutzig über die Tatsache, dass er einen Mutternamen trägt. Die *Íslendingabók* schlägt sich sozusagen mit ihrer bloßen Existenz auf die Seite der Kinder, lässt sie dann aber mit vielleicht erschütternden Erkenntnissen allein. Auf der Seite findet man keinerlei Hinweise darauf, wie man sich helfen oder helfen lassen kann.

Die Wunschverwandten: Egill, Snorri, Jón, Jónas, Halldór, Vigdís und Björk

Im digitalen Raum der Datenbanken und Netze liegen isländische Idole und Otto Normalverbraucher nah beieinander. Man kann die eigene Abstammung enorm aufwerten, indem man sich auf einen isländischen Helden zurückführt. Vielleicht ist es auch deshalb zu einer Art Freizeitsport geworden, in der digitalen *Íslendingabók* die Funktion *samrakning* zu konsultieren, was etwa »Zusammenbringung« oder »Verbindungsherstellung« bedeutet. Dabei gilt, dass die Wahrscheinlichkeit, mit einer Berühmtheit familiär verbunden zu sein, steigt, je früher diese gelebt hat. Deshalb ist eine Verwandtschaft mit den modernsten Helden besonders spannend, während es die eigene Isländischkeit potenziert, von bestimmten mittelalterlichen Haudegen abzustammen. Die Frage ist also immer wieder: »Wie bin ich mit XY verwandt?« Wer aber ist XY? Wer gilt in Island als Star? Und wie sind diese Idole untereinander in geistiger Verwandtschaft verbunden?

Betrachtet man die isländischen Helden chronologisch, führen Egill Skallagrímsson und Snorri Sturluson die Liste an. Die beiden mittelalterlichen Herren muss man als Islandreisender vom Namen her unbedingt kennen, da auch im analogen Raum der Informationstafeln und Geschichten immer wieder auf sie verwiesen wird. Egill muss, glaubt man der Überlieferung, ein ziemlich schrecklicher Mensch gewesen sein. Er lebte im 10. Jahrhundert und taucht auch in der Aufzählung in der *Landnámabók* auf, da sein Vater wohl zu den ersten Siedlern zählte. Egills vielfältige Talente zeigen sich schon früh, da er sein erstes Gedicht im Alter von drei Jahren verfasst und seinen ersten Totschlag als Siebenjähriger begangen haben soll. Dieser Jähzorn, der beschönigend auch als Wagemut gedeutet wird, führt dazu, dass er sich als Erwachsener während seiner Zeit in Norwegen und später auch in England zahlreiche Bewunderer und Feinde schafft. Der Kampf gegen letztere und für seine Herren bestimmt Egills Leben. Die Quellen beschreiben ihn jedoch nicht nur als sehr jähzornig, sondern auch als besonders hässlich und furchterregend, was einige Forscher dazu veranlasst hat, ihm das Paget-Syndrom zu attestieren. Bei dieser Krankheit verdicken die Knochen, so dass bei einem aggressiven Verlauf Beulen, Dellen oder verschobene Größenverhältnisse auch für den Laien sichtbar werden. Bei archäologischen Ausgrabungen an der Stelle, wo Egills Grab vermutet wird, wurde ein überdimensionaler Schädel gefunden, der unzweifelhaft aus der Wikingerzeit stammt und auf den der Befund passt. Insofern ist die Egill-Forschung ein weiterer Beleg dafür, auf welch unterschiedliche Weise sich die Isländer mit ihrem Mittelalter beschäftigen. Um in Island ein Held zu werden, reicht es jedoch nicht, sich besonderen Aussehens und gesteigerter Aggressivität zu erfreuen. Tatsächlich hat es Egill mehrmals das Leben gerettet, dass er im rechten Moment zu dichten in der Lage war. Es sind einige skaldische Gedichte und Strophen überliefert, die ihm zugeschrieben werden. Die skaldische Dichtung ist, wie oben erwähnt, von den drei spezifisch isländischen literarischen Gattungen die komplizierteste. Egill konnte solche Strophen, die zu seinen Lebzeiten entweder Lobpreisungen oder Schmähungen waren, offenbar aus dem Stehgreif dichten, was seine Gegenüber regelmäßig beeindruckte und Egill sehr alt werden ließ. In seiner Lebensgeschichte finden sich also viele Elemente, die das Selbstbild der Isländer bis heute bestimmen: Er war ein starker und guter Krieger, dabei ein Ehrenmann, ein exzellenter Dichter und zudem – im wahrsten Sinne des Wortes – ein Dickkopf. Insofern eignet er sich wunderbar als identitätsstiftender Vorfahre.

Wenn von Egill im Allgemeinen oder in der bestimmten Form gesprochen wird, wissen alle, dass es sich um Egill Skallagrímsson handelt. Er hat für die Isländer in etwa den Status, den Siegfried der Drachentöter, Luther, Bismarck oder Goethe für die Deutschen oder Wilhelm Tell für die Schweizer haben. Jedes Kind kennt und bewundert ihn. Egill ist unter den 60 häufigsten Vornamen, was Isländischlerner leider dazu zwingt, ihn richtig beugen zu müssen. Das ist nicht einfach, da der Name mit nur vier weiteren Substantiven zu einer komplizierten Flexionsgruppe gehört. Außerdem heißt eine der bekanntesten isländischen Marken überhaupt Egils. Unter diesem Label firmiert seit 1913 eines der fünf isländischen Biere, das jedoch weit davon entfernt ist, so stark zu sein wie sein Namensgeber. Egils heißen auch andere Getränkeklassiker. Aus Egils Appelsín, einer Orangenbrause, und Egils Malt, einem Malzbier, wird, zu gleichen Teilen gemischt, das typische alkoholfreie Getränk der Weihnachtsfeiertage, eine Art Spezi. All das ist nur möglich, weil neben Egills (vermutlich) eigenen Dichtungen ein mittelalterlicher Text vorliegt, der ausführlich von diesem sagenhaften Mann berichtet: die *Egils saga*. Diese gehört so unzweifelhaft zum isländischen Literaturkanon, dass sie sogar einen Spitznamen bekommen hat: *Egla*.

Von der *Egla* kommt man sogleich zur nächsten isländischen Identitätsfigur, denn es wird allgemein angenommen, dass sie von Snorri Sturluson verfasst wurde. Dieser Bogenschlag von der einen Größe zur anderen ist zwar sehr spannend, hübsch und bequem, allerdings auch umstritten. Es wird, wie so oft, wenn es um das Mittelalter geht, nicht zu klären sein, wer der Urheber der Saga ist, die zudem in vier, zum Teil fragmentarischen Handschriften überliefert ist. In jedem Falle war Snorris Mutter eine Nachfahrin von Egill, so dass sich auch genealogisch eine direkte Verbindung zwischen beiden Helden ergibt. Wenn man sich heute per elektronischen *Íslendingabók* auf Egill zurückführen kann, ist also auch Snorri nicht weit. Dieser macht zu Lebzeiten (geboren 1178 oder 1179) steil Karriere. Aus einer wohlhabenden und angesehenen Familie stammend und gut ausgebildet, mehrt er Besitz und Einfluss durch Heirat und geschickte Lokalpolitik und wird mehrmals Gesetzessprecher, was das höchste Amt im Freistaat war. Außerdem knüpft er zu einer Zeit, als sich auf Island die gewaltsamen Übergriffe auf Norweger mehren, enge Kontakte zum Berater des norwegischen Infanten. Später wird Snorri sogar in den Rang eines Ritters des Königs erhoben, während es ihm gleichzeitig weiterhin gelingt, seine Stellung in Island zu wahren, indem er seine Töchter mit Söhnen aus anderen mächtigen Sippen vermählt. Dennoch nehmen die Auseinandersetzungen zwischen den Großfamilien ab 1230 bürgerkriegsähnliche Züge an. Außerdem überwirft sich Snorri mit dem erwachsen gewordenen norwegischen König und wird 1241 von dessen isländischen Anhängern ermordet. Diese Vita allein und die Tatsache, über 20 Jahre lang die Geschicke des Landes fast im Alleingang gelenkt zu haben, genügen jedoch nicht, um zum isländischen Helden zu avancieren.

Snorris Ziehvater ist einer der großen mittelalterlichen Gelehrten, so dass auch Snorri früh die Bedeutung von Sprache und Schrifttum schätzen lernt. Er gilt im Bewusstsein der Isländer als fleißiger Schriftsteller, der neben Chroniken und skaldischen Strophen auch einige Sagas und vor allem seine *Edda* verfasst hat (oder verfasst haben soll). Die *Edda des Snorri Sturluson* wird häufig als *Prosa-Edda* bezeichnet, besteht aus drei, von einander relativ unabhängigen Teilen und gilt als eines der wichtigsten mittelalterlichen Werke überhaupt. Im ersten Teil werden unterhaltsam in Form eines Zwiegesprächs Begebenheiten aus der nordischen Mythologie dargestellt. Vieles von dem, was wir heute über die alte Religion und deren Gottheiten Thor, Odin, Balder, Freyja und die vielen anderen wissen, stammt von hier. Im zweiten Teil, der viel schwieriger zu lesen ist, geht es um die komplizierten Metaphern und Gleichnisse, die die Skalden, also Egill Skallagrímsson und seine Kollegen, verwenden. Der letzte Teil ist ein 102 Strophen umfassendes skaldisches Gedicht, das Snorri verfasst hat, um die unterschiedlichen Versmaße zu illustrieren und ambitionierten Skalden Hilfestellung zu geben. Auch wenn Snorri im Vergleich zu Egill wohl ein Intellektueller war, gibt es viele Parallelen zwischen den beiden, die wiederum deutlich werden lassen, was ein isländischer Held braucht: Mut zur Auseinandersetzung sowie Interesse an Politik, den Geschicken des Landes und vor allem an Sprache und Literatur. So hatten weder Egill noch Snorri Angst davor, den norwegischen König gegen sich aufzubringen. Snorri gilt allgemein zudem als jemand, der sich zwar für friedliche Beziehungen zwischen Norwegen und Island eingesetzt hat, jedoch immer für die Fortführung der isländischen Selbstständigkeit stand. Seine Mörder waren dann auch Männer, die nur 20 Jahre nach seinem Tod den Vertrag unterzeichneten, der Island zu einem Teil des Königreichs Norwegen machte. Insofern eignet sich Snorri als Märtyrer besonders zur isländischen Identifikationsfigur.

Da Egills Image eher ein hemdsärmeliges ist, passt es, ein Bier nach ihm zu benennen. Die Erinnerung an Snorri wird auf ganz andere Weise am Leben gehalten. Abgesehen davon, dass seine Werke in der Schule gelesen werden, gibt es an seinem langjährigen Wohnort Reykholt ein Kulturzentrum, bestehend aus einem Museum, Hotel, Konferenzräumen, Wohnmöglichkeiten für Forscher und einer Bibliothek, die natürlich vor allem mittelalterliche Literatur beherbergt. Hier finden Kurse, Symposien, Konferenzen und Ausstellungen statt, die sich mit dem Mittelalter im weitesten Sinne und Snorris Erbe beschäftigen. Was vielleicht trocken und langweilig klingt, ist aufgrund der vielfältigen Ansätze und Ideen auch für Laien interessant. Optisch wird der Ort von einem modernen Kirchenbau geprägt, was kein Widerspruch ist. Denn auch wenn Snorri sich als Literat, Kompilator oder Autor viel mit vorchristlichem Stoff befasst hat, war er selbst Christ und zeitweise Besitzer einer Kirche. Insofern ist er auch ein wunderbares Beispiel für das Nebeneinander von altem Glauben, der eher eine kulturelle denn religiöse Bedeutung hatte, und Christentum. Und so steht er dann auch auf einem Sockel in unmittelbarer Nachbarschaft zur Kirche. Die Skulptur war ein Geschenk des norwegischen Königshauses und stammt von Gustav Vigeland, der in Oslo einen ganzen Park gestaltet hat. Das *Snorrastofa* (»Snorri-Institut«) zeichnet sich außerdem für eine mediävistische Schriftenreihe verantwortlich.

Der Ort ist ob seiner gesamtisländischen Bedeutung und räumlichen Nähe zu Reykjavík häufig Ziel für sogenannte *óvissuferðir,* Fahrten ins Blaue. Die Isländer veranstalten solche Ausflüge regelmäßig – oft als teambildende Maßnahme innerhalb der Betriebe, aber auch anlässlich von *ættarmót* oder runden Geburtstagen. Mich verschlug es an einem kalten und regnerischen Oktobertag im Rahmen einer solchen *óvissuferð,* veranstaltet durch die Vereinigung der Isländischstudenten, nach Reykholt. Nach etwa anderthalb Stunden Busfahrt kamen wir in Gesellschaft einiger leerer Dosen Egils an und nahmen pflichtbewusst an einer Führung durch die Ausstellung teil, bevor wir zum »gemütlichen« Teil übergingen und in einer Grasbodenhütte Platz nahmen, die direkt neben einem mit Steinen befestigten Wasserloch steht. Dieses enthält aufgrund geothermischer Aktivität warmes Wasser und trägt den Namen »Snorri-Bad« *(snorralaug)*, da es vermutlich unter Snorri errichtet wurde. Mit Blick auf das Bad, einer weiteren Dose Egils in der Hand, Lakritze im Mund, aufsteigender Kälte im Körper und dem Bewusstsein, den großen Isländern und dem Lebensgefühl vergangener Jahrhunderte ganz nahe zu sein, stimmten wir an Ort und Stelle einige Lieder an, bevor wir in das benachbarte Sommerhaus eines Teilnehmers umzogen, um dort bei strömendem Regen zu grillen.

Natürlich gibt es auch in den folgenden Jahrhunderten Menschen, die Heldenhaftes für Island geleistet haben, sich aber nicht so gut zum isländischen Idol eignen wie Egill und Snorri. Die Jahre zwischen 1300 und 1800 gelten vielen Isländern als wenig ruhmvoll, so dass nach den Persönlichkeiten des Mittelalters erst wieder die Männer der isländischen Unabhängigkeitsbewegung wirklich Kultstatus erlangen. Unter ihnen sind besonders zwei Namen von herausragender Bedeutung: Jón Sigurðsson und Jónas Hallgrímsson.

1811 in eine Pfarrfamilie hineingeboren, bekommt Jón eine gute Ausbildung und reist, so wie schon Egill und Snorri, ins Ausland – allerdings folgerichtig nach Dänemark, das für seinen Lebenslauf so prägend wird wie Norwegen für Snorris. Jón verbringt zwar die meiste Zeit seines Lebens in Kopenhagen, verfolgt jedoch von dort die Geschicke seines Vaterlandes und nimmt als fleißiger Briefeschreiber, Autor, Herausgeber der Zeitschrift *Ný félagsrit* (etwa »Neue Gesellschaftsschriften«) und später auch als Abgeordneter direkt Einfluss. Hauptberuflich kümmert er sich als Sprachwissenschaftler um die Archivierung und Verwaltung der altisländischen Handschriften in Kopenhagen, ist also mit einer isländischen Herzensangelegenheit betraut. Außerdem ist er Abgeordneter der ersten Stunde, als das Alþingi 1845 seine Arbeit wieder aufnimmt. 1848 veröffentlicht Jón ein Pamphlet, in dem er die Isländer ermutigt, nach Selbständigkeit zu streben. Jón spricht sich nicht für die komplette Loslösung von Dänemark aus, sondern fordert, dass das isländische Parlament wieder gesetzgebende Gewalt würde und die Isländer eine eigene Regierung bekämen. Zu dieser Zeit erreicht der Geist der

Aufklärung und der Französischen Revolution Island, so dass Jóns Ideen auf fruchtbaren Boden fallen. Dennoch kommt kein Isländer auf die Idee, Gewalt gegen Dänen anzuwenden, da man wirtschaftlich zu stark von ihnen abhängig ist und sich ihnen auch mental verbunden fühlt. Wie von Egill und Snorri sind auch von Jón geflügelte Worte überliefert: »Vér mótmælum allir!« »Wir protestieren alle!« Auf einer legendären Nationalversammlung im Jahr 1851 sollen Delegierte des isländischen Volkes über einen Verfassungsvorschlag entscheiden, der von dänischer Seite unterbreitet wurde, Jóns Forderungen jedoch kaum berücksichtigt. Die Isländer reagieren entsprechend empört, was die Dänen veranlasst, die Versammlung aufzulösen, woraufhin Jón sich erhebt und heftige Kritik an diesem Verfahren laut werden lässt. Es sind die anderen Delegierten, die sich ihm mit »Vér mótmælum allir!« anschließen. Auch wenn Jón nicht direkter Urheber dieser Parole ist, so wird er durch sie dennoch zur Identifikationsfigur der erstarkenden Unabhängigkeitsbewegung und ist maßgeblich daran beteiligt, dass die Isländer ab 1855 auch offiziell Handel mit allen Ländern statt nur mit Dänemark treiben können. Seine Bemühungen um isländische Freiheit werden 1874 belohnt, als der dänische König Christian IX. den Isländern schließlich persönlich – natürlich in Þingvellir – ihre erste Verfassung übergibt, mit der sie Entscheidungsgewalt über ihre inneren und finanziellen Angelegenheiten bekommen.

Insofern ist es kaum verwunderlich, dass Jón heute, auf das Parlament blickend, auf einem Sockel im Zentrum Reykjavíks steht. Dieser ist so hoch, dass man bei intensiver Betrachtung Nackenschmerzen bekommt, was wiederum von der ziemlich schrecklichen Bildtafel ablenkt, die an dem Sockel angebracht ist und den programmatischen Titel *Brautryðjandinn* (Bahnbrecher, Wegbereiter) trägt. Jóns wird in vielerlei Hinsicht gedacht – auf pathetische, konkrete wie profane Art. Der erste speziell für Isländer gebaute Trawler trug seinen Namen und sein Konterfei ziert die Vorderseite des 500-Kronen-Scheins. Da dieser Geldschein der häufigste ist, kommen die Isländer sozusagen tagtäglich mit dem Mann in Berührung, der die Voraussetzungen dafür geschaffen hat, dass sie ab 1886 eine eigene Währung hatten. Außerdem wird seit 2008 ein Preis mit seinem Namen an Menschen verliehen, die sich besonders stark um isländische Belange verdient gemacht haben. Die Verleihung findet in Jóns Wohnhaus in Kopenhagen statt, das ein Museum und im Besitz des isländischen Parlaments ist und den Isländern in Kopenhagen – immerhin die zahlenmäßig größte Ansammlung außerhalb der Landesgrenzen – als Versammlungsort dient. Als die Isländer 1944 die Republik ausrufen, geschieht dies an Jóns Geburtstag, dem 17. Juni, der seitdem der Nationalfeiertag ist. Wie gegenwärtig Jón noch immer ist, wurde auch in der Icesave-Debatte deutlich. Es ging um die Frage, ob britische und niederländische Sparer, die durch den Bankenzusammenbruch ihre Einlagen verloren hatten, entschädigt werden sollten, oder nicht. Die Gegner bemühten die Parole: »Vér mótmælum öll!«

Jón ist gerade frisch verheiratet und mit seiner Ehefrau nach Kopenhagen zurückgekehrt, als der andere große Isländer jener Zeit in ebendieser Stadt 1845 im Alter von nur 37 Jahren stirbt, weil er sich von einem Treppensturz nicht mehr erholt. Jónas Hallgrímsson ist der große Romantiker Islands und erklärter Heinrich-Heine-Fan mit einem ausgeprägten Hang zur Natur. Wie die anderen isländischen Helden ist auch Jónas in vielerlei Hinsicht begabt, ja ein Universalgenie. Genau wie Jón arbeitet er als Sekretär und studiert und lebt in Kopenhagen, ohne die enge Verbindung zu Island zu verlieren. Im Gedächtnis vieler Isländer ist Jónas in erster Linie Poet und Sprachpfleger. Als Kind seiner Zeit verfasst er vor allem Gedichte, übersetzt Heine, Schiller, Hebel, Andersen, Chamisso sowie zahlreiche Fachtexte und schreibt einige Erzählungen. Am bekanntesten ist seine Hymne *Ísland,* in der erst die Schönheit der Natur und anschließend die heroische Landnahme, das Alþingi und die Helden der Sagas besungen werden, bevor das lyrische Ich die Frage stellt: »Was nun ist unser Gewinn, erworben in sechshundert Sommern?« […] »Was ist in sechshundert Jahren aus unserer Arbeit geworden?« So viele Jahre sind nämlich vergangen, seit Island Teil eines Königreiches wurde und seinen uniken Status als mittelalterlicher Freistaat aufgab. Zudem war Island seit dem Jahr 1800 ohne Alþingi.

Jónas elegisches Gedicht steht 1835 – zehn Jahre vor Wiedereinsetzung des Alþingi – im ersten Heft der Zeitschrift *Fjölnir,* die er zusammen mit seinen Studienfreunden herausgibt. Damit leisten sie sozusagen die Vorarbeit für Jón Sigurðsson, da ihre

Jahresschrift vorrangig isländische Themen und Befindlichkeiten zum Inhalt hat und sich an die Isländer daheim richtet. Durch *Fjölnir* werden die Isländer sich ihrer selbst und ihrer Besonderheit im dänischen Reich bewusst. Im Gegensatz zu Jóns *Ný félagsrit,* die stark auf politische und soziale Themen ausgerichtet sind, liegt bei *Fjölnir* der Schwerpunkt auf naturkundlichen Themen und Fragestellungen sowie Gedichten und Geschichten. Dabei geht es immer wieder darum, den Isländern deutlich zu machen, was für ein Schatz ihr Land ist. Die Leitbegriffe sind »Nützlichkeit, Schönheit, Wahrheit und das Gute und Vernünftige«. Besonders ist auch die Sprache, denn sie sollte »rein und pur« sein. Die aufkommende Idee von der Kulturnation, nach der all diejenigen ein Volk sind, die die gleiche Sprache sprechen, gibt den *Fjölnismenn* (Männer des Fjölnir) einen ideologischen Rahmen. Isländer sind Isländer, weil sie isländisch sprechen. Da Jónas nach Erscheinen des dritten Heftes 1837 zu seiner ersten von fünf Forschungsreisen nach Island aufbricht, verringert sich sein Einfluss zusehends. Er bereist als studierter Geologe ganz Island, arbeitet an einer ausführlichen Landeskunde, veranlasst, dass überall im Land Wetteraufzeichnungen und naturkundliche Sammlungen beginnen, beschäftigt sich mit der vulkanischen Aktivität, archäologischen Ausgrabungen und Zoologie. Seine Erkenntnisse veröffentlicht er in verschiedenen Zeitschriften und im *Fjölnir,* wo 1840 auch Jón Sigurðsson Redaktionsmitglied wird.

Dass Jónas und die anderen *Fjölnismenn* noch heute verehrt werden, mag daran liegen, dass sie den isländischen Nerv noch immer treffen: Sie beschwören die heroische Vorzeit und die Schönheit ihres Vaterlandes. Jónas' Gedichte werden häufig auf Zusammenkünften gesungen – oft, wenn es besonders isländisch sein soll wie auf den Treffen der Isländervereine in London, Kopenhagen und Berlin. Sein bekanntestes Gedicht *Ísland* hat den Status einer Nationalhymne und ist, zum Leidwesen nichtisländischer Gäste, sehr schwer zu singen. Kaum eine Rede zum Nationalfeiertag, aber auch zu mancher Hochzeit oder Konfirmation kommt ohne Jónas-Zitate aus. Deshalb hat die Nationalbibliothek 2007 sein gesamtes Werk anlässlich seines 200. Geburtstages im Internet multimedial aufbereitet. Man kann seine Gedichte nicht nur lesen, sondern auch hören und einen Blick auf die Manuskripte werfen. Auch sind dort 21 – leider alte – Übersetzungen ins Deutsche zu finden, wobei *Ísland* gleich zweimal übertragen wurde. Jónas hat außerdem für das heutige Isländisch in etwa die Bedeutung, die die Gebrüder Grimm für unser Deutsch haben. Durch seine Übersetzungen schuf und kreierte er isländische Wörter für Fälle, in denen vorher einfach die dänischen verwendet wurden. Dank ihm entstanden erste isländische Fachsprachen – zum Beispiel auf dem Gebiet der Astronomie –, und auch seine Gedichte bereicherten den Wortschatz enorm. Deshalb ist sein Geburtstag, der 16. November, seit 1996 der »Tag der isländischen Sprache« und seit 2009 auch Flaggtag. Dann wird – natürlich – der Jónas-Hallgrímsson-Preis an Menschen verliehen, die sich besonders um die isländische Sprache verdient gemacht haben: an Autoren, Lehrer, Wissenschaftler und 2010 an die ehemalige Präsidentin Islands Vigdís Finnbogadóttir.

Mit ihr und dem »Nobeldichter« Halldór Laxness setzt sich die Reihe der isländischen Helden fort. Während man sich relativ leicht mit Egill und Snorri in Verbindung bringen kann, da beide viele Kinder hatten und zu Zeiten lebten, als es nur wenige Menschen in Island gab, dürften verwandtschaftliche Verhältnisse zu Jón und Jónas eine Seltenheit sein, denn beide blieben kinderlos. Als ich einen guten Freund zu seinem Umgang mit der elektronischen *Íslendingabók* befragte, erzählte er mir tatsächlich voller Stolz, dass er herausgefunden hatte, mit Jónas Hallgrímsson verwandt zu sein. Er war ob dieser Erkenntnis so über alle Maßen glücklich, dass ich es einfach nicht übers Herz brachte, ihn darauf aufmerksam zu machen, dass man für seine Herkunft im Allgemeinen selten selbst verantwortlich ist. Mein Schweigen wurde insofern belohnt, als dass wir später ein Egils auf Jónas tranken. Ich wurde eingeladen.

Zwischen Halldór und Jónas gibt es viele Verbindungen. Beiden und Jón Sigurðsson zu Ehren entwickelte die größte isländische Molkerei zu den runden Geburtstagen der Herren je ein Poster mit ihrem Konterfei, das sich aus kleinen Bildern zusammensetzt. Bei Jón sind es Porträts bekannter Isländer, bei Halldór Zitate aus isländischen Klassikern und bei Jónas 816 isländische Naturaufnahmen. Mit diesen drei Postern wolle man unter der Parole der Molkerei »Isländisch ist unsere Sprache/Angelegenheit« die drei Säulen der isländischen Kultur würdigen: Land, Volk und Sprache. Es geht jedoch nicht nur um die bloße Abbildung, sondern auch um ein Interagieren mit dem Text. In Jónas' Fall mit den isländischen Naturerscheinungen – Pflanze, Tier, landschaftliches Phänomen oder konkreter Ort – kann man jedes der 816 Bilder anklicken. Dann bekommt man nicht nur die Information, was zu sehen ist, sondern auch ein ganzes Gedicht mitgeliefert, in dem ebendieses Phänomen eine Rolle spielt. Dieses interaktive Poster ist die größte Sammlung isländischer Naturgedichte überhaupt: Hier verstecken sich 443 Gedichte von 119 verschiedenen Poeten des 19. und 20. Jahrhunderts. Die Seite ist enorm übersichtlich und einfach aufgebaut. Man kann hier Stunden verbringen und sich darüber freuen, mit welch nimmermüder Kreativität es den Isländern ein ums andere Mal gelingt, den immer gleichen Themen noch etwas Neues und Interessantes abzutrotzen. Jónas hätte es sicher gefreut, so mit Natur und Sprache eins zu werden.

»Der Lieblingssohn der Nation, der Stolz des ganzen Landes [...], er, den das Herz des Volkes zum besten Freund hatte, ein Idol derer, die nach seinem Tod das Licht der Welt erblickten, ein wiedergeborener Wieland der Schmied unserer goldenen Sprache, der die Blindheit von uns strich und uns damit das schenkte, was wir noch nie gesehen hatten, die Schönheit unseres Landes, die isländische Natur, und in die Brust der nachfolgenden Zeit die verschlossene Empfindsamkeit der Elfen säte statt Heldentum und Saga [...].« So denkt die Ich-Erzählerin Ugla in Halldór Laxness' Nobelpreis-gekröntem Roman *Atomstation* – ironisch? – über den namentlich nicht näher bezeichneten Dichter nach, dessen sterbliche Überreste 100 Jahre nach dessen Tod in die Heimat zurückgeholt werden sollen. Es sind Politiker mit Zylinderhüten, die dies im Roman zu ihrer Herzensangelegenheit werden lassen, allerdings nur, um darüber hinwegzutäuschen, dass sie das Land zeitgleich an die Amerikaner »verkaufen«. Hintergrund des 1948 veröffentlichten Romans waren die aktuellen Entwicklungen im Lande. 1947 erlaubt die isländische Regierung den Amerikanern, den Flughafen in Keflavík weiterhin zu nutzen. Zeitgleich überführt ein Verehrer in Privatinitiative Jónas Hallgrímssons sterbliche Überreste von Kopenhagen nach Island und versucht, sie in Jónas' Heimat in Nordisland beerdigen zu lassen. Das scheitert, und am Ende findet Jónas seine allerletzte Ruhestätte als Held der Nation in Þingvellir. Dieses Trostpflaster kann nichts dagegen ausrichten, dass, wie viele Isländer, auch Halldór Laxness die Unterzeichnung des Keflavík-Vertrages als Landesverrat empfindet. Für ihn ist sie der »Verzicht auf isländischen Stolz, isländische Hoffnungen, isländische Vaterlandsfreuden, auf das Vergnügen, Mensch unter Menschen zu sein«.

In *Atomstation* verbindet Halldór Laxness geschickt den »Verkauf des Landes« mit anderen isländischen Themen, zum Beispiel Jónas' Gebeinen, und internationalen Entwicklungen, wie der atomaren Bedrohung und dem beginnenden Kalten Krieg. Der Roman ist skurril und vielleicht etwas verwirrend, denn so wie die Themen wechselt auch der Sprachstil in atemberaubendem Tempo, und man muss sich schon ein bisschen mit Island und der Zeitgeschichte auskennen, um folgen zu können. Das Werk steht in gewisser Weise in Kontrast zu allem, was Laxness vorher geschrieben hatte und gehört in Island erstaunlicherweise zu den weniger gelesenen. Mit meiner Begeisterung für *Atomstation* bin ich dort oft allein, denn die Einheimischen favorisieren andere, vielleicht epischere Werke.

Dank Halldór Laxness' wurde *Nóbelskáld* (»Nobeldichter«) zum feststehenden Begriff, was zum Beispiel Günter Grass verwirrte. Der sagte 2000 bei seinem Besuch des Reykjavíker Literaturfestivals, er habe in Island gelernt, dass er eigentlich drei Berufe hätte. Offenbar sei er nicht nur Schriftsteller und Künstler, sondern auch noch Nobelpreisträger. Was Grass mit einem Augenzwinkern bemerkte, ist für die Isländer von großer Bedeutung. Gern wird das Bonmot vom »Land mit der höchsten Dichte an Nobelpreisträgern« bemüht, was – natürlich – an der geringen Bevölkerungsdichte und nicht an den vielen Nobelpreisträgern liegt. Halldór ist bislang der einzige. Generell stelle ich in Gesprächen immer wieder fest, dass er sehr polarisiert. Halldór war Zeit seines Lebens Linker, teilweise auch Kommunist. Er konvertierte in einem weitestgehend lutherischen Land zum Katholizismus und hielt mit seinen Ansichten nicht hinterm Berg. Neben seinen vielen Romanen schrieb er eine unglaubliche Anzahl Essays – auch über Jónas –, Zeitungsartikel, Kurzgeschichten, Gedichte und Theaterfassungen seiner Romane.

Es fällt schwer, Leseempfehlungen zu geben, eben weil sein Werk so vielseitig und doch immer irgendwie isländisch ist. Wer sich für Halldórs interessantes und langes Leben (1902 bis 1998) interessiert, dem sei die Biografie seines Namensvetters Guðmundsson ans Herz gelegt, die auch auf Deutsch erschienen ist. Seinen Durchbruch hat Halldór Laxness 1925 mit dem in Italien verfassten Roman *Der große Weber von Kaschmir,* der Geschichte eines verwöhnten Sohnes aus reichem Hause, der sich in die Welt begibt, um Berufung, Seelenheil und Vollkommenheit zu finden. Dieser Steinn Elliði ist Weltenbürger, Egoist und Isländer, der Text ein Mosaik aus Briefen, Kurzgeschichten, Lebensgeschichten, Zitaten, Gedichten, philosophischen Abhandlungen, surrealen Einschüben und politischen Reden. Deshalb gilt dieser Roman als einer der ersten modernen in Island überhaupt. Erst um 1920 endet die von Jónas und den *Fjölnismenn* angestoßene Romantik, und nach »dem Weber« ist in der isländischen Literatur nichts mehr, wie es war.

Halldór schreibt als nächstes die sehr isländischen Romane *Salka Valka* (1930/32), *Sein eigener Herr* (1934/35) und *Weltlicht* (1937/40), in denen das Volk einmal als Mädchen in einem Fischerdorf, dann als Bauer und schließlich als Dichter im Mittelpunkt steht. Ich kann mir vorstellen, dass manch deutscher Leser sie dröge findet. Dennoch ist *Sein eigener Herr* das Lieblingsbuch vieler Isländer, vielleicht, weil es das ewige Thema der (Un-)Abhängigkeit behandelt und den isländischen Willen, sich nicht unterkriegen zu lassen. Eine ältere Dame sagte mir, sie müsse *Sein eigener Herr* einmal im Jahr lesen. Es sei so gut zu wissen, dass sich die Isländer immer wieder berappelten.

Wenn aber der Lesespaß im Mittelpunkt stehen soll, empfehle ich *Die Islandglocke* zur Lektüre, die als Trilogie während des Zweiten Weltkrieges erschien und im historischen Gewand daherkommt. Die Geschichte aus den schweren Jahren der Isländer spielt am Ende des 18. Jahrhunderts, als Dänemark die Provinz Island mit restriktiven Handelsauflagen und heftigen Abgaben fast ruiniert. Der Leser trifft drei sehr unterschiedliche Figuren. Da ist Jón, ein Bauer, der des Mordes am dänischen Henker beschuldigt wird. Es entwickelt sich ein Justizstreit, der über viele Jahrzehnte dauert und unter anderem mit dem Schicksal von Snæfríður, der Tochter des obersten Richters, verknüpft ist. Wir lesen von Jóns Abenteuern in Europa, in das er von Snæfríður gerettet und geschickt wurde, damit er ihrem Liebsten Arnas eine Nachricht überbringt. Arnas ist die Verkörperung des großen Sammlers und Retters der isländischen Handschriften Árni Magnússon. Die Schicksale dieser drei Personen werden auf wunderbare Art und Weise miteinander verknüpft; der Roman bietet Krimi und Liebesgeschichte, Sozialkritik und isländische Geschichte und das alles in einer Sprache, die karg und trotzdem wunderbar ist und eine Reminiszenz an den Stil der alten Sagas. Deshalb erfahren wir vom Innenleben des Bauern und Gejagten Jón fast nichts, sehen ihn nur reagieren und fragen uns, wie er nach all seinen Erlebnissen noch weiterleben kann. Er ist der Sagaheld des ausgehenden dunklen 18. Jahrhunderts und ein typisch isländisches Stehaufmännchen. Arnas hingegen sorgt schließlich dafür, dass Island nicht an deutsche Hansekaufleute verkauft wird. Deshalb läutet am Ende die Glocke Islands in Þingvellir. Die *Islandglocke* und *Atomstation* müssen beide vor dem Hintergrund der frisch erlangten Unabhängigkeit (1944) gelesen werden. An den Sagas orientiert sich auch Halldórs Roman *Gerpla* (auch: *Die glücklichen Krieger*), der in den 1950er Jahren erscheint und so viele intertextuelle Bezüge zu den Sagas hat, dass er eigentlich unlesbar ist.

Danach macht sich Gelassenheit breit. So kann man die letzten fünf Romane am besten charakterisieren. Auch wenn Halldór nie unpolitisch ist, ist seine Polemik nun feiner verpackt und steckt eher in den Handlungen der Figuren als in dem, was sie sagen. Über allem liegt ein Augenzwinkern, was nicht heißen soll, dass seine Geschichten keine Tragik mehr hätten. Es ist mehr der Ton, der leichter geworden ist. In *Das Fischkonzert* und *Das wiedergefundene Paradies* steht wieder die Suche im Mittelpunkt. Im erstgenannten begegnen sich zwei isländische Sänger, die den richtigen Ton, also die rechte Wahl im Leben suchen, während im zweiten Buch ein glücklicher Bauer Island verlässt, um bei den Mormonen das verheißene Land zu finden. 1968 erscheint *Am Gletscher*. Der Erzähler ist ein junger Theologe, der vom Bischof in eine ländliche Gemeinde auf die Halbinsel Snæfellsnes geschickt wird, um über das geistliche Leben dort zu berichten. Der verantwortliche Pfarrer am Orte ist ein angesehener und viel geschätzter Mann, jedoch weniger aufgrund seiner theologischen Tätigkeiten als vielmehr wegen seines Pragmatismus. Er kann alles reparieren und Pferde beschlagen, so dass es seine Schäfchen kaum kümmert, dass weder die Kirche instand gehalten wird, noch ordnungsgemäß Gottesdienste und Kindstaufen stattfinden. Der Berichterstatter taucht in diesen merkwürdigen Mikrokosmos fernab der Hauptstadt am Fuße des berühmten Snæfellsgletschers ein. Nicht Gott scheint das Leben der Menschen dort zu bestimmen, sondern der Gletscher, der in Jules Vernes *Reise zum Mittelpunkt der Erde* den Eingang zu ebendiesem bildet. Es geht um kosmische Energien und immer wieder um eine sagenumwobene Frau, die im Zuge einer Wiedererweckungsszene plötzlich am Gletscher auftaucht. Und so geht der Berichterstatter allen möglichen Gerüchten nach, immer darum bemüht, objektiv die Wahrheit zu schildern, bis er am Ende selbst nicht mehr weiß, was er glauben soll und was nicht. Wenn man sich wundern und amüsieren will und bereit ist, sich auf eine Handlung ohne leicht erkennbaren roten Faden einzulassen, dann ist dieses Buch das richtige. Zumindest in Bezug auf die Erzählsituation ähnelt *Kirchspielchronik,* 1970 erschienen, *Am Gletscher.* Der Ich-Erzähler ist Chronist einer Gemeinde unweit von Reykjavík und berichtet vom Schicksal der Kirche, die deren Mittelpunkt bildet, und auch in der 1972 erschienenen *Litanei von den Gottesgaben* gibt es einen Ich-Erzähler. Er berichtet von seinen Treffen mit einem der größten Fischhändler Islands über viele Jahre hinweg. Dies ist Halldórs letzter großer Roman. Hiernach wendet er sich dem autobiografischen Genre zu, wobei auch da manchmal die Grenzen zwischen Dichtung und Wahrheit verschwimmen.

Der beste Weg, Halldór kennenzulernen, ist natürlich, seine Bücher zu lesen. Man wird mit jedem Isländer über ihn sprechen können, muss aber darauf gefasst sein, auch auf Ablehnung zu stoßen. Als sich 2002 sein Geburtstag zum 100. Mal jährte, kamen sich zwei sehr gegensätzliche Biografen in die Quere. Parallel zu Halldór Guðmundssons Biografie erschien – allerdings nur auf Isländisch – auch eine von Hannes Hólmsteinn Gissurarson. Der Historiker und neoliberale Politikwissenschaftler ist Vordenker und Ideologe der Unabhängigkeitspartei, die lange an der Regierung war und Island erst in den Boom und danach in die Krise führte. Sein dreibändiges Werk (I. *Halldór,* II. *Kiljan,*

III. *Laxness*) war nach Erscheinen heftiger Kritik ausgesetzt, da er sich Laxness zum einen sehr kritisch näherte und zum anderen viele Stellen aus dessen Werk übernahm, ohne sie als Zitat zu kennzeichnen. Darüber hinaus gerieten hier jedoch »klassische« Literaturwissenschaft (Halldór) und politisch motivierte Geschichtswissenschaft (Hannes) aneinander. Hannes muss man immerhin zugute halten, dass es ihm gelang, Quellen zu sichten, die vor ihm niemand angeschaut hatte – eben auch kein Literaturwissenschaftler. Außerdem wurde ihm von Laxness' Tochter der Zugang zum Briefarchiv verwehrt, das Halldór Guðmundsson wohl nutzen konnte. Die Heftigkeit der Diskussion ist aber auch den zwei politischen Lagern zuzuschreiben: Die Literaturwissenschaft in Island ist eher links dominiert und somit per se pro-Laxness, während die damals größte Tageszeitung *Morgunblaðið,* die klar an der Linie der Unabhängigkeitspartei ausgerichtet war und ist, in der Auseinandersetzung ebenfalls eine wichtige Rolle spielte. Außerdem war Laxness lange Zeit die heilige Kuh Islands, die, wenn überhaupt, nur politisch angreifbar war. Kritik an den Texten an sich ist erst seit Kurzem möglich.

Und so hat sich einer der berühmtesten jüngeren Autoren dem Laxness-Mythos auf sehr unterhaltsame Weise zugewandt. Hallgrímur Helgasons Roman *Höfundur Íslands* (eigentlich: »Islands Autor«), der auf Deutsch unter dem Titel *Vom zweifelhaften Vergnügen, tot zu sein* erschienen ist, erzählt die Geschichte eines Schriftstellers, der in seinem eigenen Werk erwacht und sich mit den von ihm geschaffenen – langweiligen? – Figuren auseinandersetzen muss. Eine davon erinnert stark an Laxness' stereotypen isländischen Bauern. Hallgrímurs beißende Ironie ist auch für Laxness-Fans eine Offenbarung. Möchte man sich Halldór gediegener nähern, empfiehlt sich ein Besuch in seinem Wohnhaus Gljúfrasteinn vor den Toren Reykjavíks. Dort ist alles wie zu seinen Lebzeiten. Abgesehen davon, dass man in das Lebensgefühl des 20. Jahrhunderts eintaucht, bekommt man viel interessante, (nicht nur) isländische Kunst zu sehen, denn Halldór und seine Frau waren Ästheten durch und durch. Es gibt für den Rundgang durch das Haus einen Audioguide auf Deutsch und rund um das Anwesen einige Wanderwege durch die karge Landschaft der Mosfellsbæjarsveit.

Eine Verwandtschaft mit Halldór herstellen zu können, werden einige Isländer als Fluch, andere als Segen empfinden. Sehr einhellig hingegen ist die Zuneigung zu Vigdís Finnbogadóttir, die erklärte Laxness-Anhängerin ist und sich als Teenagerin in den 1940er Jahren ihr erstes eigenes Buch leistete: *Atomstation*. Sie ist die erste zeitgenössische Heldin und gehört zu den beliebtesten Personen in Island überhaupt. Mehrere Isländer unterschiedlichen Alters haben mir bestätigt, dass sie der erste Mensch sei, um den sich in Island ein regelrechter Personenkult gebildet hat. Liest man ihre Biografie, die vom gleichen Autor stammt wie die umfassendste Jónas-Biografie, kommt man zu dem Schluss, dass Vigdís alles richtig gemacht hat. Ihre Lebensgeschichte ist in stark abgespeckter Form unter dem Titel *Frau Präsident. Eine isländische Biografie* auch auf Deutsch erschienen.

Vermutlich fällt die Auseinandersetzung mit ihr auch so milde aus, weil sie noch lebt. Noch dazu ist sie einfach eine sehr sympathische Dame, die das Handwerk der Diplomatie brillant beherrscht. Dies verwundert kaum, schließlich war sie 16 Jahre lang Islands Staatsoberhaupt. Außerdem verkörpert auch sie im höchsten Maße das, was einen isländischen Helden auszeichnet: Wortgewandtheit, Liebe zu Natur und Vaterland, Mut und politisches Interesse. Letzteres würde Vigdís vermutlich abstreiten, da sie sich selbst eher als unpolitischen Menschen sieht, ihre Vita zeigt jedoch, dass sie in kritischen Momenten auch zu polarisierenden Entscheidungen in der Lage war.

1949, Vigdís ist noch keine 20, äußert sie sich in Hinblick auf Islands umstrittenen Beitritt zur NATO und das Bleiberecht für die US-Armee so: »So wie ich es heute erinnere, hatten wir Angst, dass wir genau die Freiheit wieder verlieren könnten, die wir erst fünf Jahre zuvor gewonnen hatten. Wir fürchteten, dass die Stationierung einer ausländischen Armee unsere Unabhängigkeit bedrohen würde. […] Es ging um Unfreiheit und ausländisches Militär, die Furcht vor einer Großmacht, die zu Besuch gekommen war.« Hier stimmt sie also mit Halldór und im Grunde auch mit Snorri, Jón und Jónas überein. Und es gibt noch mehr, das sie alle miteinander verbindet: Auch Vigdís geht ins Ausland, um später zurückzukehren und ihre Dienste Island zur Verfügung zu stellen. Sie studiert in Frankreich, und auch wenn viele ihrer Freundinnen ein Universitätsstudium aufnehmen, ist sie die erste von ihnen, die ins Ausland geht.

Der Zusatztitel »die Erste« zieht sich wie ein roter Faden durch ihr Leben: Sie ist lange Zeit das einzige Enkelkind für ihre vier Großeltern, dann Moderatorin des ersten Französischunterrichts im isländischen Fernsehen, 1972 die erste alleinstehende Isländerin, die ein Kind adoptieren darf, und 1980 die erste Frau der Welt, die in demokratischen Wahlen zum Staatsoberhaupt gewählt wird. Dass dies geschah, ist nicht nur aufgrund ihres Geschlechts erstaunlich. Zudem war sie geschieden und gegen den amerikanischen Militärstützpunkt, und sie hatte ein uneheliches Kind, aber keine politische Erfahrung. Gerade letzteres hat ihr vor allem von Frauen den absurden Vorwurf eingetragen, die Wahl nur mit der Tatsache gewinnen zu wollen, dass sie eine Frau sei. Dabei ist das Präsidentenamt in Island, genau wie in Deutschland, ein Amt ohne große politische Befugnisse und mit vor allem repräsentativen Pflichten, und für die war Vigdís wie geschaffen. Als Jahrgang 1930 ist sie Teil der Generation, die die Republikwerdung Islands und dessen wirtschaftlichen Aufschwung hautnah miterlebt und von beidem profitiert. Erst die Tatsache, dass das Alþingi 1944 auch die isländische Außenpolitik übernimmt und Island nicht mehr Teil des dänischen Königreiches ist, schafft die Grundlage für das Präsidentenamt, in das Vigdís 1980 gegen drei männliche Kandidaten gelangt, weil sie authentisch ist und zum Beispiel offen über ihre Brustkrebserkrankung spricht, weil sie Island aus ihrer langen Tätigkeit als Reiseleiterin sehr gut kennt und vor Ort auf die Menschen eingehen kann, belesen und sympathisch ist und keiner politischen Clique angehört.

Ihr erster Termin nach der Amtseinführung führt sie zur jährlichen Gedenkveranstaltung an Jón Sigurðssons Geburtsort, wo sie ihre erste offizielle Rede als Staatspräsidentin hält und durchweg positives Medienecho auslöst. Ihre erste Auslandsreise geht traditionell nach Dänemark. Sie promotet Island in höchstem Maße und nutzt die Aufmerksamkeit, die sie als erstes demokratisch gewähltes weibliches Staatsoberhaupt der Welt erhält. Sie trägt fast immer isländische Kleidung, betont das reiche kulturelle Erbe des Landes in Form von Sprache, Geschichte und Literatur und trägt nachweislich dazu bei, dass die Exportzahlen steigen und die Tourismusindustrie zu boomen beginnt. Ihre Verbundenheit zur isländischen Natur zeigt sie außerdem auf sehr konkrete Weise: Sie engagiert sich in der Aufforstung und überreicht allerorten Setzlinge als Gastgeschenke. Fragt man Isländer nach ihren Assoziationen zu Vigdís, kommt das Bäumepflanzen noch vor dem Präsidentenamt.

Erstaunlicherweise hat niemand mit dem legendären Gipfeltreffen geantwortet, das 1986 zwischen Ronald Reagan und Michail Gorbatschow in Reykjavík stattfand und somit in Vigdís' zweite Amtsperiode fiel. Vermutlich spielt das Gipfeltreffen im Gedächtnis der Isländer keine so große Rolle, weil es wenig mit ihnen zu tun hatte und sie sich nicht am Kalten Krieg beteiligt fühlten. Vigdís muss dann aber immerhin die Gegeneinladung Gorbatschows auf Druck der Regierung ausschlagen, die befürchtete, die NATO-Verbündeten gegen sich aufzubringen. Soviel Teilhabe war dann doch.

Ebenfalls zum ersten Mal in der Geschichte der Republik Island geschieht es, dass der amtierende Präsident von einer Gegenkandidatin herausgefordert wird, obwohl Vigdís ihre Bereitschaft für eine dritte Amtszeit signalisiert hatte. Normalerweise wurde dann der Präsident einfach im Amt bestätigt; nun muss sich Vigdís dieser Herausforderung stellen und gewinnt die Wahl mit 92,7 Prozent der Stimmen. Sie erlebt die großen Umwälzungen in Europa und den Fall des Eisernen Vorhangs, wirkt weiterhin innenpolitisch ausgleichend, was angesichts ständig wechselnder Regierungskoalitionen ein Kunststück ist, reist und geleitet Island – nach reiflicher Überlegung und langwierigem, persönlichem Entscheidungsprozess – in den Europäischen Wirtschaftsraum, der es auch Nicht-EU-Mitgliedsländern erlaubt, am freien Waren-, Handels-, Personen- und Kapitalverkehr innerhalb der EU teilzuhaben. Erneut kommt in diesem Zusammenhang das Thema der Unabhängigkeit Islands auf den Tisch, was Vigdís die Entscheidung, das Gesetz, das das Parlament bereits passiert hat, auch zu unterschreiben, sehr schwer macht. Es entsteht ein bisschen der Eindruck, als hätte Vigdís erst 1993 gelernt, dass man es nicht allen recht machen kann. Gerade in ihrer letzten, vierten Amtszeit muss sie sich immer häufiger Kritikern stellen und ist geradezu erleichtert, als sie 1996 aus dem Amt scheiden kann.

Aus der Öffentlichkeit verschwunden ist sie bis heute nicht. Sie wirkt in mehreren Gremien der UNESCO und hat immer wieder Projekte, um die sie sich kümmert, und außerdem drei Enkeltöchter. 1996 bekommt sie für ihre Lebensleistung den Isländischen Falkenorden verliehen, den auch ihre Eltern trugen, und später sowohl den Jón- als auch den Jónas-Preis. 2003 wird zudem das Sprachenzentrum der Universität Islands nach ihr benannt. Die Wahl ist in vielerlei Hinsicht eine glückliche: Zum einen hatte Vigdís immer wieder betont, wie identitätsstiftend Sprache generell wirkt. Zum anderen spricht sie Englisch, Dänisch, Deutsch, Schwedisch und natürlich exzellent Französisch.

Die Reihe der isländischen Helden beschließt ebenfalls eine Frau, mit der vor allem manche junge Isländer gern verwandt wären. Es geht um die Musikerin, Schauspielerin oder einfach Künstlerin Björk Guðmundsdóttir, die in den letzten 20 Jahren entscheidend zum Islandbild in der Welt beigetragen hat. Gerade das aber führt auch zu Missverständnissen, denn Björk ist insofern eine typische, moderne Isländerin, als dass sie gerade Individualismus lebt und sich abhebt. Während Vigdís immer darauf bedacht war, auf ihre Gemeinsamkeiten mit »den Isländern« hinzuweisen und sich selbst zu diesen zu bekennen, ist Björk besonders und anders. Sie ist Teil ihrer eigenen Kunst und deshalb genauso wandelbar wie diese. In Gesprächen mit Isländern über sie fällt meistens das Wort *skrýtin,* was soviel wie »komisch« oder »seltsam« bedeutet. Dass die Isländer Björk selbst so wahrnehmen, passt auch zu dem, was viele Deutsche über die Isländer im Allgemeinen sagen: Isländer sind irgendwie schräg. Dass es dieses Stereotyp gibt, hängt eben nicht zuletzt mit Björk zusammen, denn kein anderer Isländer hat es in den letzten Jahren geschafft, international so bekannt zu werden wie sie. Was das Bild verstärkt haben mag, sind einige Filme, die auch international liefen, etwa *Nói Albínói* oder *101 Reykjavík,* und die Musik von Sigur Rós. Liest man über Björk, wird ihre isländische Herkunft stets erwähnt. Außerdem passt sie – oder wird eingepasst – in Bilder, die über Island und dessen Bewohner sowieso schon existieren: Sie hat etwas Elfenhaftes, ist klein, irgendwie zart, eine Kindfrau und mit einer Stimme ausgestattet, die man nicht vergisst. Insofern hat sie eine enge Verbindung zum Mystischen. Viele Isländer haben mir in Gesprächen gesagt, dass sie gar nicht glücklich mit Björk als Vorzeige-Isländerin seien, eben weil sie sich in ihr nicht direkt wiederfänden. Niemand aber hat sich über die Aufmerksamkeit beklagt, die Island durch ihren Erfolg zuteil wurde.

Björk lebt mittlerweile kaum noch in Reykjavík, sondern mit ihrer Familie eher in den USA. Deshalb spricht es sich rum, wenn sie in der Stadt ist. Ich bekam einmal von einer deutschen Freundin Besuch über die Weihnachtsfeiertage und erzählte ihr eher beiläufig, dass ich zwei Tage vorher Björk in einer Reykjavíker Kneipe gesehen hatte. Danach mussten alle weiteren Sightseeing-Pläne so geändert werden, dass wir abends rechtzeitig in *Ölstofan* (Die Bierstube) aufschlugen, wo wir drei Abende darauf warteten, einen Blick auf Björk erhaschen zu können. Wäre sie tatsächlich aufgetaucht, wären wir sowieso zu schüchtern – oder zu gut erzogen – gewesen, um sie anzusprechen. So etwas tut man in Island nämlich nicht, schließlich sieht man wegen der überschaubaren Einwohnerzahl früher oder später immer mal eine bekannte Persönlichkeit auf Reykjavíks Straßen oder ist unter Umständen mit ihr verwandt. Björk jedenfalls zog es offensichtlich vor, die Abende der Weihnachtsfeiertage anderswo zu verbringen.

Ihre Karriere in Island begann schon früh, denn sie nahm im zarten Alter von elf Jahren ihre erste Platte auf. Sie besuchte eine Musikschule und begann zeitig, Genres zu mischen und alles Mögliche auszuprobieren. Bevor sie ihren internationalen Durchbruch hatte, gehörte sie zahlreichen isländischen Bands an und experimentierte mit den unterschiedlichsten Musikstilen. Allerdings begann sie ihre internationale Karriere nicht als Solistin, sondern mit den Sugarcubes, deren Songs weitestgehend auf Englisch waren. Als zu Beginn der 1990er Jahre Björks Interesse für elektronische Musik immer vordergründiger wurde, löste sich die Band auf. Björks Soloalben sind so verschieden, dass man glauben könnte, sie stammten nicht von der selben Künstlerin – wäre da nicht ihre unvergleichliche Stimme, die extrem polarisiert.

Ich glaube aber, dass unter Björks Songs für jeden etwas dabei ist. *Gling Gló* aus dem Jahr 1990 ist ein Jazzalbum und hat in Island Kultstatus, zumal fast alle Songs auf Isländisch sind. Auf *Debut* aus dem Jahre 1993 gibt es Brüche auf allen Ebenen: Schnelle und langsame Songs wechseln sich ab, bestehend aus interessanten Harmonien und unterlegt mit mal klassischer, mal innovativer Instrumentierung. Hier finden sich solide Popsongs mit einer Rhythmik, die aufhorchen lässt, und ungewöhnliche Stücke mit Anklängen an House-, Dancefloor-, Lounge- genauso wie Filmmusik. Auch auf *Post* spielt Björk mit den Möglichkeiten der elektronischen Musik, die mal nach Dance, mal nach Techno oder Trip Hop klingt, im Grunde aber auch viele Ähnlichkeiten mit *Debut* aufweist. Auf beiden Alben sind außerdem Songs, die solche Hits waren, dass man sie aus dem Radio kennt. Ganz anders ist *Homogenic* (1997), das keine Gefälligkeiten bietet. Die elektronischen und irgendwie blechernen Beats können nerven, dazu gibt es Streicher und Melodien, die zwar manchmal hymnisch, aber auch häufig überhaupt nicht zu greifen sind. Mitsingen unmöglich!

Björks Musik ist Gegenstand vieler musikwissenschaftlicher Untersuchungen, in denen immer wieder erwähnt wird, dass es Reminiszenzen an die Zwölftonmusik gibt. *Vespertine* klingt wie der Soundtrack zu einer Sternenreise. Man muss es komplett und sehr laut hören. Der Sound ist im Vergleich zu *Homogenic* etwas weicher, zumal ein Kammerorchester und verschiedene Chöre mitwirkten. *Medúlla* (2004) ist ebenfalls ein sehr ungewöhnliches Album, auf dem nur vokale Stücke sind, die lediglich elektronisch bearbeitet wurden. Zwar steht Björks Stimme im Vordergrund, sie wird aber u.a. begleitet von einem Inuit, der Kehlkopf-Sänger ist, einem Beatboxer und unterschiedlichen Chören. Manche Songs sind klassische Choräle, in anderen finden sich Anklänge an die Zwölftonmusik, es gibt folkloristisch anmutende Nummern und eine, die Trip-Hop-Charakter hat. *Biophilia* (2011) wurde teilweise auf einem iPad und – wieder einmal – auf nie dagewesenen Instrumenten eingespielt. Es war das erste Album der Welt, das nach und nach als App erschien, bis es zehn waren, die in einer Mutter-App eingebettet sind. Durch diese Vernetzung kann der Hörer sehr frei mit den einzelnen Songs agieren, sie zum Beispiel auch remixen. Außerdem kommen nach und nach neue Elemente wie Videos oder Videospiele dazu.

Björks innovative Energie und ihr Wille, trotz aller Spezifik und Avantgarde Musik für ein breites Publikum zu machen, zeigen sich auch darin, dass sie eine der ersten Künstlerinnen war, die ihren Singles das Video als DVD beilegte – etwas, das heute gang und gäbe ist. Sie kommunizierte schon zeitig mit ihren Fans per Internet und ließ sie zum Beispiel über die Zusammenstellung ihrer *Greatest Hits* abstimmen.

Und dann sind da noch zwei Soundtracks, von denen die *Selmasongs* zum Film *Dancer in the Dark*, besonders bekannt geworden ist. Für den Song »I've seen it all« bekam Björk eine Oscar-Nominierung, für ihre Verkörperung der Hauptperson Selma die Goldene Palme in Cannes. Sie spielt eine erblindende Frau, die unermüdlich arbeitet, um ihrem Sohn eine Operation bezahlen zu können, die ihn vor ihrem Schicksal bewahrt. Aufgrund einer unglücklichen Verkettung von Umständen wird sie des Mordes beschuldigt und zum Tode verurteilt. *Dancer in the Dark* ist ein berührender und zugleich befremdlicher Musicalfilm voller Geräusche, aus denen wiederum die Beats für die Filmmusik generiert wurden. Regie führte Lars von Trier, und am Soundtrack war auch Thom Yorke, der Sänger der Band Radiohead maßgeblich beteiligt. Björk blickt, genau wie die anderen isländischen Wunschverwandten, auch ins Ausland und arbeitet mit den verschiedensten Menschen zusammen. Durch ihre Karriere schlängeln sich viele bekannte Namen: Da sind die Fotografin Nan Goldin, Madonna, der Trip-Hop-Musiker Tricky, Sjón, der derzeit mit Hallgrímur Helgason zu den bekanntesten isländischen Schriftstellern zählt, und Hilmar Örn Hilmarsson, der wichtigste Filmmusik-Produzent in Island.

Neben ihrer Bereitschaft, Grenzen immer wieder auszutesten, ihrer unglaublichen Kreativität und der Tatsache, dass sie auch auf ihren international erfolgreichen Alben der isländischen Sprache zumindest teilweise treu bleibt, ist es ihre Verbundenheit mit der isländischen Natur, die sie mit Vigdís und Jónas gemeinsam hat. Es ist viel darüber geschrieben worden, wie Björk in ihrer Musik Natürliches und Künstliches verschmilzt, schließlich benutzt sie zum Beispiel Elektrobeats, um sie mit natürlichen Geräuschen oder dem Gesang eines Chores aus Grönland zu mischen. Ich habe jedoch ein bisschen den Eindruck, die Isländer nehmen Björk nicht so sehr durch ihre Kunst, als vielmehr durch ihr Auftreten in und ihr Eintreten für Island wahr, schließlich ist sie stark in der Naturschutzbewegung engagiert. Als erklärte Gegnerin des Kárahnjúkar-Kraftwerks nahm sie an Benefizkonzerten teil, gründete das Netzwerk Náttúra, in dem es um den Umgang mit den isländischen Ressourcen geht, und beteiligt sich an einem Risikokapitalfond, mit dem nachhaltige, ökologisch verträgliche Erwerbszweige und Geschäftsideen gefördert werden sollen. Dabei beruft sie sich auf Werte, die wohlvertraut sind: die isländische Natur und Unabhängigkeit.

Auch wenn es so erscheint, als wären die Isländer durch die elektronische *Íslendingabók* und ihren lockeren Umgang mit persönlichen Daten gläserner als die Deutschen, gibt es einen bemerkenswerten Unterschied in der Behandlung ihrer Idole. Sowohl Vigdís als auch Björk gelingt es relativ problemlos, ihre Privatsphäre in Island gut zu schützen. Während Vigdís Präsidentschaft war es ein ungeschriebenes Gesetz, ihre heranwachsende Tochter aus der Berichterstattung herauszuhalten. Ähnlich ist der Umgang mit Björks Familienleben. Die Presse spielt mit, und die Klatschpresse findet ihren Stoff bei denen, die es wünschen. Auch in Bezug auf Jón und Jónas gibt es Tabus, die zwar zwischen den Zeilen, selten aber direkt gebrochen werden. Jón zum Beispiel ließ seine Verlobte in Island zwölf Jahre warten, ehe er sie ehelichte und zu sich nach Kopenhagen holte. Außerdem ist wahrscheinlich, dass er an Syphilis starb und Jónas die Treppe zwar zum einen hinunterfiel, weil sie eng und steil war, zum anderen aber auch, weil er häufig viel trank. Wahrscheinlich kümmern die Schwächen und das Privatleben ihrer Helden die Isländer nicht so sehr, weil jede dieser Persönlichkeiten genug andere spannende Seiten hat oder sie alle – biologisch und/oder geistig – miteinander verwandt sind.

Islands Frauen oder wer ist »die Frau vom Berg«?

Wie aber ist die »normale« isländische Frau, die nicht im Rampenlicht steht? In der Vorstellung vieler Deutscher gelten nordeuropäische Frauen per se als stark, selbständig und emanzipiert. In den Wohlfahrtsstaaten Nordeuropas gibt es, so eine gängige Meinung, ja sowieso nur gleichberechtigte Menschen.

Schon die Personifizierung Islands ist eine Frau. Diese Idee lässt sich frühestens für das Jahr 1752 belegen, als der Künstler und Dichter Eggert Ólafsson ein Bild zeichnet, das nicht erhalten ist, von dem jedoch eine ausführliche Beschreibung vorliegt:

»Ganz hoch oben über dem Tal, wo der Fluss hervorkommt, sitzt eine Frau auf einem Stein. Über ihrem Kopf steht ›Island‹ geschrieben. Sie hat […] den Kopf in schwarze Seide gehüllt […]. Diese Frau hat ein ganz und gar betrübtes Angesicht, stützt die linke Hand unter die Wange und schaut in den Himmel.« Eggert greift dieses Motiv häufiger auf, gibt ihm aber keine konkrete Bezeichnung. Dies tut einige Jahrzehnte später in einem romantischen Gedicht Bjarni Thorarensen, der Jónas Hallgrímsson und den *Fjölnismenn* zugetan war. Dort taucht die *fjallkona* (Frau vom Berg) erstmalig unter dieser Bezeichnung auf, die sich bis heute erhalten hat. Auf den meisten späteren Abbildungen sitzt sie, Bauch rein – Brust raus, in der prächtigsten der isländischen Trachten, dem *skautbúningur,* auf einem Stein und hält in den Händen »isländische Reliquien« wie eine Pergamentrolle, Runen oder, in neueren Darstellungen, die Fahne. Die *fjallkona* ist ein typisches Konstrukt des 19. Jahrhunderts, in dessen Verlauf die Idee von »Mutter Erde« überall in Europa weibliche Sinnbilder für die jungen Nationen hervorbringt. In dem besagten Gedicht, das heute gern zum *þorrablót* oder am Nationalfeiertag als Lied gesungen wird, ist sie die »schöne Frau vom Berg«, deren ewiges Glück beschworen wird. 1874 ziert sie mit einer Krone aus Eis, aus der Flammen lodern, das offizielle Plakat zu der Feierstunde, auf der der dänische König den Isländern in Þingvellir die Verfassung übergibt.

Das Plakat von 1874 war lange ein äußerst beliebter Wandschmuck und entsprechend weit verbreitet. 1947 hielt die *fjallkona* erstmalig eine Rede zum Nationalfeiertag in Þingvellir, wo sie ursprünglich schon drei Jahre zuvor am Tag der Republikgründung der isländischen Fahne huldigen sollte. Das Wetter war dann jedoch so schlecht, dass man dem in Tracht gekleideten und aufwendig zurechtgemachten Mädchen den Auftritt ersparte, was ja, für sich genommen, auch wieder sehr isländisch ist. Nun hält jedes Jahr eine Schauspielerin in der Rolle der *fjallkona* eine kleine Ansprache, meist in Form eines heroischen Gedichts, und überall im Land werden regionale *fjallkonur* gekürt.

Ich hatte schon einige Nationalfeiertage erlebt, bevor ich die *fjallkona* das erste Mal wahrnahm. Tritt sie in Erscheinung, ist sie meistens eine ansehnliche, stattliche Frau, in prächtige Tracht gekleidet und mit dem *faldur* samt Schleier auf dem Kopf. Gerade die Tatsache, dass zunehmend auch jüngere Frauen an Feiertagen Tracht tragen, zeigt, dass es nicht out ist, seine Verbindung mit dem Land über etwas spezifisch Weibliches herzustellen oder zu demonstrieren. Nur nehmen immer mehr Frauen dies in die eigenen Hände, anstatt sich mit der *fjallkona* als Stellvertreterin und Projektionsfläche zu begnügen.

Dies kann man als selbstbewusste Handlungen lesen, und gerade solche werden schon den ersten Siedlerinnen nachgesagt. Dieses Image gründet auf den Sagas, in denen es von beeindruckenden Frauengestalten nur so wimmelt. Als Beispiel sollen Bergþóra und Hallgerður aus der *Njáls saga* dienen, die die opulenteste unter den *Isländersagas* ist. Die beiden Frauen sind sich in inniger Feindschaft zugetan, der die Freundschaft zwischen ihren Männern aber lange Zeit standhält. Beide sind enorm selbstbewusst und scheuen sich nicht, Forderungen an Männer – seien es Angestellte, Verwandte, Bekannte oder ihre Ehemänner – zu stellen, was eine blutige Fehde nach sich zieht. Als Hallgerðurs Vater es versäumt, sie zu fragen, bevor er sie ihrem ersten Ehemann verspricht, heiratet sie diesen zwar trotzdem, allerdings nicht, weil sie gehorchen muss, sondern weil sie die Ehre ihres Vaters schützen will, der ansonsten wortbrüchig würde. Sie ist über den Vorgang indessen so empört, dass bei ihrer zweiten und dritten Verlobung ihre Zustimmung eingeholt wird und sie über Mitgift und Güterfragen mitberaten kann.

Die Sagas können uns vielleicht nicht vermitteln, wie es »wirklich« war, aber einen Eindruck geben vom Lebensgefühl der Zeit um die Jahrtausendwende und der Christianisierung Islands. Man kann lesen, dass die Frauen zwar keine den Männern gleichberechtigte Stellung hatten, aber auch nicht völlig rechtlos oder ihnen komplett untergeordnet waren. Genauer Aufschluss darüber geben die zahlreichen überlieferten Gesetzessammlungen. In einer solchen, der *Grágás,* gibt es zum Beispiel sehr genaue Ausführungen zum Thema Scheidung. So wurde eine Scheidung vollzogen, indem der Partner, der die Scheidung wünschte, Zeugen bestellte, vor diesen den Grund für seinen Wunsch erläuterte und sich dann als geschieden erklärte. Der Besitz wurde anschließend, egal wie lange die Ehe gehalten hatte, in relativ gleiche Teile geteilt. Wenn die Frau der Grund für die Scheidung war, bekam sie mindestens ihre Mitgift zurück. Deshalb blieben Frauen nach einer Scheidung finanziell unabhängig oder wurden es durch sie. Auch Gründe für eine Scheidung führt die *Grágás* auf. War das Paar zum Beispiel so arm, dass es nicht mehr für seine Kinder sorgen konnte, sollte den Partnern die Möglichkeit offen stehen, sich nach besseren Partien umzusehen. Die Kinder gingen in einem solchen Fall an die nächsten Verwandten. Im Falle einer schweren körperlichen Verletzung des einen Ehepartners durch den anderen ist übrigens das Geschlecht desjenigen, der getrennte Wege fordern konnte, nicht spezifiziert. Dieses ziemlich modern anmutende Scheidungsrecht änderte sich natürlich, als die Kirche an Macht gewann und die Rechtsprechung christlichen Werten unterlag. Eheliche Untreue war zum Beispiel im Freistaat nicht tabuisiert und Frauen mussten auch nicht jungfräulich in die Ehe gehen. Sagaheldinnen wie Hallgerður heiraten häufig mehrmals, allerdings nur so lange sie noch fruchtbar sind. Es gibt gute Beispiele für Witwen, die es alleinstehend und im fortgeschrittenen Alter ob ihrer Handlungen zu einiger Berühmtheit bringen. Dies gelingt ihnen aber gerade, weil sie wie Männer handeln, also zum Beispiel Zeit, Geld und Mut daran setzen, um ihre Kinder und Enkel günstig zu verheiraten und den Ruf der Sippe zu pflegen.

Es ist verführerisch, durch die Sagas zu dem Schluss zu kommen, die Frauen des Freistaates wären emanzipiert im heutigen Sinne gewesen. Dabei ist alles eine Frage der Relation: Frauen konnten die Scheidung zwar wünschen und vollziehen, sie aber letztlich nicht öffentlich wirksam machen, eben weil die Thinge reine Männersache waren. Männer hatten hingegen die Möglichkeit, das Prozedere abzukürzen und die Scheidung gleich auf dem Thing zu erklären. Außerdem gibt es keine Beispiele von Frauen, die ohne eine Heirat einen eigenen Hausstand gegründet hätten. So wie die Charaktere der Sagas generell wirken auch die Frauen auf den heutigen Leser sehr stereotyp. Männer sind entweder tapfer oder feige, sehr klug, sehr gewalttätig oder sehr sanft. Bei Frauen ist die Palette kleiner. Sie sind für die Handlung Triebkraft, indem sie anstiften und aufhetzen. Sie stellen die Männlichkeit ihrer Gegenüber in Frage, drohen mit Scheidung, beleidigen die Ehre anderer Sippen verbal oder stellen während des Beischlafes Forderungen. Dies zeigt, dass der Handlungsspielraum von Frauen eingeschränkter war als der von Männern, die verhandeln und sich einigen konnten oder unter Umständen zu den Waffen griffen.

Die mittelalterlichen Frauen leisteten im »richtigen Leben« mit der Produktion von Vadmal, einer Art gewalktem Loden, einen wichtigen Beitrag für das Land. Sie wuschen die Wolle, kämmten sie und spannen Garn, das zu Stoff gewebt wurde. Das Walken, also Drücken, Pressen oder Kneten der Oberfläche, bis diese verfilzte, übernahmen dann zwar Männer, da Loden aber lange Zeit das Hauptzahlungsmittel war, war der Einsatz der Frauen für den Export und somit den Handel unermesslich. Gewalkter Loden war in ganz Europa sehr beliebt, da er wasserabweisend, winddicht und zudem billiger als Leinen war. Besonders die Weberinnen waren Spezialistinnen auf ihrem Gebiet und hätten es bei der Arbeit einfacher haben können, wenn sie den auf dem europäischen Festland verbreiteten Webstuhl schon gekannt hätten.

Mit der wachsenden Macht der Kirche änderte sich auch die Stellung der Frau in der isländischen Gesellschaft. Während aus der Sagazeit zumindest ein paar Texte von Frauen überliefert sind, gibt es keine erhaltenen Manuskripte aus dem 14. und 15. Jahrhundert – noch nicht mal aus den zwei Nonnenklöstern im Lande. Island hat also weder eine Hildegard wie Deutschland noch eine Birgitta wie Schweden. Die weibliche Stimme ist auch im 16. Jahrhundert stumm und deshalb mit Sicherheit nicht am Bild der »starken isländischen Frau« beteiligt.

Sichtbar werden Frauen wieder im 17. Jahrhundert, aus dem weibliche Dichtung und Lebensgeschichten überliefert sind. Was sie damals bewirken konnten, sofern sie der Oberschicht angehörten, kann exemplarisch an Ragnheiður Jónsdóttir (1646–1715) illustriert werden, die jeder kennt, der einmal auf Island war, denn sie ziert den 5000-Kronen-Schein. Sie wurde ausgewählt, da wenigstens eine Frau einen Schein zieren sollte, obwohl die Überlieferung in Bezug auf sie so mager ist. Für Ragnheiður sprach, dass sie außergewöhnlich geschickt in Handarbeiten war, die für das Selbstverständnis der Isländerinnen tatsächlich nach wie vor eine bedeutende Rolle spielen. Sie sind heute nämlich oft mit Freundinnen über sogenannte Nähklubs verbunden. In regelmäßigen Abständen trifft »frau« sich, um, häufig nach einem gemeinsamen Essen, zusammen Handarbeiten nachzugehen und sich vielleicht auch ein wenig auszutauschen. Deshalb ist es unter isländischen Männern ein running gag zu berichten, die Frau sei heute Abend im Nähklub, obwohl sie eventuell nur eine einzelne Freundin trifft. Der Nähklub ist also auf dem besten Wege, zum Synonym für Treffen unter Frauen überhaupt zu werden. Dabei wird eine solche Verwendung des Begriffes dem, was dort zustande kommt, nicht gerecht. Ich habe unglaublich kunstvolle Quilts und Patchwork-Arbeiten, selbstgenähte Kleidung und in den letzten zwei Jahren vor allem Gestricktes gesehen. Solche Gruppen sind sowohl auf dem Lande als auch in der Stadt und bei Isländerinnen jeden Alters gängig. Weiß und bedenkt man dies beim Betrachten des 5000-Kronen-Scheines, erscheint Ragnheiðurs Bild in einem anderen Licht. Man sieht sie auf der Rückseite mit zwei Schülerinnen, einer Stickarbeit und ihrem Buch in der Hand, das bewahrt ist und Schnitt-, Strick- und Stickmuster enthält. Der gesamte Schein ist mit Mustern unterlegt, die man auf einer ihrer Arbeiten, einem Altartuch, gefunden hat. Sie kam außerdem aus gebildetem Hause und war zweimal Bischofsgattin. Für das Selbstverständnis der Isländer mag der Schein hilfreich sein, ich bezweifle aber, dass er zu einem positiven Image der isländischen Frau nach außen beitragen kann.

Ganz anders die »kernige Fischersfrau«. Bevor sich die Fischerei als Industriezweig entwickelte, waren es die Bauern, die im Winter zur Verbesserung der Versorgungslage Fischfang betrieben. Dabei verließen die Männer oft ihre Familie, um mit anderen Männern an die Küste zu ziehen, tagsüber bei jedem Wetter in offenen Booten auf das Meer hinauszufahren und vor Ort in hastig gebauten, zugigen Hütten zu wohnen, die kaum einen Winter hielten. Im späten 18. Jahrhundert, einhergehend mit der Entwicklung echter Marktflecken, beginnen die ersten Familien, von der Fischerei zu leben, die damals fast ausschließlich auf der Produktion von Klippfisch fußte. Zu jener Zeit lebt auch die legendäre Þuríður, eine Bauerntochter, die schon als Kind ihrem Vater beim Fischfang assistiert und im Alter von 20 Jahren eine Anstellung auf dem Boot eines Winterfischers findet. Um bei der Arbeit Männerkleidung tragen zu dürfen, muss sie die offizielle Erlaubnis des Amtmannes einholen. Später wird sie sogar Steuer*mann* und lebt fast ganzjährig von der Fischerei. Sie wohnt ihr

Leben lang allein und pachtet Land, um sich komplett zu versorgen, bis sie im Alter von 86 Jahren stirbt. Da sie außerdem an der Aufklärung eines legendären Verbrechens mitwirkt, ist ihr Mythos den meisten Isländern bekannt und als Theaterstück auf die Bühne gekommen. Zu ihrer Erinnerung wurde in Stokkseyri (Südisland), wo sie viele Jahre lebte, eine Torfhütte errichtet, die ihrer Wohnstätte nachempfunden ist. Sie ist frei zugänglich und gut geeignet, einen Eindruck von den Wohnbedingungen zu bekommen, unter denen die isländischen Fischer zwei Jahrhunderte lang lebten. Möchte man danach noch etwas über Þuríðurs Arbeitsbedingungen erfahren, kann man in den benachbarten Ort Eyrarbakki fahren und sich dort das kleine Fischereimuseum anschauen.

Þuríður ist eine absolute Ausnahme, und unter dem Begriff der »Fischerfrau« fasst man heute eher die Frauen, die Hof, Vieh und Kinder hüten, während der Mann länger auf See ist. Das ist eigentlich erst seit dem 20. Jahrhundert der Fall, als Motorboote und Gefrierhäuser gängig werden und die Nachfrage nach Klippfisch sinkt. Nachdem 1904 das erste Boot mit Motor einen isländischen Hafen verlässt, verändern sich die familiären Strukturen grundlegend. Die Seeleute bleiben erst mehrere Tage, dann Wochen auf See, und so ist es noch heute. Dass wir uns Fischerfrauen so patent und lebensnah vorstellen, liegt auch daran, dass viele von ihnen früher oder später nicht nur zeitweilig alleinerziehend waren, sondern ständig, weil der Mann auf See blieb. Die isländischen Familien, die ich kenne, haben alle die »Geschichte vom ertrunkenen Vater zu erzählen« – selbst in Reykjavík. Auf Heimaey, wo die Fischerei der größte Erwerbszweig ist, erzählen die Menschen sehr bereitwillig von den Brüdern, Vätern und vielen *frændar,* die nicht nach Hause kamen. Ich habe heutige Großmütter getroffen, die Kinder mit vier verschiedenen Männern haben, weil sie dreimal Witwe wurden. Sie alle berichten ihre Geschichten als völlig normale Begebenheiten, die Teil ihrer Lebenswelt sind und kein Trauma. Dabei war 2008 das erste Jahr, in dem kein isländischer Seemann auf dem Meer zu Tode kam.

Die heutigen Fischerfrauen umgibt häufig die Aura des Neureichen. Seemänner sind extrem gut bezahlt und brauchen auch in Krisenzeiten nicht um ihren Arbeitsplatz zu fürchten. Man sollte einmal im Hafen von Reykjavík sein, wenn ein dicker Trawler ankert. Dort gibt es viele lauschige Plätzchen, auch wenn es auf den ersten Blick nicht so scheint. Hat man eines der schönen Cafés gefunden, kann man von dort interessante Szenen beobachten. Erst fahren große, blanke Geländewagen vor, denen man keinerlei Spuren von Fahrten ins Hochland ansieht und aus denen schick gekleidete Frauen und herausgeputzte Kinder steigen. Irgendwann legt die Frau ein blitzendes Handy ans Ohr, während man gleichzeitig einen Mann mit Reisetasche über der Schulter, den neuesten Markenklamotten am Leib und ebenfalls einem Handy am Ohr eine lange Gangway hinunter schlendern sieht. Er sondiert von oben, wo sein Auto und seine Familie sind, und beginnt zu winken. Ab diesem Punkt warte ich gerührt darauf, dass die Kinder alle gleichzeitig auf ihre Väter zurennen, sobald diese Festland betreten. Vorsorglich zücke ich ein Taschentuch, und nichts dergleichen geschieht. Stattdessen bleiben Frauen, Kinder und Autos geduldig stehen, bis der jeweilige Vater sich schulterklopfend von seinen Kameraden verabschiedet hat und seelenruhig zu ihnen geschlendert kommt. Ein flüchtiger Kuss auf die Wange ist das höchste der Gefühle. Dann verschwinden alle auf einer Reykjavíker Schnellstraße, um spornstreichs in das Einfamilienhaus im Vorort zu gelangen. Ein guter Freund von mir ist viele Jahre zur See gefahren und erzählte mir, dass er, seine Freundin und die gemeinsame Tochter an solchen Tagen oft bei *Ruby Tuesday* stoppten und das Wiedersehen feierten.

Um bei den Klischees zu bleiben: Die meisten isländischen Frauen, die ich kenne, sind tatsächlich sehr selbstbewusst, und unter ihnen ist keine einzige Hausfrau. Ich kenne lediglich eine Familie mit drei Kindern, in der die Mutter nur 20 Stunden pro Woche arbeitet. Ein Blick auf die Statistiken zeigt, dass 2008 drei Viertel der Frauen zwischen 25 und 74 in Lohn und Brot standen, was zum einen bedeutet, dass viele Frauen über das Renteneintrittsalter von 65 bzw. 67 Jahren hinaus arbeiten. Dieses scheint jedoch eine so unberechenbare Größe zu sein, dass das isländische Amt für Statistiken es bei den frei zugänglichen Tabellen nicht als Variable berücksichtigt. Deshalb muss zur Differenzierung des Bildes folgende Zahl genügen: Von den Frauen im Alter zwischen 25 und 54 Jahren arbeiteten 2008 mehr als 84 Prozent. Aus der gleichen Gruppe waren im selben Jahr 1,7 Prozent arbeitslos gemeldet. Dies lässt auf ein geringes Frustrationspotenzial schließen. Ob ein solches hingegen durch ungerechte Bezahlung entsteht, kann ich nicht sagen. Ich habe in Gesprächen jedenfalls noch nicht gehört, dass Frauen mit ihrer Bezahlung unzufrieden gewesen wären, obwohl es Unterschiede zwischen den Geschlechtern gibt. 2010 lag der Durchschnittslohn der Isländer allgemein bei 381 000 Kronen oder 2350 Euro, der der Frauen bei 346 000 bzw. 2120. Auch aufwendig gestaltete Erhebungen, die viele Faktoren wie die Stundenzahl und die Art der Arbeit berücksichtigen, kommen zur gleichen Schlussfolgerung. Außerdem zeigen solche Untersuchungen, dass höhere Positionen auch in Island in der Regel mit Männern besetzt werden. Es gäbe es also noch genug Stoff für eine Gleichstellungsdebatte.

Wann diese in Island begann, ist schwer zu sagen. 1874, das Jahr, in dem die Isländer die Verantwortung für ihre inneren Angelegenheiten übernehmen, kann auch hier als Rahmen dienen: Damals wird die Mädchenschule in Reykjavík gegründet, damit – so die Initiatorin – die gebildete Frau zuerst in ihrem Heim eine bessere Stellung gewönne und dann in der Gesellschaft. Bis zur Jahrhundertwende entstehen mehrere Frauenverbände, meist zu wohltätigen Zwecken. Es werden Artikel geschrieben und Vorträge gehalten über die Ungleichbehandlung von Männern und Frauen, denn letztere genießen nur unter besonderen Bedingungen ein eingeschränktes Wahlrecht. Außerdem öffnet 1887 die erste isländische Firma in den Händen einer Frau ihre Pforten: ein Kurzwarenladen. 1908 gewinnt Kvennalistinn (Die Liste der Frauen) bei der Reykjavíker Kommunalwahl den höchsten Prozentsatz aller Parteien und erlangt vier Sitze in der dortigen Vertretung – sieben Jahre, bevor die Frauen Islands schließlich das allgemeine Wahlrecht bekommen! 1922 zieht die erste weibliche Abgeordnete ins Alþingi. Danach wird es ruhiger in der Frauenrechtsbewegung, obwohl erst 1960 das Gesetz verabschiedet wird, nach dem Männer und Frauen für gleiche Arbeit gleiche Löhne kriegen müssen – ein Zustand, der eben noch immer nicht erreicht ist.

Im Oktober 1975 ereignet sich dann etwas, das alle Isländer, die damals schon lebten, bis heute erinnern und das vielen nostalgische Erinnerungstränen in die Augen treibt: Am Tag der Vereinten Nationen verlassen plötzlich um die Mittagszeit alle Frauen ihre Arbeitsplätze, um ins Zentrum Reykjavíks zu strömen. Dort versammeln sich zwischen 25 000 und 30 000 von ihnen, was damals ein Siebtel der Gesamtbevölkerung und die größte Kundgebung jemals ist. Das öffentliche Leben liegt für den Rest des Tages weitestgehend lahm, zumal zahlreiche Väter ebenfalls ihre Arbeit verlassen müssen, um sich um die Kinder zu kümmern. So wird sehr deutlich, welchen Anteil die Frauen an Islands Wohlergehen haben. Die Plakate tragen Aufschriften wie »Gleichberechtigung«, »mehr Kita-Plätze« und »gleiche Löhne verwirklichen«.

Auf diesen *kvennafrídagur* (freier Tag der Frauen) beruft sich auch Vigdís Finnbogadóttir immer wieder. Als in ihrer zweiten Amtszeit 1985 anlässlich des 10. Jahrestages eine Gedenkkundgebung zum *kvennafrídagur* stattfindet, soll sie genau in jenen Stunden ein Notgesetz unterschreiben, das einen Streik der Stewardessen am nächsten Tag verbieten soll. Vigdís aber entschließt sich, aus Respekt vor dem historischen Tag nicht ins Büro zu gehen und verzögert somit die Unterzeichnung des Gesetzes, von dem sie überhaupt erst im Laufe des Tages erfährt. Nachdem die Kundgebung vorüber ist, unterschreibt sie. Für ihr Verhalten bekommt sie gehörig Schelte aus Regierungskreisen und von Seiten des *Morgunblaðið*, das geradezu ein Horrorszenario beschwört, hätte Vigdís auch nur eine Stunde länger mit der Unterzeichnung gewartet. Wie jedes Gesetz, das dem Präsident zur Unterschrift vorgelegt wird, musste auch dieses erst das Parlament passieren, was ihm mit einer Gegenstimme gelungen war. Diese kam von Jóhanna Sigurðardóttir, der heutigen Ministerpräsidentin, die die erste Regierungschefin in Island ist. Vigdís ist der Frauenrechtsbewegung bis heute verbunden und eröffnete zum Beispiel die Tagung zum *kvennafrídagur* 2010. Neben ihr und Jóhanna ist Ingibjörg Solrún Gísladóttir als Politikerin erwähnenswert. Sie war viele Jahre Reykjavíks Oberbürgermeisterin und während des wirtschaftlichen Zusammenbruches 2008 Außenministerin, was ihr traurige Berühmtheit verschaffte. Neben einzelnen Persönlichkeiten gab es mit der Partei Kvennalistinn noch eine andere weibliche Kraft in der Politik, die über viele Jahre größeren Einfluss auf die Geschicke Islands hatte.

Frauen sind also spätestens seit den 1970er Jahren nicht mehr aus der öffentlichen Debatte wegzudenken.

Man kann nicht über Islands Frauen schreiben, ohne von den Schönheitsköniginnen zu berichten. Tatsächlich ist auch in Deutschland die Vorstellung weit verbreitet, isländische Frauen seien besonders schön. 1985 wird die 22-jährige Kindergärtnerin Hólmfríður Karlsdóttir von insgesamt 78 Teilnehmerinnen in London erst zur Queen of Europe und dann zur Miss World gekürt, was wirklich ganz Island in einen Freudentaumel versetzt. Die Aufzeichnung der Wahl wird am Abend des gleichen Tages spontan im Anschluss an die Nachrichten komplett ausgestrahlt. »Hófí« wird zu einem Maskottchen, das die Isländer bis heute lieben. Nach ihrem »Amtsjahr« als Schönheitskönigin kehrt sie, wie sie es versprochen hatte, nach Island und an ihren alten Arbeitsplatz zurück und lebt seitdem ein unprätentiöses Leben mit drei Kindern und dem Mann, der schon 1985 ihr Partner war.

Nur drei Jahre nach Hófí gewinnt Linda Pétursdóttir die gleiche Wahl, geht aber im Gegensatz zu ihr eine innigere Beziehung zur Boulevardpresse ein. Island kann so über die Jahre Anteil nehmen an zahlreichen Beziehungen und ihrer Alkoholkrankheit, seit 2003 sogar in Buchform. Auch heute ist sie als Besitzerin eines noblen Spas Teil der isländischen Prominenz. Auf die Frage, was Hófí Linda nach deren Sieg mit auf den Weg geben könne, antwortete sie, Linda solle stolz darauf sein, aus Island zu kommen und unbedingt sie selbst bleiben. Die zweitgrößte Tageszeitung bringt am Tag nach Lindas Wahl die Schlagzeile: »Linda und Hófí sind verwandt«. Dann folgt eine ausführliche Genealogie, die 800 Wörter umfasst und Lindas Familie sieben Generationen über die männlichen Linien zurückverfolgt. Die Verwandten werden mit Namen, Wohnort, Geburtsjahr und Beruf aufgeführt, bis die Reihe an Lindas Urururururopa Guðmundur, also den Ururopa von Lindas Uropa gekommen ist. Guðmundur wiederum war der Bruder von Kolbeinn und dieser der Uropa einer gewissen Ólöf, die wiederum Hófís Urururoma war. Wenn ich richtig zähle, ist also Hófís Urururururgroßvater der Bruder von Lindas Ururururgroßvater. Keine Frage, Schönheit wird vererbt! Da zwischen Hófís und Lindas Sieg nur drei Jahre lagen, spezialisierten sich einige isländische Firmen anschließend darauf, mit der »Schönheit Islands« zu werben.

Die Dritte im Bunde war 2005 die Jurastudentin Unnur Birta Vilhjálmsdóttir. Ich erinnere mich, nach der Wahl von vielen Deutschen darauf angesprochen worden zu sein, was es mit diesen schönen isländischen Frauen auf sich hätte. Viele entfernte (männliche) Bekannte schrieben mir nach Unnurs Sieg in ungewöhnlichem Engagement Mails oder SMS nach Island, was mich wirklich überraschte. Offenbar verfolgen mehr Menschen Misswahlen, als sie zugeben, so dass ich Hófí, Linda und Unnur einen erheblichen Anteil an diesem Stereotyp zuschreiben möchte. Mein Eindruck ist, dass Mode, Körperpflege, gesunde Lebensart und Bewegung – nicht nur für die isländischen Frauen – eine riesige Rolle spielen. In den kleinen Zentren der Reykjavíker Vororte gibt es neben einem Supermarkt, einer Post und eventuell einem Baumarkt auf jeden Fall ein Fitnesscenter.

Weniger glamourös ist der isländische Blick auf den Umgang mit sexuellen Dienstleistungen, der sich am sogenannten »schwedischen Weg« und der Idee orientiert, dass es unakzeptabel sei, den menschlichen Körper als Ware zu betrachten. Daraus ergaben sich in den letzten Jahren zahlreiche Gesetzesänderungen, die eine genauere Betrachtung durchaus wert sind. Bis 2007 waren zwar Zuhälterei und die Ausübung von Prostitution Verbrechen, nicht jedoch der Kauf sexueller Dienstleistungen. Zuhälter und Prostituierte konnten mit bis zu zwei Jahren Gefängnis rechnen, wenn sie ertappt wurden, während der Freier straffrei blieb. Seit 2007 ist die Ausübung von Prostitution kein Verbrechen mehr. Seit dem Frühling 2009 allerdings stehen der Kauf und die Vermittlung sexueller Dienstleistungen unter Strafe. Diese Regelung soll die Position der Frauen stärken, da davon ausgegangen wird, dass »die Verantwortung für das Geschäft auf den Schultern des Käufers und nicht des Verkäufers liegt, da beide unter völlig verschiedenen Voraussetzungen handeln«. Der Käufer hätte kraft seines Geldes die eigentliche Wahl zu kaufen oder eben nicht, schließlich »ist seine Stellung in den allermeisten Fällen viel stärker als die Stellung desjenigen, der die Verfügung über seinen Körper zum Zwecke sexueller Handlungen verkauft«. Der schwedisch-isländischen Idee liegt also zugrunde, dass Prostitution zwangsläufig mit Zwangshandlung verbunden ist, und das kollidiert mit der Meinung vieler Deutscher. Isländer reagieren in der Regel entrüstet und verständnislos auf die

Idee, dass es Frauen geben könnte, die diesen Job unter gerechten und geregelten Bedingungen und vor allem freiwillig ausüben. In Island traut man der Gesellschaft in dieser Frage mehr Verantwortung zu als dem Individuum, denn 2010 wurde zudem Striptease per Gesetz verboten. In der Parlamentsdebatte wurde häufig auf die Frage der Gleichberechtigung verwiesen und angeführt, dass Striptease-Lokale »der Nährboden von Menschenhandel, Drogenmissbrauch und Gewalt« seien.

Die isländischen Frauen in meinem Bekanntenkreis sind – natürlich – sehr verschieden und haben dennoch Gemeinsamkeiten. Sie alle sind sich ihres Isländischseins bewusst, alle arbeiten und/oder studieren, alle über 35 haben Kinder. Sie nehmen sich Zeit für sich selbst, gehen zum Sport und/oder in den Nähklub und machen sich Gedanken über ihr Aussehen. Viele sind verheiratet, mehrere in zweiter Ehe, einige sind geschieden. Sie alle betrachten sich und die isländischen Frauen als weitestgehend gleichberechtigt.

Familie Gunnarsson / Jónsdóttir

Schon der Blick in meinen Bekanntenkreis zeigt, dass es selbstverständlich ist, eine Familie zu gründen. Und die Isländer werden immer mehr. Um zu verstehen, in welchem Ausmaß die isländische Bevölkerung wächst, seien hier ein paar Zahlen genannt, denn die Quellenlage in demografischen Fragen ist ausgesprochen gut. Im 18. Jahrhundert gab es zwischen 39 000 und 50 000 Isländer, im 19. Jahrhundert wächst ihre Zahl relativ konstant und auf 78 000 an, beim Ausbruch des Zweiten Weltkrieges gab es ihrer 119 000. Seitdem fand kein Bevölkerungsrückgang mehr statt – im Gegenteil. Die Anzahl der Isländer hat sich seit 1939 mehr als verdoppelt. Geht die Entwicklung so weiter, wird sie sich im Jahr 2026 verdreifacht haben. Zuwanderung ist bei alldem eine (noch) zu vernachlässigende Größe, denn die Isländer sehen sich momentan in der Krise mit einer Situation konfrontiert, die man historisch nennen kann: Es ziehen mehr Menschen aus Island weg, als hinzu.

Was bleibt, ist folgende Erkenntnis: Neben der Schönheitspflege, den Hobbys und dem Beruf müssen sich fast alle isländischen Frauen einer Familie widmen, denn seit 1900 lag die Geburtenrate nie bei weniger als 1,9 Kindern pro Frau, in den letzten zwei Jahren bei 2,2. In Deutschland beträgt sie etwa 1,3. Ich kenne kein einziges Einzelkind. Zwei Geschwister sind normal und drei keine Seltenheit. Die Familien sind groß und weit verzweigt, weshalb Facebook und *Íslendingabók* von unschätzbarem Wert für die Feststellung und Pflege verwandtschaftlicher Verhältnisse sind. Tatsächlich haben sich meine Freundinnen angewöhnt, vor einem Date zu schauen, ob sie eventuell ihren Cousin oder Großcousin treffen.

Abgesehen von der Menge der Kinder gibt es noch einen entscheidenden Unterschied zu Deutschland: Kinder und Arbeit bzw. Ausbildung laufen parallel und werden nicht als sich ausschließende Faktoren betrachtet. Die meisten meiner Mitstudentinnen waren Mütter, viele von ihnen mehrfache. Es war völlig normal, dass Kinder mit im Seminar saßen und spielten oder malten oder die Mütter zwischen zwei Seminaren zum Stillen nach Hause fuhren. Einige Male wurde ich Zeugin, wie ein Vater mit dem Säugling nach dem Kurs vor der Tür wartete und beide wieder verschwanden, nachdem meine Kommilitonin das Kleine versorgt hatte. Eine isländische Freundin in Berlin sagte einmal zu mir, dass man Kinder in Island einfach bekomme und nicht überlegt, ob man sie sich leisten kann. Entsprechend jung sind die Mütter und Väter. 2010 waren die meisten Erstgebärenden in Island 25 Jahre alt.

Außerdem kehren Frauen sehr früh nach der Entbindung in ihren Job zurück. Ich kenne niemanden, der länger als ein Jahr mit seinem Kind zu Hause war, in den meisten Fällen war es sogar weniger. Ich habe wirklich den Eindruck, dass es unter Frauen, die nach dem Krieg geboren sind, verpönt ist und überhaupt nicht in Frage kommt, Hausfrau zu sein. In einem Interview mit einer Frau, die 1961 geboren ist, las ich folgendes: »Als meine jüngere Tochter geboren wurde, entschied ich sofort, ein Jahr mit ihr zu Hause zu bleiben. Meine ältere Tochter war damals gut vier Jahre alt, und ich wollte es genießen, mit ihnen daheim zu sein. Aus Erfahrung wusste ich, dass es sehr anstrengend ist, ein kleines Kind zu haben und arbeiten zu gehen. Damals war die Elternzeit auf fünf Monate für Mütter begrenzt […]. Ich habe dann schnell gespürt, dass ich unter Druck geriet, und bekam ständig die Frage gestellt, wann ich wieder arbeiten würde. Die Leute fanden es fast unverschämt von mir, dass ich so auf Kosten meines Mannes lebte.« Seit dem Jahr 2000 haben beide Elternteile das Recht, im Falle der Geburt oder Adoption eines Kindes jeweils drei Monate Elternzeit zu nehmen. Außerdem stehen ihnen jeweils weitere drei Monate zu, die sie am Stück nehmen oder unter sich aufteilen können. Insgesamt hat ein Paar also zwölf Monate Elternzeit, wobei drei davon nur vom Vater genommen werden können. Das Elterngeld entspricht in dieser Zeit 80 Prozent des Durchschnittslohns der letzten zwei Jahre vor der Geburt, wobei es Mindest- und Maximalbeträge gibt.

In meinem Umfeld sieht das typischerweise so aus: Den ersten Monat nach der Geburt sind beide Elternteile zu Hause. Der Vater nimmt am Anfang oft Urlaub und die Mutter neun Monate Elternzeit am Stück. Um ihr danach den Übergang zurück ins Arbeitsleben zu erleichtern, nutzt der Mann dann seine restlichen drei Monate. Anschließend kommt es häufig zu Engpässen, denn die Kindergärten sind auf Kinder ab einem Jahr eingestellt. Es kann also durchaus passieren, dass die Elternzeit verbraucht und für das Kind noch kein Betreuungsplatz gesichert ist, denn auch die isländischen Kitas haben Wartelisten. Trotzdem habe ich immer das Gefühl, dass die Isländer mit dieser Situation sehr locker umgehen. Sie konsultieren eine Tagesmutter oder einen Verwandten, der die Betreuung übernimmt. Die Eingewöhnung passiert quasi nebenbei. Die meisten Kitas werden von den Gemeinden betrieben. Diese zahlen den höchsten Anteil der Kita-Gebühr, die Eltern anteilig und nach Lebenslage. Auch die privaten Kitas sind an die öffentliche Gebührenordnung gebunden. So wird sichergestellt, dass Kinderbetreuung bezahlbar bleibt. Diese wird also offenbar nicht als Problem empfunden, auch wenn ich mich nicht so ganz des Verdachtes erwehren kann, dass Probleme oft nicht angesprochen werden. Eben weil alle »anderen« es schaffen, Kinder und Arbeit unter einen Hut zu bringen, muss es auch bei »uns« klappen. Diskussionen darüber, ob Kinder vielleicht mit einem langen Kita-Tag überfordert sein könnten, habe ich nicht gehört.

Diese Sorglosigkeit in Betreuungsfragen mag auch daran liegen, dass die Isländer ein größeres Vertrauen in die sozialen Netzwerke haben (können), denn es gibt immer irgendjemanden, der sich, wenn nötig, um das Kind kümmern kann. Einen nicht unwesentlichen Beitrag dazu leisten eben oft Angehörige. Die Familien sind groß und weit verzweigt und wohnen, im Gegensatz zu Deutschland, räumlich nah beieinander. Die Tatsache, dass sich viele junge Isländer Wohnungen kaufen, wurde zwar durch den leichtfertigen Umgang mit Krediten gefördert. Dieser ist aber eben nicht der einzige Grund. Man kann sich in Island früher festlegen und für einen Ort entscheiden, einfach weil die Wahrscheinlichkeit groß ist, dass man dort bleiben wird.

Das spiegelt sich auch in der Einrichtung vieler isländischer Heime wieder. Als ich das erste Mal ins Land kam, erwartete ich Wohnungen und Häuser im skandinavischen Stil: hell, viel Holz, schlichte, gemütliche Zweckmäßigkeit. Was ich fand – auch bei Freunden und Kommilitonen – waren große, plüschige Sofas und erstaunlich viele dunkle, schwere Möbel. Alles erinnert ein bisschen an Amerika. Ich dachte, dass man ein besonders kuscheliges Heim braucht, das einer Höhle gleicht, in die man sich verkriechen kann, weil es häufiger regnet und stürmt. Mir fiel auch ein, dass es im Sommer unerträglich hell sein kann und man vielleicht versucht, Dunkelheit künstlich herzustellen. Dann kam mir in den Sinn, dass Holz ein rarer Rohstoff in Island ist. Die Antworten auf mein zaghaftes Nachfragen lauteten ganz anders: Man sei eben nicht schwedisch oder norwegisch. Und dunkle Möbel wären bei Kindern sowieso viel praktischer. Erst da fiel mir auf, dass sich das Familienleben tatsächlich komplett im Wohnzimmer abspielen muss, denn Häuser und Wohnungen sind ganz anders geschnitten als hierzulande. Um einen riesigen Raum herum, in den die Küche häufig integriert ist, liegen meist ein deutlich kleinerer Raum – das Schlafzimmer – und ein, zwei oder drei weitere winzige Zimmer, die als Kinderzimmer oder Arbeitszimmer dienen. Der Unterschied in der Fläche ist enorm. Ich habe Kinderzimmer gesehen, in denen das Bett und ein Schreibtisch gerade so Platz hatten und für die das Wort Kammer eine Übertreibung wäre. Als ich später in der Ausstellung *Reykjavík 871 ± 2* vor dem Modell eines Langhauses aus der Besiedlungszeit stand, dachte ich, ein zeitgenössisches vor mir zu haben. Um die Feuerstelle mittendrin spielte sich in einem hallenartigen Raum das Leben ab, während es an den Seiten einige

Schlafkojen gab und einen abgetrennten Raum für das Vieh. Mittlerweile weiß ich: Die Kinder spielen im Wohnzimmer. Man ist irgendwie näher beieinander.

Die Toten mittendrin

Die Nähe innerhalb der Familie hält in mancherlei Hinsicht über den Tod hinaus. Die Friedhöfe liegen fast immer mitten in den Städten und Gemeinden und lohnen einen Besuch. Hier kann man viele alte Grabsteine sehen, denn die alten Toten müssen den jungen Toten nicht weichen. Es gibt (noch) Platz, so dass die Gräber frühestens nach 75 Jahren neu vergeben werden dürfen. Allerdings füllen sich wegen des Bevölkerungswachstums viele der zentral gelegenen Friedhöfe im Hauptstadtgebiet langsam, so dass neue Flächen – ganze 50 Hektar – erschlossen werden, die jedoch auch mittenmang liegen. Ungewöhnlich für ein protestantisch geprägtes Land sind die Verzierungen der Steine, auf denen häufig – und nicht nur bei bekannten Persönlichkeiten – Engelfiguren und Vögelchen sitzen oder Bilder des Verstorbenen prangen. Vermutlich hat der Stein eine wichtigere Schmuckfunktion als in Deutschland, weil es aufgrund der klimatischen Bedingungen so schwierig ist, die Gräber zu bepflanzen. Wer einmal im Winter nach Island kommt, wird schon auf dem Weg vom Flughafen in die Stadt der leuchtenden Friedhöfe gewahr, die in der dunklen Jahreszeit und besonders um Weihnachten herum mit ewigen, also batteriebetriebenen Grablichtern oder leuchtenden Kreuzen bestellt werden. Die Erde flackert rot und gelb, und die Gräber sind zusätzlich mit Weihnachtsschmuck belegt. So kann man die Friedhöfe nicht übersehen, sie sind mitten unter den Menschen und somit in deren Bewusstsein.

Der alte, schöne Friedhof Hólavallagarður im Zentrum Reykjavíks ist im Gegensatz zu den meisten anderen im Lande voller Hecken und hoher Bäume. Unter den über 10 000 Gräbern befindet sich auch das von Jón Sigurðsson. An seinem Geburtstag, dem heutigen Nationalfeiertag, machen sich die Spitzenpolitiker vom Alþingi aus in einer Prozession auf den Weg hierher, um einen Kranz niederzulegen. Auf dem Friedhof ist der Platz ansonsten ausgereizt, und die letzten Grabstellen konnten 1932 reserviert werden. Kommen heute neue Gräber hinzu, sind es in der Regel Urnengrabstellen. Um allerdings jeden zu dem Recht kommen zu lassen, bei seinem Ehepartner bestattet zu werden, werden Urnen auch in Gräber gelassen, in denen schon ein Sarg ist, um so Familiengräber zu schaffen. 200 Gräber auf dem Hólavallagarður stehen unter Denkmalschutz, darunter ein Stein mit einer Runeninschrift, die etwa bedeutet: »Die Bewohner Reykjavíks errichteten diesen Stein zu Ehren Sigurðurs, Vigfús Sohn, dem Kurator des archäologischen Museums.« Besagter Sigurður war mit seiner Arbeit so verbunden, dass er den Spitznamen »der Antike« bekam und folgerichtig einen Grabstein mit Runeninschrift. Auf vielen Grabsteinen sieht man wohlbekannte Allegorien und Symbole, aber auch einige, die hierzulande seltener sind, wie Bäume, Harfen oder das Freimaurerzeichen.

Außerdem befinden sich zwischen all den isländischen und dänischen Namen auch einige französische. Vor allem die Bretonen begannen in der Mitte des 19. Jahrhunderts, massiv in der isländischen See zu fischen, so dass sich pro Jahr während der Winterfischerei etwa 5000 von ihnen in der Nähe der Küsten befanden. Gerade diese Gewässer sind nicht einfach zu befahren, so dass regelmäßig Schiffe die Orientierung verloren, untergingen oder strandeten. Meine isländische »Großmutter« Guðrún, eine alte Dame, bei der ich während meines ersten Islandaufenthaltes wohnte, erzählt mir gern von ihrer Kindheit im Südosten des Landes. Es geschah mehr als einmal, dass ein Mann vom nächsten Hof bei ihnen an die Tür klopfte und ihren Vater und die Brüder bat, schnell mit einigen zusätzlichen Pferden zum Strand zu reiten, weil dort Schiffbrüchige seien. 1933 geschah dies Anfang Dezember, als ein besonders grimmiger Schneesturm wütete. Die Männer hatten vom Lande aus mit Fernrohren beobachtet, wie ein englischer Schlepper in Seenot geriet und ein deutsches Boot versuchte, ihm mit einem kleinen Rettungsboot zu Hilfe zu eilen. Laut Guðrún war diese Idee »der reinste Wahnsinn«, weil klar sein musste, dass das kleine deutsche Boot bei solchem Seegang kentern würde. Und so war es dann auch: Es strandeten zwölf britische Seeleute, und Guðrúns Onkel fand, weiter abgelegen, einen zitternden Deutschen unter dem an Land geworfenen Ruderboot. Die Isländer suchten weiter nach Überlebenden und fanden noch drei Deutsche. Mit insgesamt 16 halbtoten Ausländern kamen sie schließlich zurück ins Dorf, wo die Frauen schon alles für die Pflege vorbereitet hatten. Die Briten wurden nach einigen Tagen auf alle verfügbaren Autos verteilt und nach Reykjavík geschafft, während die Deutschen darum baten, bleiben zu dürfen. Sie wollten allen Ernstes versuchen, zurück zu ihrem Schlepper zu kommen, wenn sich der Sturm gelegt hätte. Laut Guðrún berichteten sie auch, zu sechst an Bord des Rettungsbootes gewesen zu sein. Die anderen zwei vermissten Deutschen tauchten jedoch nie wieder auf. Sie war damals ein kleines Mädchen und fand dies alles so spannend, dass sie und ihre Schwester gern ihr Bett räumten und auf dem Boden schliefen, bis der Fremde genesen war. Am schwierigsten sei es gewesen, die viele Wäsche zu trocknen, denn es war ein besonders feuchter Winter.

Solche Geschichten ereigneten sich in ihrer Gegend mehrmals, und für die Einheimischen war es immer selbstverständlich, erste Hilfe zu leisten. Die meisten Franzosen strandeten jedoch in den Ost- und Westfjorden, wo es französische Friedhöfe und Orte gibt, die ihr Krankenhaus dieser Zeit zu verdanken haben. Doch auch in Reykjavík wurden sie hin und wieder an Land gespült, und viele von ihnen fanden auf dem Hólavallagarður ihre letzte Ruhe. Diese Gräber sind heute bis auf wenige Ausnahmen verschwunden, an deren Stelle wurde jedoch am französischen Nationalfeiertag 1954 ein Gedenkstein errichtet, auf dem in Französisch und Isländisch einige Zeilen aus Pierre Lotis Roman *Die Islandfischer* und 57 Namen zu lesen sind.

Angesichts solcher Geschichten ist es nicht erstaunlich, dass Seebestattungen in Island verboten sind. Schon um Asche über dem Meer oder unbewohntem Gebiet zu verstreuen, bedarf es einer Sondergenehmigung. Tatsächlich finden die Isländer, mit denen ich über dieses Thema gesprochen habe, die Idee einer Seebestattung geradezu absurd, sei es doch immer die größte Angst der Hinterbliebenen von Seemännern gewesen, niemals Gewissheit über deren Verbleib zu bekommen. Den Leichnam zu finden, galt in den Fischerdörfern als Glück. Dies könnte erklären, weshalb Erdbestattungen der weitaus häufigste gewählte letzte Weg in Island sind.

Natürlich ist auch dort der Umgang mit dem Tod stark ritualisiert. So findet einige Tage vor der eigentlichen Trauerfeier und der Beerdigung die sogenannte *kistulagning* (Sargschließung) statt. Hier kommen nur die allerengsten Freunde und Verwandten zusammen, um am offenen Sarg Abschied zu nehmen. Diese der Totenwache ähnelnde Veranstaltung wird in der Regel von einem Pfarrer begleitet. Häufig wird auch Musik gespielt, ein Psalm gesungen und gebetet. Das führt dazu, dass jeder Isländer mit großer Wahrscheinlichkeit früher oder später einen toten Menschen sieht. Ich weiß noch, wie befremdlich ich den Gedanken fand, als mir eine deutsche Freundin erzählte, ihre Familie hätte für den verstorbenen Großvater eine Aufbahrung beantragt, um ihn noch einmal sehen und Totenwache halten zu können. In Island gehört dieser Teil zum Leben dazu, und viele Isländer haben mir gesagt, dass sie es schade fänden, wenn sie sich nicht auf diese Weise verabschieden könnten.

Schon das isländische Wort für Friedhof – *kirkjugarður* (wörtlich »Kirchgarten«) – zeigt, wie sehr die Rituale um den Tod an die Staatskirche geknüpft sind. Der Normalfall ist eine Beerdigung nach christlichem Brauch und in geweihter Erde. Die größten nicht-christlichen Glaubensgemeinschaften, wie das *ásatrúarfélag*, verfügen über eigene Bereiche auf einem bestimmten Friedhof. Weltliche Begräbnisse können zum Beispiel der Verband der Humanisten, aber auch die Angehörigen selbst organisieren. Alle Bestattungsinstitute, Krematorien und Friedhöfe unterliegen strengster staatlicher Kontrolle, es ist jedoch nicht vorgeschrieben, die Dienste eines Bestattungsinstituts in Anspruch zu nehmen. Allerdings ist tatsächlich kein Friedhof gezwungen, ungeweihte Erde zur Verfügung zu stellen. Dies liegt allein im Ermessen der Friedhofsverwaltung. Da eben die Friedhöfe eng an die Kirche gebunden sind, gibt es nur sehr wenig nichtgeweihte Erde für Tote – in Reykjavík zum Beispiel nur auf einem einzigen Friedhof.

Die Beerdigung an sich steht eigentlich allen offen, die daran teilnehmen wollen, es sei denn, die Hinterbliebenen bitten indirekt um das Gegenteil, indem sie weder den Todesfall noch die Beerdigung annoncieren. Die Formulierung *Jarðarförin fór fram í kyrrþey.* (»Die Beerdingung fand in aller Stille statt.«) gehörte zu meinen ersten Sätzen auf Isländisch überhaupt. Da ich von Anfang an entschlossen war, die Sprache in kurzer Zeit gut zu lernen, las ich täglich Zeitung. Mein Vermieter war glücklicherweise eher aus Gewohnheit Abonnent des *Morgunblaðið,* denn aus wirklichem Interesse, wovon ich profitierte, da ich sozusagen frei über die Zeitung verfügen konnte. Anfangs schreckten mich lange Texte eher ab, so dass ich mich auf die kürzeren konzentrierte. Was ich fand, waren Perlen der Unterhaltung, und noch heute lese ich eine isländische Zeitung nicht von vorn nach hinten, sondern beginnend bei den *minningargreinar,* den Nachrufen (wörtlich: »Erinnerungsartikel«). Sie fangen in der Regel mit einer Genealogie an, die die nächsten Verwandten, die Wohnorte und die Arbeitsplätze des Verblichenen nennt, auch um so alle Angehörigen des Verstorbenen über den Todesfall zu informieren. Der Text selbst kann aus persönlichen Erinnerungen, Würdigungen, Anekdoten, kurzen Grüßen oder Wehklagen bestehen. Er wird kaum redigiert und sagt oft mehr über den Schreiber als über den Toten aus. Die *minningargreinar* werden täglich im Mittelteil der Zeitung veröffentlicht, so dass das Totengedenken mitten im Alltag ist. Das *Morgunblaðið* ist bekannt dafür, keine Nachrufe abzulehnen. Vermutlich sorgt der Anlass bei den Verfassern für eine Selbstzensur, denn die Texte sind die beste Schule für die zahlreichen positiven, blumigen Adjektive, die das Isländische durchaus kennt. Viele von ihnen kannte ich zwar aus den Sagas, war aber davon ausgegangen, dass sie heute ungebräuchlich seien, schließlich hatte ich sie im Alltag und der gesprochenen Sprache nicht vernommen. Nun stieß ich mit den *minningargreinar* auf eine Goldgrube der isländischen Sentimentalität und Gefühligkeit und kann das Klischee vom allzeit beherrschten Isländer nicht mehr bestätigen. Er verpackt seine Emotionen einfach nur auf sehr isländische Weise: schriftlich.

Mein Eindruck, dass der Tod in Island in einer positiven Weise präsenter ist und weniger dramatisiert wird, speist sich außerdem aus vielen Kleinigkeiten. So sind die Särge und Urnen, die am häufigsten eingesetzt werden, weiß, und die gesellige Zusammenkunft nach der Beerdigung, die auf Deutsch die scheußliche Bezeichnung »Leichenschmaus« trägt, heißt auf Isländisch *erfidrykkja* – »Erbentrunk«. In ländlichen Gegenden ist es heute noch üblich, dass Nachbarn oder die wohltätigen Organisationen vor Ort für Speis und Trank sorgen, damit die Familie ihren Lieben in Ruhe unter die Erde bringen und danach ohne Stress und mit der Trauergemeinde die *erfidrykkja* beginnen kann. Im

Hauptstadtgebiet bieten einige Hotels die Ausrichtung dieser Veranstaltung an. Auch ist es nicht unüblich, dass zum Beispiel Freunde auf eine Anwesenheit bei der Trauerfeier und der Beerdigung verzichten und nur zur *erfidrykkja* gehen. Das Gute daran sei, so sagte mir mal ein Bekannter, dass man sich dann in positiver Weise an den Abschied erinnere, was schwieriger wäre, wenn man bei der Beerdigung dabei sei. Dann hätte man immer den Sarg als letztes Bild vor Augen.

Außerdem schalte ich, wenn ich in Island bin, noch heute an jedem Wochentag um 12:50 Uhr das Radio an. Dann sitze ich, zusammen mit vielen Isländern, über meinem Mittagessen und erinnere mich, dass die kommenden zehn Minuten für das Training meines Hörverständnisses mal so wichtig waren, wie die Lektüre der *minningargreinar* beim Frühstück für meinen Wortschatz. Nach einer Melodie, die man schon nach einmaligem Hören nicht mehr vergisst, verliest ein Sprecher die *dánarfregnir* (Todesneuigkeiten). In gedämpftem und doch entschiedenem Tonfall werden hier sonor die Namen und Genealogien der neulich Verstorbenen vorgelesen und Beerdigungen bekanntgegeben. Bis zuletzt wird also über den Namen, der keine eindeutige Zuordnung zulässt, hinausgegangen und der Einzelne mit seiner Abstammung und seinem Herkunftsort identifiziert. Näher dran an den Lebenden geht nicht.

Nachwort: Inspired by Iceland

Irgendwann im Jahr 2010 erblickte ich an prominenter Stelle in Berlin ein riesengroßes Plakat, auf dem eine Person im Isländerpullover vor blau-grün-dampfender Kulisse stand – und neben ihr der Slogan »Inspired by Iceland«. Ich erschrak ein bisschen, denn damals war Island in aller Munde, weil die Anlagen einiger Deutscher beim Crash der isländischen Banken verschwunden waren, und dachte bei mir: »Lieber nicht!« Zwei Tage danach erreichte mich in der Mail einer Freundin der Link zu einem Video, das den gleichen Titel trug. Die Stars der groß angelegten Imagekampagne »Inspired by Iceland« waren nicht Banker, sondern Frauen in Tracht, die bunte Runde in einem »heißen Topf«, junge, hippe Reykjavíker, Seemänner und Touristen, die allesamt bei schönstem Wetter durch die isländische Natur tanzten und sich dabei prächtig amüsierten. Die Botschaft schien zu sein, dass Island Spaß macht und vor Energie fast birst. Gleichzeitig zeigte das Video, dass es in Krisenzeiten zu einer Rückbesinnung auf das kommt, was immer schon isländisch war und Niedergänge überdauert hat. Deshalb ist der Blick in die Vergangenheit auch gleichzeitig der Blick in die Zukunft.

Die Seemänner im Video schlagen einen Flickflack und unterbrechen dafür ihre so wichtige Arbeit. Die Fischbestände sind ein Kapital, das sich nicht wie die isländischen Banken über Nacht in Nichts auflösen kann, weil es durch die Quote einigermaßen geschützt ist. Sie ist aber ein Beispiel dafür, wie Island dazulernt. Plötzlich gibt es in Reykjavík erste Fahrradwege und immer mehr Tempo-30-Zonen. Die Haupteinkaufsstraße wurde im Sommer in eine Fußgängerzone umgewandelt – und siehe da: Die Kunden kamen auch ohne Auto. Die Cafés breiteten sich auf die Bürgersteige aus und die ansässigen Einzelhändler verzeichneten steigende Umsätze. Für die Experimentierfreude der Isländer und ihren Willen zur Veränderung spricht auch die Erkenntnis, dass nach 67 Jahren Republik eine neue Verfassung und vielleicht etwas mehr Mut zu direkter Demokratie nottun. Bis der Vorschlag des Verfassungsrats ausdiskutiert und bearbeitet ist und alle Gremien passiert hat, wird aber noch viel Wasser in die Kraftwerke strömen.

Währenddessen kann die Schönheit der Natur weiterhin die Gemüter besänftigen und Geld in die Staatskasse bringen, weil wegen der schwachen Krone, der enormen Vielfalt und eines gewissen Abenteuerfaktors immer mehr Touristen ins Land kommen. Die Konzentration auf die Geothermie könnte eine nachhaltigere Alternative zur Wasserkraft werden, denn um Turbinen mit Dampf anzutreiben, muss man den Blick in die Tiefe wagen, anstatt oberflächlich Gletscherflüsse zu stauen und riesige Landstriche unwiederbringlich zu zerstören.

Die Isländer werden – hoffentlich – fleißig weiter schreiben und nicht mit Geld und Ideen geizen, wenn es um das geht, was sie vielleicht am besten können. Der Auftritt auf der Frankfurter Buchmesse 2011 ist, was Qualität und Quantität der übersetzten oder neuaufgelegten Bücher angeht, enorm und braucht den Vergleich mit China oder Argentinien nicht zu fürchten. Bücher sind nach wie vor das beliebteste Weihnachtsgeschenk und Mittel zu einer kritischen Auseinandersetzung mit sich selbst. Die Reihe der »klassischen« Isländer und (Anti-)Helden beginnt bei den Frauen und Männern der Sagas und geht über Halldór Laxness' Bauern, Fischermädchen und Geistliche mittlerweile zu Arnaldur Indriðasons weltversunkenem Kommissar Erlendur.

Die Souvenir-Industrie entdeckt die Möglichkeiten isländischer Materialien und Formen abseits von Plüschpapageitauchern und Runenkettenanhängern für sich. Die Stadt Reykjavík vergab 2011 den Souvenir-Designpreis für eine Seife, die die Form eines Hot Pot hat. Lava und Liparit werden zu Schmuck verarbeitet, als wolle man zeigen, was »in« Island steckt. Die typischen Pullover erscheinen in Folge einer riesigen Strickwelle, bei der die Jungen von den Alten lernen, in modernen Schnitten, frischen Farben, alten Mustern und der nach wie vor unverwüstlichen isländischen Wolle. Man kuschelt sich in bessere Zeiten, ohne sentimental zu sein, denn wenn man in Island kurzfristig keine

Perspektive hat, wandert man eben aus. Trotz oder gerade aufgrund der »Ísland-best-í-heimi-Mentalität« können die Isländer durchaus über sich selber lachen, wie sie eindrucksvoll am letzten Abend des Jahres beweisen, wenn sich die Nation vor dem Fernseher versammelt und den Silvestersketch schaut – einen unglaublich komischen, oft bitterbösen Jahresrückblick auf die inneren Angelegenheiten. Anschließend geht es vor die Tür zum Feuerwerken, wobei seit dem Jahreswechsel 2008/2009 merklich weniger Pulver verschossen wird.

Auch in anderer Hinsicht hat man sich von liebgewonnenen Gewohnheiten gelöst bzw. lösen müssen. Statt Wohnungen zu kaufen, mieten die jungen Familien in meinem Bekanntenkreis jetzt anfänglich, um über ein paar Jahre Startkapital für etwas Eigenes zu sammeln. Der Bau von Wohnungen wird nun entlang des tatsächlichen Bedarfs geplant und nicht als Wettkampf unter den Städten des Hauptstadtgebiets. Alte Dinge werden nicht mehr einfach weggeschmissen, sondern anderweitig verwendet oder recycelt. Plötzlich sind es nicht nur arme Austauschstudenten und gemeinnützige Vereine, die Dosen, Plastik- und Glasflaschen zum Recyclinghof bringen und dort 14 Kronen, etwa neun Cent, pro Stück bekommen, sondern ganz normale isländische Familien.

In Zusammenarbeit mit der UNESCO werden derzeit realistische Pläne für Stätten entwickelt, die den Titel »Weltkulturerbe« verdienen. Island führt dabei den Vorsitz in einer Kommission, die in Zusammenarbeit mit den »alten Bruderländern« sowie Lettland und Schleswig Holstein eine Liste über – man höre und staune – Denkmäler aus der Wikingerzeit erstellen soll. So wird das gemeinsame Erbe auch gemeinsam bearbeitet, ohne dass Angst vor der Einmischung anderer aufkommt. Überhaupt scheint der Umgang mit internationalen Bündnissen entspannter, denn Island führt neuerdings Beitrittsverhandlungen mit der EU. Die Frage, wie mit den isländischen Fischereigewässern umgegangen werden soll, wird sicher das Maß aller Dinge und wiegt in den Debatten mittlerweile schwerer als die Angst vor dem Verlust der Unabhängigkeit.

Und dann gibt es diesen Trotz, mit dem sich die Isländer einst ihre Hoheitsgewässer sicherten, das Icesave-Abkommen zweimal ablehnten, die Reykjavíker Innenstadt trotz Krise freitags und samstags in eine wilde Partymeile verwandeln und in den wirtschaftlich schwierigsten Jahren 2008 bis 2011 ein überdimensioniertes Konzerthaus fertigbauten. Nun steht dieser schöne, aber eben viel zu große Bau mitten in der Bucht und hat einen Konzertsaal mit 1800 Plätzen, der früher oder später mit Leben gefüllt werden muss. Fürs Erste genügt aber vielleicht auch die Tatsache, dass er überhaupt fertig geworden ist.

Anhang

Literatur und nützliche Internetseiten

Die meisten Statistiken stammen von der Webseite der hagstofa, Islands Amt für Statistik, www.hagstofa.is.

Die Literaturangaben, Internetpräsenzen und weiteren Lesetipps sind nach den Kapiteln im Buch sortiert.

Zwischen den Kontinenten

Europäische Pioniere unter amerikanischem Schutz

Die Ausstellung *Reykjavík 871 ± 2* befindet sich in der Aðalstræti unweit der Domkirche. Die Homepage der Ausstellung gibt es auch auf Englisch: www.minjasafnreykjavikur.is/english/desktopdefault.aspx/tabid-4206.

Eine Originalbaracke der Armee kann man im Freiluftmuseum Árbœjarsafn in Reykjavík besichtigen, wo vor allem die neueste isländische Geschichte thematisiert wird.

Die Homepage des Museums (auf Englisch): www.minjasafnreykjavikur.is/english/desktopdefault.aspx/tabid-4205.

Freund oder Feind. Europa oder Amerika?

Die englische Webseite des Þingvellir-Nationalparks: www.thingvellir.is/english.

Englisch oder Dänisch?

Erik der Rote spielt in der Eriks saga (auch *Die Saga von Erik dem Roten*) und der *Grænlendinga saga* (auch *Die Saga von den Grönländern*) eine Rolle. Die *Isländersagas* sind 2011 in Neuübersetzung im Fischer Verlag erschienen.

Das Museum *Eiríksstaðir* bildet mit dem Museum zu Leif Eriksson und dessen Entdeckungsfahrten eine Einrichtung, auch wenn beide Museen 15 Kilometer voneinander entfernt liegen. Einen Teil der etwas unübersichtlichen Webseite gibt es auch auf Deutsch (www.leif.is).

Das gelobte Land: Kanada oder Norwegen?

In Gimli am Winnipegsee gibt es das New Iceland Heritage Museum (www.nihm.ca). In der gleichen Stadt findet das isländische Festival statt (www.icelandicfestival.com).

Das Museum Vesturfarasetrið in Hofsós hat einen englischen Internetauftritt: www.en.hofsos.is.

Die Zeitung *Lögberg-Heimskringla* kann man sich hier anschauen: www.lh-inc.ca.

Die nördlichste Hauptstadt der Welt

Skúli Magnússon kann man ebenfalls in Reykjavík bewundern, wo er mitten im Zentrum in der Aðalstræti steht. Die Statue war ein Geschenk der Kaufmannsvereinigung an die Stadt Reykjavík 1954 zum 100. Jubiläum der Aufhebung des dänischen Handelsmonopols (www.utilista verk.is/skuli-magnusson).

Kranzkuchen und Hamburger

Das Múlakaffi ist in Hallarmúli 1 in Reykjavík.

Die Würstchenbude Bæjarins beztu pylsur ist an der Ecke Tryggvagata/Pósthússtræti. Es gibt einen englischen Internetauftritt: www.bbp.is.

Willkommen zu Hause!

Die goldenen Zeitalter: Mittelalter und Nationalromantik

Einige der *þættir* sind mit den Neuübersetzungen der *Isländersagas* 2011 im Fischer Verlag erschienen. Die Webseite des nationalen Trachtenrates þjóðbúningaráð gibt es verständlicherweise nur auf Isländisch. Allerdings finden sich hier viele Bilder, weshalb sich ein Blick trotzdem lohnt: www.wayback.vefsafn.is/frame/20101116000000/http://buningurinn.is/main/view.jsp?branch=2166731.

Die *Hávamál* heißen auf Deutsch oft *Die Sprüche des Hohen* oder *Des Hohen Lied*, die *Völuspá* meistens *Der Seherin Weissagung*. Beide sind zum Beispiel in *Die Götterlieder der Älteren Edda* bei Reclam auf Deutsch erschienen.

Texte, Sprache und Bildung: Von Götterliedern bis Blogs

Von den isländischen Klöstern gibt es heute im Land kaum noch Spuren. Die einzige Ausnahme bilden die großflächigen Ausgrabungen rund um das Skriðuklaustur im Osten des Landes. Die schöne, übersichtliche Webseite gibt es auch auf Deutsch:
www.skriduklaustur.is/index.php?lang=de.

Im Reclam Verlag erschienen die meisten, aber nicht alle überlieferten eddischen Götterlieder in einem Band, die eddischen Heldenlieder eben als *Die Heldenlieder der Älteren Edda* in einem anderen.

Die Datenbank zur skaldischen Dichtung ist von der Universität Sydney unter folgender Adresse zu erreichen: www.skaldic.arts.usyd.edu.au.

Wer auf Deutsch einen Eindruck von der Dichtung gewinnen will, muss zu *Snorris Edda* greifen, die ebenfalls bei Reclam als *Die Edda des Snorri Sturluson* erschienen ist. Dort kann man im Kapitel »Die Sprache der Dichtkunst« stöbern. Die *Isländersagas* sind 2011 in Neuübersetzung im Fischer Verlag erschienen.

Das Saga Centre in Hvolsvöllur trägt die *Njáls saga* im Namen und ist unter www.njala.is/en auch auf Englisch zu erreichen.

Das Saga Museum ist in der Perle in Reykjavík und hat ebenfalls einen Internetauftritt auf Englisch: www.sagamuseum.is/enska/english.html.

Viele *þjóðsögur* sind auf Deutsch als *Märchen aus Island* erschienen.

Wer einen Eindruck von den Milchtüten bekommen möchte, kann auf die Homepage von Mjólkursamsalan gehen (www.ms.is/Islenska/Fernuflug). Eine der im Text beschriebenen Tüten ist hier zu finden: www.ms.is/Islenska/Fernuflug/Myndir-og-textar-a-mjolkurfernum/44/26/default.aspx.

Egill Helgason bloggt zwar auf Isländisch, schreibt jedoch regelmäßig Kolumnen zu isländischen Belangen auf Englisch (www.grapevine.is/Author/Egill-Helgason).

Natur und Technik: Von Perlmuttwolken und Aluminiumhütten

Das Naturkundemuseum ist Teil einer Forschungseinrichtung, die den Namen Náttúrufræðistofnun trägt und eine englischsprachige Homepage hat: www.ni.is/english. Wer einen Riesenalk besichtigen möchte, kann aber auch ins Naturkundemuseum in Leipzig gehen.

Die isländischen Wälder heißen Hallormsstaðaskógur (Ostisland), Vaglaskógur (Nordisland) und Bæjarstaðaskógur (Ostisland).

Sämtliche Schwimmbäder in Island findet man auf der folgenden englischsprachigen Internetseite: www.swimminginiceland.com.

Der Vatnajökull-Nationalpark hat eine Internetseite auf Englisch: www.vatnajokulsthjodgardur.is/english.

Das Kárahnjúkar-Kraftwerk ist im Internet auf Englisch vertreten: www.karahnjukar.is/EN/.

Demokratie und Gleichheit: Von Godentümern bis Verfassungsrat

Das Festival auf den Westmännerinseln hat eine eigene Internetseite unter www.dalurinn.is/index.php?p=200&i=12.

Unabhängigkeit und Individualität: Von Republikgründung bis Kabeljaukrieg

Wer sich für das Werk Einar Jónssons, der viele Denkmäler im Zentrum Reykjavíks geschaffen hat, interessiert, kann sein Museum Listasafn Einars Jónssonar in der Eiriksgata (www.skulptur.is) besuchen.

Das Seefahrtsmuseum (Sjóminjasafnið) ist im Hafen von Reykjavík in Grandagarður 8 (www.maritimemuseum.is/english/exhibitions). Die Óðinn gehört zum Museum.

Die Busse in Reykjavík heißen *strætó* (www.straeto.is/english).

Geld und Besitz: Von Fischereirecht bis Wohnwagen

Der Trödler Góði hirðirinn ist in Fellsmúli 28.

Eins der fertig geplanten und nicht gebauten Viertel im Hauptstadtgebiet ist zum Beispiel Urriðaholt (Garðabær).

Der besondere Staatsanwalt *(sérstakur saksóknari)* hat eine Webseite auch auf Englisch (www.serstakursaksoknari.is/english).

Wessen Sohn? Wesen Tochter?

Mehr als nur Namen

Wer in den isländischen Namen stöbern will, kann auf die Webseite der *mannanafnanefnd* gehen (www.rettarheimild.is/mannanofn). »Eiginnöfn drengja« sind die Jungennamen, »eiginnöfn stúlkna« die Mädchennamen, »millinöfn« sind Zwischennamen.

Der gläserne Isländer

Die Datenbank *Íslendingabók* ist hier zu finden: www.islendingabok.is – auch mit einer Zusammenfassung auf Englisch.

Die Wunschverwandten: Egill, Snorri, Jón, Jónas, Halldór, Vigdís und Björk

Die *Isländersagas* sind 2011 in Neuübersetzung im Fischer Verlag erschienen.

Die *Edda des Snorri Sturluson* wurde bei Reclam verlegt. Die Ausgabe enthält jedoch nur zwei der hier genannten drei Teile. Das von Snorri gedichtete, 102 Strophen umfassende skaldische Gedicht *Háttatal* fehlt.

Das Kulturzentrum in Reykholt (Snorrastofa) hat einen etwas unübersichtlichen Internetauftritt, allerdings auch auf Englisch: www.snorrastofa.is/default.asp?Sid_Id=7222&tId=1&tre_Rod=002|001. Außerdem ist Snorris Biografie von Oskar Guðmundsson unter dem Titel *Snorri Sturluson. Homer des Nordens* erschienen.

Zu Jón Sigurðsson gibt es eine Fülle von Internetseiten, da sich 2011 sein Geburtstag zum 200. Mal jährte. Besonders zu empfehlen sind www.jonsigurdsson.is/english und der Internetauftritt des Museums in Hrafnseyri, Jóns Geburtshaus www.hrafnseyri.is, wo einige Abschnitte liebevoll ins Deutsche übersetzt wurden. Die Statue vor dem Parlamentsgebäude ist von Einar Jónsson (www.utilistaverk.is/jon-sigurds son). Das Plakat, das die Molkerei zu Jón entwickelte, ist auf folgender Seite zu finden: www.ms.is/Islenska/Islenska-er-okkar-mal/Jon-Sigurds son.

Auch die Internetpräsenz von Jónas Hallgrímsson ist beeindruckend. Das Web, das die Nationalbibliothek zu seinem 200. Geburtstag entwickelte, ist hier: www.jonashallgrimsson.is. Die Übersetzungen seiner Gedichte sind schwer zu finden. Am unteren Ende dieser Webseite (www.jonashallgrimsson.is/index.php?page=thydingar-og-fleira) stehen die deutschen Ausgaben seiner Gedichte, jeweils versehen mit einem Link »ljóðaþýðingar« (Gedichtübersetzungen). Die Preisträger des Jónas-Hallgrímsson-Preises sind auf folgender Seite aufgelistet: www.menntamalaraduneyti.is/menningarmal/dit/nr/658. Das beeindruckende Poster samt Naturgedichtsammlung ist auf www.jonas.ms.is/jonaspl.html zu finden. Auch von Jónas hat Einar Jónsson eine Statue angefertigt, die im Park Hljómskálagarðurinn in Reykjavík steht (www.utilis taverk.is/jonas-hallgrimsson).

Die Laxness-Biografie von Halldór Guðmundsson ist 2009 unter dem Titel *Halldór Laxness. Eine Biographie* erschienen. Laxness' Romane erschienen zuletzt im Steidl Verlag und tragen dort folgende Titel: *Der große Weber von Kaschmir, Salka Valka, Sein eigener Herr, Weltlicht, Die Islandglocke, Atomstation, Die glücklichen Krieger, Das Fischkonzert, Das wiedergefundene Paradies, Am Gletscher, Kirchspielchronik, Die Litanei von den Gottesgaben.* Außerdem erschienen hier die Novelle *Das gute Fräulein,* die Kurzgeschichtensammlungen *Sieben Zauberer* und *Mein heiliger Stein* sowie das *Lesebuch.* Das Geburtshaus des Dichters steht bei Mosfellsbær im Hauptstadtgebiet und heißt Gljúfrasteinn. Die Internetseite des Museums (www.gljufrasteinn.is/de) ist sogar auf Deutsch. Halldór bekam zu seinem 100. Geburtstag dieses Poster von der Molkerei: www.ms.is/Islenska/Islenska-er-okkar-mal/Halldor-Laxness.

Hallgrímur Helgason: *Vom zweifelhaften Vergnügen, tot zu sein.* Stuttgart 2010.

Vigdís' Biografie hat Páll Valsson geschrieben, sie ist 2011 unter dem Titel *Frau Präsident. Eine isländische Biografie* erschienen.

Björks Soloalben tragen folgende Titel: *Gling Gló, Debut, Post, Homogenic, Verspertine, Medúlla, Volta, Biophilia, Greatest Hits, Selmasongs* und *The Music from Drawing Restraint 9,* wobei die letzten zwei Soundtracks sind.

Von Sjón sind bisher die Gedichtsammlung *Gesang des Steinesammlers* und die Romane *Schattenfuchs* und *Das Gleißen der Nacht* auf Deutsch erschienen.

Hilmar Örn Hilmarsson hat zum Beispiel die Musik zum Film *Engel des Universums* nach dem gleichnamigen Roman von Einar Már Guðmundsson komponiert und dabei mit Sigur Rós zusammengearbeitet.

Islands Frauen oder wer ist »die Frau vom Berg«?

Unter der Bezeichnung *fjallkona* firmiert eine sehr übersichtliche Internetseite zur Geschichte der Frau in Island, auch auf Englisch: www.fjallkonan.is/en/index.htm.

Der Text der *Njáls saga* ist, allerdings in älterer Übersetzung, hier zu finden: www.njala.is/njala/thyska.

Das »Wohnhaus« von Þuríður in Stokkseyri ist unter der Bezeichnung Þuríðarbúð ausgeschildert. Das kleine Seefahrtsmuseum (sjóminjasafnið) in Eyrarbakki liegt in der Túngata 59.

Die Toten mittendrin

Der Hólavallagarður liegt ganz in der Nähe des Stadtteichs in der Suðurgata.

Der Roman von Pierre Loti ist auf Deutsch unter dem Titel *Islandfischer* erschienen.

Basisdaten Island

Fläche: 103 125 km² (etwa so groß wie die ehemalige DDR oder Bayern und Baden Württemberg zusammen)
Einwohner: 318 452 (Stand 1. Januar 2011)
Bevölkerungsdichte: 3,1 Einwohner pro Quadratkilometer; wobei 298 125 Menschen (94 Prozent der Gesamtbevölkerung) in Verdichtungsgebieten mit mehr als 200 Einwohnern leben; zum Vergleich: Deutschland 229 Einwohner je Quadratkilometer
Lebenserwartung: 81,5 Jahre; Männer: 79,5 Jahre, Frauen 83,5 Jahre; zum Vergleich: Deutschland 80,1 Jahre; Männer: 77,3 Jahre; Frauen: 82,5 Jahre (Stand 2010)
Geburtenrate: 2,20 Kinder je Frau, zum Vergleich: Deutschland 1,39 (Stand 2010)
Religion: evangelisch-lutherische Staatskirche (247 245 Mitglieder, also 77,6 Prozent der Bevölkerung)
Nationalfeiertag: 17. Juni – Tag der Republik seit 1944 und Jón Sigurðssons Geburtstag
Landessprache: Isländisch
Staatsform / Regierungsform: parlamentarische Demokratie mit einem/einer Präsidenten/in als Staatsoberhaupt und dem/der Premierminister/in als Regierungschef/in
Parlament: Alþingi
Verwaltungsstruktur: zentralistisch
Hauptstadt: Reykjavík
Größte Städte: Reykjavík (118 328 Einw.), Kópavogur (30 357 Einw.), Hafnarfjörður (25 913 Einw.), Akureyri (19 560 Einw.), Reykjanesbær (13 119 Einw.), Garðabær (10 634 Einw.), Selfoss (9405 Einw.)
Bruttoinlandsprodukt: 1539 Milliarden Isländische Kronen (2010), etwa 10 Milliarden Euro (Stand Umrechnung: Dezember 2010)
Pro Kopf BIP: 4 834 323 Isländische Kronen (Stand 2010), etwa 31 440 Euro (Stand Umrechnung Dezember 2010); zum Vergleich: Deutschland 30 566 Euro (Stand 2010)
Inflationsrate: 5,4 Prozent (Stand 2010); zum Vergleich: EU 1,7 Prozent
Arbeitslosigkeit: 8,1 Prozent (Stand 2010); zum Vergleich: Deutschland 7,0 Prozent (Stand Mitte 2011)
Monatsdurchschnittsbruttoeinkommen: 438 000 Isländische Kronen, etwa 2850 Euro; Männer: 469 000 ISK, etwa 3050 Euro; Frauen: 376 000 ISK, etwa 2450 Euro (Stand 2010, Stand Umrechnung Dezember 2010)

Quellen: hagstofa Íslands, Statistisches Bundesamt, Deutschland